पत्रकारिता के नये परिप्रेक्ष्य

पत्रकारिता के नये परिप्रेक्ष्य

राजकिशोर

वाणी प्रकाशन

वाणी प्रकाशन
4695, 21-ए, दरियागंज, नयी दिल्ली 110 002
फ़ोन : +91 11 23273167 फ़ैक्स : +91 11 23275710
शाखाएँ
अशोक राजपथ, पटना 800 004, बिहार
कॉफ़ी हाउस कैम्पस, महात्मा गांधी मार्ग, इलाहाबाद 211 001, उत्तर प्रदेश
महात्मा गांधी अन्तरराष्ट्रीय हिन्दी विश्वविद्यालय, वर्धा 442 001, महाराष्ट्र
www.vaniprakashan.com
marketing@vaniprakashan.in
sales@vaniprakashan.in

Patrakarita Ke Naye Pariprekshay
by Rajkishore

ISBN : 978-81-7055-829-3
Journalism

संस्करण 2001, 2005
तृतीय संस्करण 2023

मूल्य : ₹ 425

आर. टेक ऑफ़सेट प्रिंटर्स, दिल्ली-110 032 में मुद्रित

वाणी प्रकाशन का लोगो मक़बूल फ़िदा हुसेन की कूची से

प्रस्तावना

यह हमारे जमाने की खूबी है कि जिन औजारों से हम समाज की परख करते हैं, उन औजारों को भी लगातार जाँचा-परखा जाता है। पत्रकारिता भी एक ऐसा ही औजार है। उसकी जाँच-परख सिर्फ उन लोगों द्वारा नहीं की जानी चाहिए जो विद्वान या विशेषज्ञ कहलाते हैं। उन लोगों द्वारा भी की जानी चाहिए जो इस औजार का इस्तेमाल करते हैं। शायद ही कोई कारीगर हो, जिसे अपने औजारों की अपर्याप्तता से समय-समय पर असंतोष न होता हो। खासकर ऐसे क्षेत्र में, जो गहरी सामाजिक जिम्मेदारियों से लदा हुआ है। यह पुस्तक अपने इसी असंतोष को समझाने की प्रक्रिया में लिखी गयी है।

भारतीय पत्रकारिता—खासकर हिन्दी तथा अन्य देशी भाषाओं की पत्रकारिता—का इतिहास बहुत गौरवपूर्ण रहा है। स्पष्टतः आशय स्वतंत्रता संघर्ष से है, जब भारतीय समाज ने एक लम्बे समय के बाद गहरे रचनात्मक आलोड़न का परिचय दिया था। यह दुर्भाग्यपूर्ण है कि उस समय की पत्रकारिता को ज्यादातर साम्राज्यवाद विरोधी संघर्ष के अंग के रूप में देखा जाता है। यह खतरनाक अज्ञान है। स्वतन्त्रता संघर्ष की पत्रकारिता सिर्फ राष्ट्रीय मुक्ति आन्दोलन के राजनीतिक पहलू का वाहक नहीं थी। वह एक सम्पूर्ण पत्रकारिता थी, जिसके माध्यम से अर्थनीति, समाज और संस्कृति के महत्त्वपूर्ण प्रश्नों का उत्तर खोजा जा रहा था। और, यह महज बौद्धिक प्रयत्न नहीं था। जीवन को समझने में बौद्धिकता की निश्चय ही केन्द्रीय भूमिका है, किन्तु जीवन को बदलने के लिए भावनात्मक लगाव जरूरी है। पुनर्जागरण को पत्रकारिता में यह लगाव अपनी चरम ऊँचाई पर दिखाई देता है। वस्तुतः उस युग के समाज ने और खासकर पत्रकारिता ने हमारे लिए कुछ ऐसी कसौटियाँ पैदा कर दी हैं, जिन पर अपने आप को कसना हमारे लिए हमेशा उपयोगी रहेगा। उनसे बेहतर कसौटियाँ कोई दूसरा क्रान्तिकारी दौर ही पैदा कर सकता है।

क्रान्ति आज भारतीय समाज में एक भूला हुआ स्वप्न है। अभी हाल तक आठवें दशक के अन्त तक—देश में लाखों लोगों की जमात थी, जिसका मानना था कि क्रान्ति से कम में भारतीय समाज की समस्याओं का समाधान नहीं किया जा सकता। जयप्रकाश नारायण द्वारा 'सम्पूर्ण क्रान्ति' का आह्वान इस विचार-परम्परा

की आखिरी अनुगूँज थी। अब लगता है कि यह एक थके हुये नेता काएक भावुक उद्गार भर था। लेकिन भारतीय समाज में इस भावुक उद्गार की गुंजाइश बची हुई थी तथा उसे उपहास की नजर से नहीं, बल्कि आदर की दृष्टि से देखा गया और हजारों युवाओं ने उसे अपना जीवन दाँव पर लगाने योग्य माना, यह भी कम अर्थपूर्ण नहीं है। पर दो दशकों में ही स्थितियाँ कितनी बदल चुकी हैं। निश्चय ही अब भी कुछ छोटे-छोटे समूह हैं, जो अपनी समझ से क्रान्ति की तैयारी कर रहे हैं, लेकिन उन्हें गम्भीरता से लेना मुश्किल है। इन समूहों ने ज्यादातर स्थानीय संघर्षों में ही दिलचस्पी दिखाई है। फिर इनमें से अधिकांश की रणनीति मुख्यतः हिन्सा पर टिकी हुई है, जिससे इनकी सफलता की सम्भावना और धूमिल हो जाती है। आधुनिक राज्य को हिन्सा से पलटना लगभग असम्भव हो चुका है। बहरहाल, इस क्रान्ति प्रेरित हिन्सा के मुकाबले अलगाववादी और आतंकवादी हिंसा ने अपनी राजनीतिक उपस्थिति ज्यादा तीक्ष्णता के साथ दर्ज कराई है। यह हिंसा अत्यन्त क्रूर, रुग्ण और एक तरह से स्वघोषित लक्ष्य के खिलाफ है। बीमार और अमानवीय हिंसा से किसी नये देश की नींव तो शायद रखी जा सकती है, पर उस पर खड़ी की गयी इमारत आततायी होने को बाध्य है। देश के जो हिस्से इस हिंसा से दग्ध हैं, वहाँ पत्रकारिता लगभग असंभव हो गयी है। पत्रकारिता संवाद की संभावना नहीं हो और क्या है? संवाद की इस सम्भावना का अन्त बताता है कि हमारे लोकतन्त्र को केवल संसदीय प्रतिष्ठान से हो नहीं, उन गतिविधियों से भी धक्का पहुँचा है, जो प्रकटतः इस प्रतिष्ठान के खिलाफ हैं।

दूसरी ओर, आजादी के बाद भारतीय राजनीतिक व्यवस्था ने जनमानस में जितनी इच्छाएँ पैदा की हैं, उससे अधिक इच्छाओं को कुचला है। हम आज तक अपनी एक भी समस्या का पूर्ण समाधान नहीं कर सके। अन्न के मामले में हम अपने आपको आत्मनिर्भर मानते हैं, लेकिन देश के अधिकांश गरीब लोग जो खाते हैं, उसे देखते हुये यह एक बाजार-केन्द्रित अवधारणा ही लगती है। ''60 के दशक में अकाल और भुखमरी के व्यापक रूप से फैलने का डर था। यह डर आधारहीन निकला—हालांकि पूरी तरह नहीं, जैसा कि कालाहाड़ी बताता है। निश्चय ही अभाव का चरित्र काफी बदला है। अब वह केन्द्रीकृत कम, बिखरा हुआ ज्यादा है। अर्थव्यवस्था के चेहरे पर एक कृत्रिम लाली दिखती है। समाज को जोड़ने वाली ताकतें कमजोर हुई हैं तथा व्यक्तिवाद बढ़ रहा है। सबसे बुरा हाल है राजनीति का, जिसकी पवित्रता को अब हर कोई शक की निगाह से देखता है। सभी लोकतान्त्रिक संस्थाएँ क्षत-विक्षत हैं। चुनाव प्रहसन हो गये हैं। सांप्रदायिकता ने हिन्दू समाज के एक बड़े हिस्से में एक आदरणीय विचार की तरह घुसपैठ करने में सफलता प्राप्त कर ली है। यहाँ तक कि प्रेस भी इस भेड़ियाधँसान में आश्चर्यजनक रूप से बह चुका है। संस्कृति के क्षेत्र में विशिष्टता के कुछ शिखर अवश्य दिखाई देते हैं, किन्तु

व्यापक जनता के सांस्कृतिक स्तर में निश्चित गिरावट आई है।

सवाल यह है कि राजनीतिक, सामाजिक, आर्थिक और सांस्कृतिक संकट की इस प्रक्रिया में पत्रकारिता ने क्या भूमिका अदा की। उसने संकट की इस प्रक्रिया को तेज किया या उसे रोकने की कोशिश की? यह सवाल हिन्दी और अन्य भारतीय भाषाओं की पत्रकारिता के लिए ज्यादा प्रासंगिक है, क्योंकि अंग्रेजी पत्रकारिता से यह उम्मीद भी नहीं की जाती कि वह जनता का बौद्धिक नेतृत्व कर सकेगी। अंग्रेजी खुद उन बड़े पत्थरों में एक है, जो देश के स्वाधीन विकास की राह रोके खड़े हैं। इस बात का दुःख हिन्दी पत्रकारिता में समय-समय पर छलकता रहा है, किन्तु ज्यादातर भावुकता के स्तर पर। बोध की जिस दरिद्रता ने देश के अन्य अनेक प्रश्नों को धूमिल कर दिया है, उसने भाषा का सवाल भी बिगाड़ रखा है। हिन्दी दैनिकों की ज्यादातर पत्रकारिता अब भी अनुवाद की पत्रकारिता है। पिछले कुछ वर्षों से यह मर्ज विचारों की दुनिया में भी संक्रमित हुआ है। औद्योगिक व्यवस्था में विचार भी एक उत्पाद बन जाता है। कम-से-कम विचार का उत्पादन कर उसकी ज्यादा-से-ज्यादा बिक्री ने जहाँ कुछ पत्रकारों को अमीर बनाया है, वहीं स्थानीय स्तर पर विचारों की दरिद्रता बढ़ाई है। पहले कुछ छोटे पत्र भी विचारों की दृष्टि से धनी हुआ करते थे। अब बड़े पत्र भी अंग्रेजी की जूठन छाप कर गौरव का अनुभव करते हैं। निश्चय ही व्यावसायिकता ने हिन्दी पत्रकारिता की निजी तेजस्विता को गहरी क्षति पहुँचाई है। जहाँ बड़ी पूँजी लगी हुई है, वहाँ पत्रकार कम-से-कम भौतिक स्तर पर कुछ खुशहाल हैं, लेकिन जहाँ पूँजी निवेश कम है, वहाँ भौतिक और आध्यात्मिक गरीबी ने मिल कर एक बहुत ही बदरंग दुनिया बनाई है, जिसमें किसी भी भले आदमी का दम घुट सकता है। अब तो यह भी साबित हो चुका है कि 1990-93 की हिन्दी पत्रकारिता में सांप्रदायिकता के उछाल के पीछे मुख्यतः व्यावसायिक स्पर्धा ही थी। जब सांप्रदायिकता बिकाऊ चीज सिद्ध हो रही हो, तब होड़ यह होगी कि कौन कितना सांप्रदायिक हो सकता है। जब पत्रकारिता का एक बड़ा हिस्सा स्वयं एक खास तरह का संकट बन जाये, तब कल्पना की जा सकती है कि अन्य संकटों के संदर्भ में उसकी भूमिका कैसी होगी।

व्यावसायिकता से शायद बहुत ज्यादा शिकायत नहीं की जा सकती। स्वतंत्रता संघर्ष की पत्रकारिता सादगी और त्याग के जिस परिवेश में की जा रही थी, वह बहुत दिन नहीं टिक सकता था। वह एक युद्ध स्तर का काम था। मनुष्य हमेशा जंगी या आदर्शवादी नहीं बना रह सकता। पत्रकारिता को भी, टिके रहने के लिए और विकसित होने के लिये, अपनी शांतिकालीन रणनीति तैयार करनी ही पड़ती। व्यावसायिकता को इसका एक जरूरी अंग होना था। पत्रकारिता सिर्फ समाचार या विचार नहीं है—वह उत्पादन भी है। लेकिन क्या यह आवश्यक था कि पत्रकारिता में भी उत्पादन के सम्बन्ध उसी तरह विकृत होते जाते, जैसे उत्पादन के अन्य क्षेत्रों

में भी होते गये? निश्चय ही इसका ज्यादा बड़ा दारोमदार उत्पादन और वितरण की उस आम व्यवस्था पर है, जो आजादी के बाद मजबूत हुई। कहने को एक सार्वजनिक क्षेत्र भी था, लेकिन उसने देश के सामने सादगी, मितव्ययिता, परिश्रम और बराबरी के आदर्श पेश नहीं किये। निजी क्षेत्र ने तो राष्ट्र निर्माण को अपना दायित्व माना ही नहीं। इस समग्र परिस्थिति की छाप पत्रकारिता के विकासशील रूपों पर दिखाई पड़ती है। लेकिन क्या इसके लिए पत्रकारिता की अपनी दुनिया भी कम जिम्मेदार नहीं है? क्या यह दुनिया ऐसी नहीं हो सकती थी, जिसमें उत्पादन की इकाई के रूप में पत्रकारिता फूले-फले और उसकी गम्भीरता तथा जन-निष्ठा में भी फर्क न पड़े? यह सच है कि स्वतंत्रता संघर्ष के दौरान पत्र के मालिक और पत्र के संपादक के लक्ष्यों में भेद नहीं था। लेकिन मतभेद होने पर क्या संपादक अपनी स्वतंत्रता पर ग्रहण लगने देता था? फिर आजादी के बाद यह स्वतन्त्रता स्वयं अंकुश में आने के लिए व्यग्र क्यों दिखाई पड़ने लगी? व्यावसायिकता के मूल्यों को वह अपने संघर्ष और त्याग से परिष्कृत क्यों नहीं कर सकी? आज का पत्रकार यह सवाल अपने सम्मुख जितनी गहराई और संजीदगी से रखेगा, मौजूदा परिस्थिति के रू-ब-रू अपने उत्तरदायित्व को उतनी ही बारीकी से समझ सकेगा।

प्रस्तुत पुस्तक में ऐसे ही सवालों से जूझने की कोशिश की गयी है। इन लेखों में यह गलतफहमी नहीं होनी चाहिए कि पत्रकारिता के सामने सिर्फ संकट ही संकट है। इसके अपने सुख भी हैं। घटनाओं को अपनी आँखों से देखना और दूसरों को बताना मामूली सुख नहीं है। सब कुछ के बावजूद आज आखिर पत्रकार ही उन सच्चाइयों को उद्घाटित कर रहे हैं, जिनके आधार पर हम यथार्थ का पुनर्सृजन कर सकते हैं। सुख इस चुनौती का सामना करने में है कि तमाम अवरोधों के बावजूद उन कसौटियों को कैसे निरन्तर पैना किया जा सकता है जो हमारे समाज और समय को समझने और बदलने में मददगार हैं। सुख एक लगातार संवाद में शामिल होने का है। पतन को पहचानने और उसे नाम देने का अपना एक आनन्द है। निश्चय ही उस आनन्द से कमतर, जो पतन को रोकने की कोशिश में पैदा होता है। लेकिन यह आनन्द शायद हमारे दौर में विरल होता जा रहा है। मुझे पूरा विश्वास है कि जब व्यापक भारतीय समाज इस आनन्द का बड़े पैमाने पर आविष्कार कर सकेगा, तब पत्रकारिता भी आज जैसी नहीं दिखाई देगी। वह एक सचमुच और पूरी तरह रचनात्मक कर्म होगी।

राजकिशोर

क्रम

पत्रकारिता के नये परिप्रेक्ष्य

खबर क्या है

कहते हैं कि कुत्ता आदमी को काट ले, तो यह कोई खबर नहीं है, लेकिन आदमी कुत्ते को काट ले, तो यह जरूर खबर है। यानी जो सामान्य है, स्वाभाविक है, उसमें खबर बनने की योग्यता नहीं है। इसका मतलब यह नहीं कि सामान्य या स्वाभाविक का कोई मूल्य ही नहीं है। दरअसल, यह पत्रकारिता का नहीं विज्ञान का विषय है। मानव शरीर कैसे काम करता है या दिन-रात क्यों होते हैं या कुत्ते आदमी को क्यों क़ाटते हैं, यह जाना किसी मन्त्री के भ्रष्टाचार या किसी पुलिसकर्मी द्वारा किसी आदिवासी लड़की के साथ किये गये बलात्कार को जानने से कम जरूरी नहीं है। ये व्यापार सार्वभौमिक हैं, इसीलिए इनके कार्य-कारण सम्बन्ध की जानकारी सबके काम आ सकती है। इस दिशा में जो लोग काम करते रहते हैं, उनकी प्रगति के ब्यौरे सामने नहीं आ पाते, क्योंकि यह एक गम्भीर काम है और इसमें दिलचस्पी लेने के लिए कुछ वैज्ञानिक पृष्ठभूमि भी चाहिए, इसलिए सबको इन चीजों से मतलब नहीं हो पाता। इस तरह के सारे काम एकान्त में, सावधानी पूर्वक होते हैं, हालांकि उनका लाभ सबको मिलता है। इसके विपरीत पत्रकारिता की दुनिया में जिसे खबर माना जाता है, वह असामान्य घटनाएँ हैं जिनका अगर कायदे से अध्ययन किया जाये, तो यह भी एक गम्भीर काम हो सकता है। लेकिन पत्रकारिता को अक्सर उनके इस पहलू से कोई मतलब नहीं होता। वह असामान्य घटनाओं को भी उसी हद तक अपना उपजीव्य बनाती है, जिस हद तक उनमें सनसनी या उत्सुकता पैदा करने की क्षमता होती है। यह सनसनी अगर सामान्य या स्वाभाविक घटनाओं से पैदा होती हो, तो पत्रकारिता उनका भी विस्तार से वर्णन करेगी। मसलन प्रधानमन्त्री सीढ़ी से गिर जायें, या राष्ट्रपति को कुत्ता काट ले, तो यह भी खबर होगी। दरअसल, पत्रकारिता को सामान्य घटनाओं की तरह सामान्य लोगों से भी कोई मतलब नहीं होता। वह विशेष की उपासक है। सामान्य लोगों की विशेष खबरें और विशेष लोगों की सामान्य खबरें—उसके लिए इन दोनों का मोल बराबर है।

दरअसल, सामान्य और विशेष में अतर्निहित कार्य-कारण सम्बन्ध होता है। कोई आदमी अगर किसी कुत्ते को काट खाये, तो यह निश्चय ही एक खबर है, लेकिन खबर यह सिर्फ इतनी ही नहीं है। अगर मनुष्य में हमारी वास्तविक रुचि

है, तो हम यह भी जानना चाहेंगे कि उस आदमी ने ऐसा क्यों किया या जिस आदमी ने ऐसा किया, वह कैसा था। सिर्फ इस घटना की सूचना देना पत्रकारिता हो सकती है, लेकिन अच्छी पत्रकारिता इससे आगे भी जायेगी। वह यह बताने की कोशिश करेगी कि उस असामान्य घटना में उसका कितना योगदान है, जिसे सामान्य समझा जाता है। अगर वह ऐसा नहीं करती, तो कह सकते हैं कि वह भी उसी समाज व्यवस्था का अंग है, जिसमें मनुष्य को मनुष्य के बारे में कोई गहरी दिलचस्पी नहीं है और चाहें तो यह भी जोड़ सकते हैं कि यह दिलचस्पी न हो, इसमें पत्रकारिता भी अपने ढंग से कुछ भूमिका निभा रही होती है।

लेकिन जो कुछ हमारे सामने खबर के रूप में रखा जाता है, वह सारा का सारा तत्त्वतः असामान्य नहीं होता। उदाहरण के लिए दुर्घटनाएँ रोज नहीं होतीं। अतः कहा जा सकता है कि दुर्घटना न होना सामान्य बात है और दुर्घटना एक असामान्य स्थिति है। लेकिन गौर से देखें, तो यह एक अधूरा सच है। अब तो बहुत-सी प्राकृतिक विपत्तियों के बारे में भी नहीं कहा जा सकता कि वे प्राकृतिक हैं। उनके सभ्यतागत कारणों को पहचान लिया गया है तथा प्रकृति के साथ बेहतर सलूक से उन्हें रोका जा सकता है, ऐसा माना जाने लगा है। जहाँ तक औद्योगिक समाज की दुर्घटनाओं का सवाल है, उनका बढ़ना स्वाभाविक और उचित मान लिया गया है। इसलिए उनका एहसास भी कुछ होता जा रहा है। दरअसल, संवेदना का तन्त्र होता ही ऐसा है कि एक तरह की दुर्घटना की खबर लगातार सुनते-सुनते हम उसे दुर्घटना माना ही छोड़ देते हैं। दफ्तर से घर जाते हुये आदमी की साइकिल का पहिया पंचर हो जाये तो यह उसके लिए एक दुर्घटना ही है और पन्चर बनाने की दुकान आस-पास न हुई तो उसे काफी तकलीफ उठानी पड़ सकती है। लेकिन जहाँ रेलगाड़ियाँ टकरा रही हों और हवाई जहाज खिलौनों की तरह जमीन पर आ गिरते हों, वहाँ एक मामूली साइकिल के पंचर होने की ओर किसका ध्यान जा सकता है? सड़क पर चलती हुई गाड़ी से टकरा कर मर जाना तक अब एक मामूली बात हो गयी है। अखबार इस तरह की सिर्फ वे ही घटनाएँ छापते हैं जो उनके शहर में हुई हों—वह भी अक्सर नाम, पेशा आदि विवरणों के साथ नहीं। बाकी लोग अमूर्त आँकड़ा बन जाते हैं। किसी खास सड़क दुर्घटना पर न तो किसी को चिन्ता होती है और न रोष। दुख तो किसी को होता ही नहीं। हाँ, ऐसी दुर्घटनाओं के आँकड़ें जब बढ़नें लगें, तो एक सम्पादकीय जरूर लिख दिया जाता है।

मामला सिर्फ भौतिक दुर्घटनाओं तक सीमित नहीं है। सांस्कृतिक दुर्घटनाओं का परिप्रेक्ष्य तो और भी रोमांचक है। हमारा उद्योगीकृत होता हुआ समाज हमें किस कदर संवेदनाहीन बना रहा है, इसका एक अच्छा उदाहरण बलात्कार है। आज से लगभग एक दशक पहले बलात्कार की इक्का-दुक्का ख़बरें छपने लगी थीं, तो हर खबर कितनी उत्तेजना पैदा करती थी। लेकिन अब पुलिसकर्मियों द्वारा किये जाने

वाले या सामूहिक (यानी गिरोहबन्द) बलात्कार की घटनाएँ भी लोगों को विचलित नहीं करतीं। उद्देश्य अगर मानवीय दुख को समझना हो, तो छोटी-से-छोटी घटना भी महत्वपूर्ण होती है, लेकिन निगाह सनसनी पैदा करने पर हो, तो हर बार कुछ नया और पहले से ज्यादा उत्तेजक मसाला चाहिए। यही कारण है कि हमारे समाज में असामान्य घटनाएँ जितनी तेजी से बढ़ रही हैं, उतनी ही तेजी से हम उन्हें सामान्य का दर्जा देते जा रहे हैं।

आधुनिक पत्रकारिता में खबर का समाजशास्त्र यहीं से शुरू होता है। किसी के लिए कौन-सी बात खबर है और कौन-सी खबर नहीं, इसे समझना घटनाओं और व्यक्तियों या वर्गों के बीच के रिश्ते को समझना है। इस रिश्ते को समझने के बाद ही हम यह तय कर सकते हैं कि हमारे समाचार पत्र वस्तुतः कौन-सी भूमिका अदा कर रहे हैं। इस सिलसिले में याद रखने की एक बुनियादी बात यह है कि चूँकि हमारे ज्यादातर पत्र व्यावसायिक हैं, अतः उनका काम खबर देना नहीं, बल्कि खबरे बेचना है। खबर देना एक जिम्मेदारी का काम है। उसके साथ कुछ मूल्य जुड़े होते हैं, क्योंकि वह एक मानवीय क्रिया है। इसके विपरीत खबर बेचना एक निर्वैयक्तिक क्रिया है। अगर आपने किसी के बेटे को रास्ते में बेहोश पड़ा पाया है, तो आप चाहेंगे कि उसे जल्दी से जल्दी ये बात मालूम हो जाये। साथ ही यह कोशिश भी करेंगे कि इस बीच उस बेहोश लड़के का कुछ इलाज भी हो। लेकिन अगर यह खबर बेचने के लिए है, तो आपकी दिलचस्पी का रूप बदल जायेगा। पिता को खबर भले देर से मिले, आप पहले उस बेहोश लड़के का फोटों लेंगे, उसके ब्यौरे नोट करेंगे और घटना का कारण पता लगाने की कोशिश करेंगे। सामान्यतः पत्रकार से यह उम्मीद नहीं की जाती है कि वह पत्रकार का अपना काम भी करेगा और नागरिक की भी जिम्मेदारी निभायेगा। अक्सर दोनों कामों में अन्तर्विरोध होता है कि दोनों साथ-साथ किये जाएँ तो पत्रकारिता का काम ज्यादा दिनों तक किया ही नहीं जा सकता। उदाहरण के लिए राजधानी में काम करने वाले पत्रकारों को अक्सर राजनीतिज्ञों के सम्पर्क में आना पड़ता है। अगर पत्रकार उन्हें हर झूठ के लिए टोकते रहें और उन्हें उनके हर गलत काम को याद दिलाते रहें, तो एक समय ऐसा आयेगा जब राजनीतिज्ञ पत्रकारों से बात ही करना बन्द कर देंगे और तब पत्रकार के लिए अपना काम करना असम्भव हो जायेगा। इसीलिए राजनीतिज्ञों और पत्रकारों के बीच साँप और नेवले जैसा सम्बन्ध रहते हुए भी दोनों एक ही तालाब में बतख युग्म की तरह तैरते रहते हैं। यह इसलिए भी जरूरी है कि पत्रकार का काम खबर बेचना है और उसकी उपयोगिता तभी तक है जब तक वह खबरें बरामद कर सके। इसके लिए खबर पैदा करनेवाले साधनों से अच्छे रिश्ते बनाने ही होंगे। खबर बेचने के अन्धों का हिस्सा होने के कारण पत्रकारों को न केवल भ्रष्ट और समाज-विरोधी लोगों से मित्रता रखनी पड़ती है, बल्कि स्वयं भी भ्रष्ट और समाज-विरोधी होना पड़ता है।

कैसे, यह जानने के लिए हमें इस पर गौर करना होगा कि खबर कौन खरीदता है और क्यों खरीदता है।

खबर अगर एक मानवीय सूचना नहीं है, व्यावसायिक उत्पाद है, तो उसकी सीमा बेचने और खरीदने वालों के स्वार्थों द्वारा निर्धारित होगी। हम जानते हैं कि हमारे पत्रों का दायरा मुख्यतः मध्यवर्ग तक सीमित है। निम्न मध्य वर्ग के ढेर सारे लोग भी अखबार पढ़ते हैं, लेकिन चूँकि उनकी कामना निरन्तर मध्य वर्ग में प्रवेश करने की होती है, इसलिए उनकी अपनी समस्याएँ चाहें जो हों, वे भी अक्सर मध्य वर्ग की तरह सोचने की आदत बना लेते हैं। वर्गीय समाज में जो लोग वर्गों को मिटाने की कोशिश नहीं करते होते हैं, वे अपने से उपर वाले वर्ग में जाने या उसकी नकल करने को ही अपने जीवन का एकमात्र लक्ष्य बना लेते हैं। चूँकि हमारे देश में साक्षरता का दायरा बहुत सीमित है और खरीद कर अखबार पढ़ने की क्षमता उससे भी सीमित है, इसलिए पत्र-पत्रिकाओं का चरित्र मध्य वर्गीय है। मध्य वर्गीय यह पश्चिम में भी है, किन्तु वहाँ का मध्य वर्ग काफी बड़ा है–उसके दायरे में लगभग पूरा समाज आ जाता है। अतः वह मध्य वर्गीयता बहुसंख्यक के विरूद्ध अल्पसंख्यक का मामला नहीं होती। हमारे यहाँ यह मामला है। हमारी मध्य वर्गीयता में व्यापक समाज का हस्तक्षेप नहीं हो पाता। वैसे भी पत्रकारिता की शुरुआत औद्योगिक समाज की शुरुआत से जुड़ी हुई है, जब पश्चिम में मध्य वर्ग का जन्म हो रहा था। लेकिन पश्चिम के मध्य वर्ग और भारत के मध्य वर्ग में कुछ और बुनियादी फर्क है। भारत में मध्यवर्ग की भूमिका एक विकसित हो रही अर्थव्यवस्था को चलाने की नहीं, बल्कि बहुसंख्य लोगों की जिन्दगी को और उदास तथा खुशीहीन बना कर अपनी सुविधाएँ बढ़ाते जाने की है, इसलिए हमारा मध्य वर्ग समाज-विरोधी है। पश्चिम के मध्यवर्ग ने महान सामाजिक और राजनीतिक क्रान्तियाँ की हैं। हमारा मध्य वर्ग सिर्फ अंग्रेज़ों से लड़ा है। अतः हमारी पत्रकारिता का मध्य वर्ग के दायरे तक सीमित रहना एक समाज विरोधी घटना है। यही कारण है कि जो महत्त्वपूर्ण घटनाएँ हमारे मध्य वर्ग की संवेदना का हिस्सा नहीं बन पाई हैं, उन्हें खबर नहीं माना जाता या तभी माना जाता है जब वे इतने बड़े पैमाने पर होने लगें कि उनकी उपेक्षा करना सम्भव न रह जाये।

इसका सिर्फ एक ही ठोस उदाहरण देना हो तो जाड़े के दिनों में ठण्ड से होने वाली मौतों का मामला लिया जा सकता है। हर साल इन मौतों के आँकड़े छपते हैं, लेकिन इस बात की तहकीकात कभी नहीं की जाती कि मरनेवाले थे कौन और ठण्ड से मरे या ठण्ड से अपना बचाव करने में असमर्थ होने के कारण। ठण्ड या लू से मरने की खबर इस तरह छापी जाती है, मानों मौसम की खबर छापी जा रही हो। लेकिन हम सभी जानते हैं कि कोई भी हैसियतदार आदमी ठण्ड या लू से नहीं मरता। सामान्य ज्ञान से भी समझा जा सकता है कि ये मौतें मौसम की मार के बारे

में नहीं, बल्कि अभाव की मार के बारे में ही बताती हैं। लेकिन यह वह वर्ग है, जिसकी जीवन-स्थितियों के बारे में जानने की किसी को दिलचस्पी नहीं है—न प्रशासन को, न राजनीतिक दलों को और न उस वर्ग को, जो खबर बेचता है और खरीदता है। हाँ, पुलिस हवालात में कोई मर जाये तो जरूर खबर बन जाती है और कभी-कभी यह जानने की कोशिश भी होती है कि हिरासत में मौत किन कारणों से हुई। इसके दो कारण हैं। इनमें से एक है हमारी लोकतान्त्रिक व्यवस्था का यह दंभ कि हम कानून के राज द्वारा शासित हैं। मध्य वर्ग को यह छद्‌म बनाये रखना प्रिय है। इसलिए जहाँ भी यह छद्‌म टूटता नजर आता है, उसकी दिलचस्पी पैदा हो जाती है, हालांकि अब यह दिलचस्पी भी कम होती जा रही है। यहाँ तक कि नागरिक अधिकार संगठनों के बारे में संगठित रूप से आलोचनात्मक टिप्पणियाँ लिखी जाती हैं। यह हुआ है आतंकवाद के दमन के नाम पर भारतीय राज्य की नई फासिस्ट भूमिका के कारण। जहाँ आतंकवाद नहीं है, पुलिस जुल्म कुछ चर्चा का विषय बनता है। इसका दूसरा कारण यह है कि हवालात में मौत का राजनीतिक उपयोग हो सकता है। इसके द्वारा सरकार को कठघरे में खड़ा किया जा सकता है। लेकिन निछक गरीबी से मरने वालों का क्या किया जा सकता है। उनकी गिनती करली जाती है, यही क्या कम है। इससे शायद मध्य वर्ग को यह तसल्ली भी मिलती होगी कि देखो, हम कितने सुरक्षित हैं। इतनी ठण्ड (या गरमी) पड़ रही है, फिर भी हम मजे में हैं।

कहा जा सकता है कि समाचारपत्र बेचने के लिए ही छापा जाता है, अतः अगर खबर की उसकी परिभाषा पाठकों की परिभाषा से बिल्कुल भिन्न हुई, तो उसे छुएगा कौन? अतः समाचारपत्रों को एक हद तक जनरूचि से समझौता करना ही पड़ता है। यह तर्क ठीक वही तर्क है जो हिन्दी फिल्मों के निर्माता दिया करते हैं। वे फूहड़ और अश्लील फिल्में बनाते हैं, पैसा पीटते हैं और सवाल करो तो कहते हैं कि हम क्या करें, जनता यही पसन्द करती है। कहना न होगा कि फिल्म उनके लिए कला नहीं, कारोबार है। इन समाजद्रोहियों को फिर भी समझा जा सकता है, क्योंकि इन्हें हर फिल्म अलग से बेचनी पड़ती है। फिर ये बेचारे साफ-साफ स्वीकार भी करते हैं कि हम तो व्यापारी हैं। लेकिन समाचारपत्रों को माफ कर पाना कठिन है, क्योंकि किसी भी समाचारपत्र के मालिक ने अभी तक यह कबूल नहीं किया है कि उसका उद्देश्य सिर्फ पैसा कमाना है। वैसे पाप को स्वीकार कर लेने भर से कोई पापमुक्त नहीं हो पाता। अतः घटिया-से-घटिया समाचारपत्र भी जनता के सामने जवाब देह होता है। इसलिए और भी, क्योंकि घटिया-से-घटिया समाचारपत्र भी अपने सम्पादकीयों में ऊँची-ऊँची बातें करता दिखाई पड़ता है। यदि उसकी इन उद्‌घोषणाओं का उसके समाचारवाले अंश से मिलान किया जाये, तो वह तुरन्त नंगा हो जाता है। बहरहाल, समाचारपत्रों का पाठक चूँकि ज्यादातर एक खास पत्र ही रोज

पढ़ता है यानी अखबारों की बिक्री किसी हद तक पूर्वनिश्चित होती है, इसलिए समाचारपत्रों की नीयत क्या है, यह जानने के लिए यह देखना जरूरी है कि उनका झुकाव जनरुचि के साथ लगातार समझौता करने का है या उसे सुधारने का। ठीक है, अपनी बिक्री बनाने के लिए आपने एक बार किसी हद तक समझौता कर लिया, लेकिन पाठकों पर अपनी पकड़ बनाने के बाद तो आप अपना असली काम शुरू कर सकते हैं। उनमें कठिनाई क्या है? अगर ऐसा नहीं होता, तो यह निष्कर्ष निकालना ही पड़ेगा कि 'समाचारपत्र बेचने के लिए ही छापा जाता है' का तर्क अपनी बदनीयती को ढकने का एक औजार भर है।

इसी बदनीयती के कारण खबर का जो ढाँचा हमारे यहाँ विकसित हुआ है, वह सत्ता को मजबूत करने का है, उसे कमजोर करने का नहीं। खबर में होना एक ऐसी चीज है, जिससे ताकत पैदा होती है। यह ताकत पहले से हो, तो और मजबूत होती है। यह अकारण नहीं है कि समाज के सभी वर्गों के लोग पत्रकार से मधुर रिश्ता बनाये रखना चाहते हैं—वे भी, जिनके खिलाफ लिखा जाता रहता है। इसका अपवाद वे ही बन सकते हैं, जिनका अपना करिश्मा इतना मजबूत हो कि उन्हें अखबारवालों की नाराजगी की परवाह न हो। इन्दिरा गांधी अपने शासन के अन्तिम दिनों में भारतीय संवाददाताओं की बिल्कुल परवार नहीं करती थी। अमिताभ बच्चन ने लगातार कई साल तक न अपना इंटरव्यू दिया और न संवाददाताओं से कोई बातचीत की। फिर भी उनका कोई नुकसान नहीं हुआ, क्योंकि उनकी सत्ता इतनी सुदृढ़ थी कि वे छापे के अक्षरों के मोहताज नहीं थे। इन्दिरा गांधी के लिए कहा जा सकता है कि उन्होंने अपनी इस उपेक्षा के द्वारा प्रेस का महत्त्व कम करने की भी कोशिश की, हालांकि मूलतः वे बहुत ही प्रेस-सजग थीं और खबर बनने का कोई भी मौका नहीं छोड़ती थीं। फिर भी उन्होंने प्रेस की कुछ हद तक उपेक्षा की, तो इसीलिए कि उन्हें अपनी सत्ता पर काफी भरोसा था। लेकिन दूसरे लोगों के साथ यह बात नहीं है। वे अपनी सत्ता का निरन्तर विस्तार चाहते हैं और चूँकि समाचार माध्यम उनके लिए मुफ्त विज्ञापन की व्यवस्था करते हैं, इसलिए वे लगातार खबर में रहना चाहते हैं।

लेकिन प्रसिद्धि का एक और आयाम है। वह पत्रकारिता की जरूरत भी है। पत्रकार का हीरो मामूली आदमी नहीं होता, हालांकि जब किसी मशहूर आदमी की आलोचना की जाती है, तब मामूली आदमी की याद बार-बार की जाती है। क्योंकि किसी भी चीज की आखिरी कसौटी तो वही है। लेकिन मामूलीपन कसौटी भले हो, हीरो बनने की क्षमता अर्जित नहीं कर पाया है। पत्रकार का हीरो मजबूत आदमी होता है और जब ऐसे लोगों की कमी हो जाती है, तो वह झूठ-मूठ की प्रसिद्धि गढ़ भी लेती है। हम सभी लोगों की आदत ऐसी बना दी गयी है कि हम प्रसिद्ध लोगों के बारे में सब कुछ जानना चाहते हैं। अतः पत्रकार आलतू-फालतू लोगों को भी

जबरदस्ती महत्त्वपूर्ण बना देते हैं। और फिर उनके बारे में बता-बता कर लोगों की जिज्ञासा शान्त करते रहते हैं। यह कुछ-कुछ उपभोक्तावाद जैसा मामला है। उपभोक्ता समाज में जैसे हमेशा नये-नये उत्पाद सामने आते रहते हैं और लोगों की लगातार तृप्ति-अतृप्ति तृप्ति के चक्र में उलझा कर रखा जाता है, वैसे ही प्रसिद्धि का उत्पादन भी लगातार करना होता है, क्योंकि वही बेचने लायक बना दिया गया है। इस तरह सत्ता के खेल में पत्रकार और उसके हीरो दोनों एक-दूसरे के मददगार बने रहते हैं और जनता को बेवकूफ बना कर उसकी जिन्दगी से खिलवाड़ जारी रहता है। यह पत्रकारिता का सबसे भयानक पहलू है, क्योंकि इसके द्वारा समाज के दो वर्ग कर दिये जाते हैं—एक वर्ग वह है जिसके बारे में लिखा जाता है और दूसरा वर्ग वह है जिसके लिए लिखा जाता है। इनके बीच कोई अन्तसम्बन्ध और अन्तक्रिया न हो, इसका पूरा ख्याल रखा जाता है। यह मध्य वर्ग के आत्मछल का एक गम्भीर पहलू है। वह सामान्य आदमी के साथ जो करता है, वही अन्ततः अपने साथ भी करता है। इस तरह वह अपने समाज में और ज्यादा अजनबी हो जाता है।

इस सिलसिले में एक दिलचस्प बात यह है कि समाचारपत्रों ने तथ्य और राय का ऐसा विभाजन स्वीकार कर लिया है, जिसके कारण वे अपनी बहुत-सी जिम्मेदारियों से बच निकलते हैं, लेकिन माहौल ऐसा बनाये रखते हैं, जिसमें लगे कि वे अपना काम बड़ी ईमानदारी से कर रहे हैं। यह एक ऐसा बारीक षडयंत्र है, जिसके हम रोज शिकार होते हैं, लेकिन कुछ पूर्वकल्पनाओं के कारण तथा कुछ इसलिए भी कि सारे अखबार ही ऐसा करते हैं, हमें इस षडयंत्र का आभास तक नहीं हो पाता। जैसे यह मान लिया गया है कि 26 जनवरी या 15 अगस्त को राष्ट्रपति या प्रधानमन्त्री ने क्या कहा, यही खबर है—साधारण लोगों ने क्या महसूस किया या उनके भाषण सुन कर साधारण लोगों पर क्या प्रतिक्रिया हुई, यह कोई खबर ही नहीं है, उसी तरह यह षडयंत्र भी चुपचाप जारी रहता है और हमारी संवेदना को लोकतन्त्र-विरोधी बनाता रहता है।

एक उदाहरण लें। घटना यह हुई कि श्रीमान क किसी राज्य के मुख्यमन्त्री चुने गये। यह निश्चित रूप से एक खबर है और सब तक पहुँचनी ही चाहिए, लेकिन अगर खबर इतनी ही दी गई, तो इसका बहुत ज्यादा मूल्य नहीं है। कारण, हम नहीं जानते कि इस खबर से उस राज्य के लोगों का जीवन किस तरह प्रभावित होने जा रहा है। अतः श्रीमानक का मुख्यमन्त्री बनना अधूरी खबर है—खबर पूरी तब होगी, जब यह भी बताया जायेगा कि वह आदमी कैसे हैं तथा इस पद को सम्भालने की योग्यता उनमें है या नहीं। कहने को किसी भी व्यक्ति के मुख्यमन्त्री पद सम्भालते ही उसका संक्षिप्त जीवन-वृत्त छापा जरूर जाता है, लेकिन वह किसी नौकरी के उम्मीदवार के "बॉयो-डाटा" की तरह होता है और उस व्यक्ति की तरफ से लिखा जाता है, न कि जनता की तरफ से। अगर समाचारपत्र जनता की ओर

से सोचते होते, तो नये मुख्यमन्त्री की पुरानी उपलब्धियाँ नहीं गिनाते, बल्कि उसके वास्तविक व्यक्तित्व और उसकी गुप्त प्रतिबद्धताओं के बारे में भी बतलाते तथा अपना मूल्यांकन भी पेश करते कि क्या वे राज्य की समस्याओं का समाधान कर सकेंगे। वे यह भी पता लगाते कि राजनीति में आने के पहले श्रीमानक की आर्थिक स्थिति क्या थी और अब कैसी है तथा उनमें भयानक फर्क है तो क्यों है। यह मान कर चलना कम-से-कम आज के समाज में अतार्किक है कि कोई व्यक्ति मुख्यमन्त्री होते ही आदर का पात्र हो गया। आदर का पात्र वह तब होगा, जब वह अपने को उस पद के योग्य साबित कर लेगा। सच तो यह है कि सत्ता के केन्द्र में बैठे हुये किसी भी आदमी को तब तक संदिग्ध मानना चाहिए, जब तक वह यह न साबित कर दे कि वह दूसरी तरह का आदमी है।

समाचारपत्र अपनी इस जिम्मेदारी से इस आधार पर बच निकलते हैं कि उनका काम तथ्य पेश करना है—किसी के बारे में राय प्रकट करना नहीं। टिप्पणी करने के लिए सम्पादकीय है, अन्य स्तम्भ है। थोड़ा ध्यान देते ही इस तर्क की कलई खुल जायेगी। मान लीजिये कि एक चोर को वित्त मन्त्री बनाया गया। अब यदि कोई समाचारपत्र इस तथ्य के पूर्वार्द्ध को छिपा लेता है और सिर्फ उत्तरार्द्ध को छापता है, तो वह तथ्यों की इस काट-छाँट से न केवल अपनी एक राय व्यक्त करता है, बल्कि दूसरों की राय को भी प्रभावित करने की कोशिश करता है। वस्तुतः तथ्य और राय में उस तरह का कोई द्वैध है भी नहीं, जैसा कि मान लिया गया है। राय तथ्यों के आधार पर बनाई जाती है और तथ्यों को एक खास ढंग से सजा कर रख दिया जाये, तो वे अपने आप में राय का काम करने लगते हैं। किसी गृह मन्त्री के काम पर अलग से टिप्पणी करने की जरूरत नहीं है। सिर्फ इतना बता दीजिये कि उसके काल में अपराधों की संख्या कितनी बढ़ी या कम हुई है। लेकिन हमारे समाचारपत्र घटनाओं के प्रति यह समग्र दृष्टि रख कर नहीं चलते। वे मन्त्रियों के वक्तव्य जितनी रुचि के साथ छापते हैं, उतना उत्साह यह पता लगाने में नहीं दिखलाते कि उनमें की गयी घोषणाएँ किस हद तक पूरी हुईं।

इस तरह सूचनाओं या खबरों का एक तरफा प्रवाह चलता रहता है और भ्रम बना रहता है कि जो कुछ जानने लायक है, उसे पूरी वफादारी के साथ पेश किया जा रहा है, जबकि होता यह है कि जो कुछ वस्तुतः जानने लायक है, उसे अक्सर ढक कर ही रखा जाता है। इसका सबसे रोचक दृष्टांत यह है कि जब किसी राजनेता का भ्रष्टाचार अचानक सामने आ जाता है या उसे किसी कारणवश पद छोड़ना पड़ता है, तो पत्रकारों की निगाह में वह अचानक बुरा हो जाता है और सब उस पर झुण्ड बना कर टूट पड़ते हैं। क्या साधु के शैतान बनने की कोई भी प्रक्रिया इतनी अचानक होती है? बात दरअसल यह होती है कि जब तक वह सत्ता में होता है, तब तक उसकी बुराइयों की तरफ ज्यादा ध्यान नहीं दिया जाता। लेकिन जब वह सत्ता से

स्खलित होता है, तो एक निरीह आदमी बन जाता है और उसकी आलोचना करना सुरक्षित हो जाता है। यह सत्ता के साथ एक ऐसा दोस्ताना है, जिसे प्रकटतः उसके विरोध में बता कर जारी रखा जाता है।

प्रश्न उठता है कि इसके बावजूद क्या कारण है कि समाचारपत्र जनता में इतने लोकप्रिय हैं–उनके बीच भी, जिनके हितों के वे खिलाफ जाते हैं। निश्चय ही यह एक जटिल स्थिति है। बहरहाल, यह बुनियादी बात तो साफ दिखाई पड़ती है कि आम जनता अभी इस स्थिति में नहीं आ पाई है कि वह अपने को खबर बना सके। चूँकि समाज में वास्तविक जन-मूल्य स्थापित नहीं हो पाये हैं, अतः बड़ी चतुराई से शासक वर्ग के मूल्य ही समाज के सर्वमान्य मूल्य बना दिये गये हैं और हम सभी अपनी जिन्दगी को उसी तरह देखते हैं जिस तरह शासक वर्ग चाहता है कि हम देखें। यह आत्म-निषेध है यानी जो हम हैं या जो हमारी वास्तविक जरूरतें हैं, उनका प्रत्याख्यान और जो हम नहीं हैं या जो हमारी जरूरतें नहीं हैं, उनका गौरवान्वयन। किसी भी जन-विरोधी व्यवस्था का प्रमुख लक्ष्य यही होता है कि वह आत्म-निषेध को ऐसी ऊँचाई पर पहुँचा दे कि वही चरम मूल्य बन जाये। जहाँ सारा उत्पादन तन्त्र मनुष्य की आवश्यकताएँ पूरी करने के लिए नहीं, बल्कि बाजार के लिए चल रहा हो–और वह भी एक छोटे–से बाजार के लिये, जहाँ प्रशासन का लक्ष्य नागरिक की सत्ता मजबूत करना नहीं, बल्कि उसे कमजोर करना हो, जहाँ व्यक्ति की इज्जत उसके गुणों के आधार पर नहीं, बल्कि इस आधार पर होती हो कि वह कितने लोगों की जिन्दगी बना-बिगाड़ सकता है, वहाँ खबर का ढाँचा कुछ और हो ही कैसे सकता है? हम शासक वर्ग को न केवल उसकी नजर से देखते हैं, बल्कि अपने को भी उसी की नजर से देखते हैं, क्योंकि हमें बार-बार बताया ही यही जाता है और हम इस पर विश्वास भी करने लगते हैं कि हमारा उद्धार वही कर सकता है, यह नहीं कि हम अपना और उसका, दानों का उद्धार कर सकते हैं। समाचारपत्र झूठे विश्वासों का यह ढाँचा बनाये रखने में महत्त्वपूर्ण भूमिका अदा करते हैं, क्योंकि उनका भी उद्देश्य सत्ता को नष्ट करना नहीं, बल्कि सत्ता के केन्द्रों पर नजर रखना या उन्हें इधर से उधर करना भर है।

पूँजी के कारण

एक अच्छे समाज में पत्रकारिता की वैसी जरूरत नहीं होगी, जैसी आज हैं। आज पत्रकारिता बुराइयों की वाहक है। वह बतलाती है कि हमारे समाज में कहाँ कितनी गड़बड़ी है और उन गड़बड़ियों के कारण क्या-क्या घटनाएँ हो रही हैं। क्रम शायद उलटा हो गया है। वस्तुतः गड़बड़ियों पर निगाह तभी जाती है, जब घटनाएँ होती हैं या होने लगती हैं। उदाहरण के लिए जब किसी इलाके में अपराध बढ़ जाते हैं, तब उसकी समाजशास्त्रीय जाँच होने लगती है। जब कोई कुख्यात अपराधी जेल से भाग निकलता है, तो जेल व्यवस्था की बारीक छानबीन शुरू हो जाती है। जब किसी शहर में कोई महामारी (जैसे पीलिया) फैलती है, तो स्वास्थ्य विभाग की खबर ली जाने लगती है। साफ है कि समाज की नब्ज पर पत्रकारिता का हाथ नहीं रहता। जब बीमारी का विस्फोट होता है, तब नब्ज की गिनती शुरू हो जाती है। जिस दिन ये बीमारियाँ नहीं रहेंगी, उस दिन अखबार क्या करेंगे? पत्रकारिता की दुनिया में एक कहावत चलती है कि ''नो न्यूज इज बैड न्यूज'' यानी कोई खबर नहीं है, तो यह बुरी खबर है। दूसरे शब्दों में, आज की पत्रकारिता की बुराई में एक तरह से निहित स्वार्थ हो गया है। वह बुराइयों की विस्तार से रिपोर्टिंग करती है, उन पर गम्भीर दिखाई पड़नेवाली टीका-टिप्पणी करती है, उनसे निपटने के रास्ते भी बताती है, लेकिन भीतर से चाहती नहीं कि वे बुराइयाँ हटें क्योंकि अगर वे हट गईं, तो उसकी अपनी दुकान ही सिमट जायेगी। यानी उसका वह रूप खत्म हो जायेगा, जो आज दिखाई पड़ता है। नये रूप की कोई तैयारी नहीं है, क्योंकि नये समाज की भी कोई तैयारी नहीं है।

आधुनिक पत्रकारिता पूँजीवाद की ही एक औलाद है। पूँजीवाद की अन्य औलादें हैं राष्ट्र-राज्य, सुसंगठित न्यायपालिका, संसद इत्यादि। यह कितनी दिलचस्प बात है कि पूँजीवाद बात तो मुक्त प्रतियोगिता की करता है, लेकिन हमेशा प्रतिबन्धों की आड़ में अपना काम करता है। राष्ट्र-राज्य इसका सबसे बड़ा प्रमाण है। यदि उत्पादन और वितरण की व्यवस्था पर कोई रोक नहीं लगनी चाहिए तथा व्यक्ति इतने बुद्धिमान हैं कि वे अपनी आवश्यकताओं और क्षमताओं के अनुसार जीवन व्यवस्था का स्वतः संचालन कर लेंगे, तो फिर राष्ट्र-राज्य यानी आधुनिक राज्यों की

जरूरत नहीं रह जानी चाहिए थी। उत्पादन की एक मुक्त विश्व व्यवस्था बननी चाहिए थी। जिस तरह साम्यवाद एक विश्व दर्शन है, यानी साम्यवादी आदर्श अपने को किसी एक राज्य के नहीं, बल्कि पूरे विश्व के अनुकूल मानता रहा है, उसी तरह पूँजीवाद भी। फिर भी दोनों राष्ट्र-राज्यों की अवधारणा से बुरी तरह चिपके रहे हैं और निकट भविष्य में इसका कोई अंत नहीं दिखता। यह बात कहना इसलिए जरूरी है कि पूँजीवाद की जितनी औलादें हैं, अगर वे अपने घोषित उद्‌देश्यों की पूर्ति करने लगें, तो उनका स्वतः अन्त हो जाना चाहिए। सुरक्षा व्यवस्थाएँ युद्ध को रोकने या खत्म करने के लिए हैं। उनकी चरम सार्थकता इसी में है कि धरती ये युद्ध खत्म हो जाये, ताकि स्थायी सेना रखने की जरूरत ही न रहे। इसी तरह न्यायपालिका का काम न्याय की व्यवस्था करना है। न्याय की कुछ ऐसी व्यवस्था होनी चाहिए कि न्यायपालिका को जरूरत कभी-कभी ही पड़े। ठीक इसी तरह संसद का काम कानून बनाना है। अगर व्यवस्था में स्थिरता लाना है तो रोज-रोज कानून बनाने की जरूरत नहीं होनी चाहिए। लेकिन जिस तरह राष्ट्र-राज्य दिनों दिन मजबूत होते जा रहे हैं, उसी तरह पूँजीवाद के अन्य उपकरण भी दिनोंदिन शक्तिशाली और स्थायी होते जा रहे हैं। पूँजीवाद के परवर्ती दौर में पत्रकारिता का जो व्यापक प्रसार हुआ है, उसका रहस्य यही है।

वस्तुतः पूँजीवाद चीजों को दिन-प्रतिदिन जटिल बनाने की जीवन पद्धति है। इस जटिलता में ही उसकी ताकत छिपी हुई है। यदि जीवन पद्धति साफ, सरल और किसी हद तक स्थिर हो जाये, तो पूँजीवाद की जरूरत ही नहीं रहेगी। पूँजी की शक्ति चीजों को उलझाने में है। अब भोजन जैसी बुनियादी आवश्यकता को ही देखिये। अपने तीन-चार सौ वर्षों की उत्कर्ष-अवधि में भी पूँजीवादी व्यवस्था यह तय नहीं कर पाई है कि आदमी को क्या खाना चाहिए। रोज खाने पीने की नयी-नयी चीजें पैदा हो रही हैं, मानों भोजन कोई ऐसी रहस्यमय चीज है, जिसका तिलिस्म खोलने के लिए रोज एक नई चाबी चाहिए। अगर हम इतने शोध, उत्पादन की इतनी विस्तृत व्यवस्था और इतने भारी विनियोजन के बाद भी खाने की समस्या का समाधान नहीं ढूँढ पाये हैं, तो इसका एक ही मतलब है कि हम समाधान नहीं ढूँढ रहे हैं, बल्कि समाधान ढूँढ़ने का नाटक कर रहे हैं। हमारा इरादा, दरअसल, समस्या को अधिक उलझा देना है, ताकि लोग पूँजीवादी उत्पादनों के चंगुल में ज्यादा से ज्यादा आते जायें। इस कसौटी को अगर जीवन के अन्य क्षेत्रों में लागू करें तों पायेंगे कि वहाँ भी मामला ऐसा ही है। हर चीज को इस तरह उलझा दो, जटिलतर बनाते जाओ कि साधारण आदमी लगातार कमजोर और असहाय होता जाये तथा शीघ्र पर बैठे लोगों की शक्ति बढ़ती जाये। वस्तुतः विज्ञान के जितने भी नये आविष्कार हो रहे हैं, उनका उद्‌देश्य लोगों का जीवन सुखी, सरल और आत्मनिर्भर बनाना नहीं, बल्कि उन्हें अधिकाधिक व्यवस्था का दास बनाना है। उदाहरण के लिए हवाई जहाज। यह

सचमुच आदमी की एक बहुत बड़ी सफलता है। कितने लाखों वर्षों से वह चाहता होगा कि हवा में पक्षियों की तरह उड़े। लेकिन आज हवाई यात्रा ज्यादातर कौन लोग करते हैं? राजनीतिज्ञ, अफसर, सैनिक, व्यापारी या उनके प्रतिनिधि और तस्कर। हवाई जहाज दुनिया को देखने या जानने का साधन उतना नहीं है, जितने दुनिया को कुछ लोगों की मुट्ठी में कैद रखने का। अगर किसी व्यवस्था के लक्ष्य मानवीय नहीं हैं, तो उसके तमाम उपकरणों का उपयोग अमानवीय उद्देश्यों के लिए ही हो सकता है—और होता है। पत्रकारिता चूँकि इस पूँजीवादी व्यवस्था के तहत काम करती है और उसके घोषित या छिपे हुये उद्‍देश्यों को कोई चुनौती नहीं देती, इसलिए वह उसके शिष्य या नौकर की भूमिका ही अदा कर सकती है। उसके काम की सफाई इसी में है कि वह नौकर न दिखाई पड़े—स्वतंत्र मालिक जान पड़े (इसी भ्रम के कारण उसे राज्य का पौधा स्तम्भ माना जाता है), लेकिन वह मन-ही-मन खूब जानती है कि उसे अन्ततः किसकी सेवा करनी है।

पूँजीवादी व्यवस्था के दो विकल्प अभी तक सामने आये हैं और हमें यह देख कर आश्चर्य नहीं होना चाहिए कि जिसे हम स्वतंत्र या आदर्श पत्रकारिता कहते हैं, उसकी इन व्यवस्थाओं में कोई गुन्जाइश ही नहीं रह जाती। ये व्यवस्थाएँ भी पत्रकारिता का वैसा ही इस्तेमाल करती हैं, जैसा पूँजीवादी व्यवस्थायें। ये दो व्यवस्थाएँ हैं साम्यवादी व्यवस्था और तानाशाही व्यवस्था। साम्यवादी व्यवस्था के मॉडल चीन और रूस रहे हैं और तानाशाही व्यवस्था की झलक पाकिस्तान और बाँग्लादेश सहित तीसरी दुनिया के अधिकांश देश समय-समय पर दिखाते रहते हैं। इसका कुछ स्वाद हम भारतीय भी 1975-77 के दौरान पा चुके हैं। साम्यवादी व्यवस्था में भी अखबार निकलते हैं, लेकिन उनके प्रति जनता में वह ललक नहीं दिखाई पड़ती जो पूँजीवादी देशों में आम है। क्यों नहीं दिखाई पड़ती? क्योंकि साम्यवाद में सत्ता के केन्द्र सिमटकर एक बिन्दु पर आ जाते हैं। वह न केवल खबरों का नियन्त्रण करता है, बल्कि यह भी तय करता है कि कौन-से विचार सार्वजनिक रूप से व्यक्त किये जाने के लायक हैं और कौन-से नहीं। इसके कारण कभी-कभी बेहद क्रूर घटनाएँ घटती हैं। डॉ. अमर्त्य सेन ने बताया है कि 1959-61 के दौरान चीन में भयंकर अकाल पड़ा था और अन्न के अभाव में लोग मारे गये थे (एक अनुमान के अनुसार एक करोड़ 65 लाख लोग और दूसरे अनुमान के अनुसार 2 करोड़ 30 लाख), लेकिन संवाद साधनों पर सरकारी नियन्त्रण के कारण न चीन में कोई खलबली मच सकी और न उसके बाहर। सब कुछ ऐसे घट गया, मानों उन करोड़ों लोगों का कोई अस्तित्व ही न हो। पूँजीवादी प्रेस भी ऐसा ही करता है—लेकिन जरा बारीक तरीके से। वह किसी एक इलाके में होने वाले अकाल या भुखमरी जैसी घटनाओं को तो विस्तार से बताता है (जैसे इथियोपिया), लेकिन विश्व पूँजीवादी व्यवस्था के कारण कितने लाख लोग दुनिया के विभिन्न हिस्सों में रोज जरूरत से कम भोजन तथा

पर्यावरण के विनाश से होने वाली बीमारियों और मौत का शिकार हो रहे हैं, इसकी खोज करना जरूरी नहीं समझता। भोपाल गैस ट्रेजडी अगर पश्चिम के किसी देश में हुई होती तो पश्चिमी मीडिया उस पर गिद्धों की तरह टूट पड़ता और हजारों रिपोर्टें तथा दर्जनों किताबें छप चुकी होतीं लेकिन वह भारत में हुई, इसलिए उसे कोई खास महत्त्व नहीं दिया गया जबकि है वह पश्चिम की ही देन।

साम्यवादी व्यवस्था समाचारों पर ही नहीं, विचारों पर भी नियन्त्रण करती है। वह स्वतंत्र बहस को खतरनाक मानती है। असल में पूँजीवादी उत्पादन प्रणाली ने ही वे साधान दुनियाभर को मुहैया किये हैं, जिनकी मदद से लाखों-करोड़ों लोगों की जिन्दगी पर नियन्त्रण रखा जा सकता है। साम्यवाद उन्हीं का अपने ढंग से उपयोग करता है। विचारों पर नियन्त्रण रखना उसकी मजबूरी है, क्योंकि वह एक खास विश्व दृष्टि (यथार्थ की एक खास समझ) पर टिका हुआ है। यदि वह समझ झूठी, विकृत या अधूरी साबित हो जाये, तो उस व्यवस्था का सारा नैतिक औचित्य ही खत्म हो जायेगा। यह अकारण नहीं है कि सोवियत रूस और पूर्वी यूरोप में साम्यवाद खत्म होने को आया, तभी खबर और विचार की आजादी सामने आई। लेकिन यह भी गौरतलब है कि अब वहाँ एक खास तरह की खबर और एक खास तरह के विचार को ही क्यों महत्त्व दिया जा रहा है? सत्ता का दरअसल, चरित्र ही यही है। वह जिन बहानों से अस्तित्व में आती है, उन्हें न केवल बनाये रखना, बल्कि और मजबूत करते जाना चाहती है। यानी तब तक, जब तक उसके सामने नये तथा और शक्तिशाली बहाने न आ जायें। इस मामले में पूँजीवादी सत्ता और साम्यवादी सत्ता एक जैसी ही हैं। दोनों यथार्थ की अलग-अलग समझ पर आधारित हैं और कोई ऐसा काम नहीं करना चाहेंगी, जिससे वह समझ खण्डित होती हों। इसी तर्क से हम यह देख सकते हैं कि अगर साम्यवादी प्रेस बाइबिल सोसाइटी की तरह एक खास तरह के विचार या विश्लेषण को ही स्थान देता है, तो पूँजीवादी प्रेस भी सत्य का अन्वेषक नहीं है। वहाँ स्वतन्त्रता का एक छद्म वातावरण जरूर मौजूद रहता है—खुली जेल की तरह ताकि लोग महसूस करते रहें कि वे किसी लादी हुई व्यवस्था के गुलाम नहीं हैं, बल्कि जो कुछ कर रहे हैं, अपनी मर्जी से कर रहे हैं, लेकिन जिस तरह पूँजीवादी समाजों में मुख्य पूँजीवादी व्यवस्था के समानान्तर जीवन पद्धति की छोटी-छोटी धारायें-उपधाराएँ बहती रहती हैं, उसी तरह मुख्य पूँजीवादी विचारों के समानान्तर कुछ और विचार प्रणालियाँ भी सक्रिय रहती हैं। लेकिन पूँजीवादी पत्रकारिता उन्हें अपने मंच पर स्थान नहीं देती। दे ही नहीं सकती, क्योंकि ये समानान्तर विचार-प्रणालियाँ उसके नैतिक औचित्य को ही चोट पहुँचानेवाली होती हैं। इसलिए यह समझना कि कुछ खास तरह के विचारों का दमन कर साम्यवादी व्यवस्था कोई अलग से वीभत्स काम करती है, उचित नहीं है वह वही करती है, जो पूँजीवादी व्यवस्था प्रच्छन्न रूप से, लोकतान्त्रिक दिखते हुये, करती रहती है। कह सकते हैं कि एक खुले समाज में

पत्रकारिता वेश्या है, तो एक बन्द समाज में वह रखैल बन जाती है। दोनों ही सहज मानवीय प्रेम करने में असमर्थ हैं, दोनों की सार्थकता इसी में है कि वे अपने अस्तित्व की जरूरतें भूल जाएँ और उन्हें तृप्त रखें, जो उनकी अनुत्तरदायी, ऐयाश जीवन पद्धति का खर्च सँभाल सकें।

तानाशाही में पत्रकारिता का अजीब हाल हो जाता है—जैसे किसी स्वतंत्र वेश्या को कोई जबरदस्ती अपनी रखैल बनाने की कोशिश करे, पर उसकी अर्थव्यवस्था का भार सँभालने का इच्छुक न हो। वस्तुतः तानाशाही एक दोगली व्यवस्था है, क्योंकि वह पूँजीवाद और साम्यवाद का मिला-जुला रूप है। उसकी अर्थव्यवस्था का स्वरूप पूँजीवादी होता है, लेकिन उसकी राजनीतिक व्यवस्था साम्यवादी देशों की तरह होती है। शासन की सत्ता एक व्यक्ति या गुट के हाथ में केन्द्रित रहती है, लेकिन वह उसका सीमित प्रयोग करता है। वह साधारण लोगों का दमन करता है तथा अमीर लोगों को और अमीर बनने की छूट देता है। इस तरह गुलामी और आजादी के समानान्तर प्रयोग चलते रहते हैं। यह एक तरह की अन्तर्विरोधपूर्ण स्थिति है। इसीलिए हर तानाशाही के अन्दर छटपटाहट मौजूद रहती है। अगर तानाशाह उत्पादन के सभी साधनों का सरकारीकरण कर ले, तो उसके सारे झमेले खत्म हो जायें। तब वह मध्ययुगीन राजाओं की तरह आजीवन निरंकुश शासन चला सकता है। तब पत्रकारिता को भी अपना धर्म समझ लेने में दिक्कत नहीं होगी। वह अपने समसामयिक शासन का गुण गाने लगेगी और नई सत्ता आने पर पुरानी सत्ता में दोष ही दोष देखने लगेगी। लेकिन यह सम्भव नहीं है। इसका कारण यह है कि तीसरी दुनिया के अधिकांश देशों में पूँजीवाद पश्चिमी देशों की तरह उन्नत नहीं है। इसलिए वह अपने दम पर सबका पेट नहीं भर सकता। फलस्वरूप उसे एक राजनीतिक सहयोगी की जरूरत पड़ती है, जो उसके अस्तित्व को बचाये रख सके और साथ ही न्याय चाहने वाली जनता की आकांक्षाओं का दमन भी कर सके। लेकिन अंकुश लगाना भले ही पूँजीवाद की नैसर्गिक आवश्यकता हो, वह माहौल हमेशा ऐसा बनाना चाहता है, जिसमें कम-से-कम अंकुश हो। यही तानाशाही व्यवस्था का अन्तर्विरोध है। इस अन्तर्विरोध के कारण ही तानाशाही व्यवस्था वाले देशों की पत्रकारिता हमेशा दबावग्रस्त और बेचैन रहती है। वह जानती है कि उसके असली मालिक तो पूँजीपति ही हैं, इसलिए वह वक्ती तौर पर तानाशाह की पाबन्द रहते हुये भी अपने दीर्घकालीन लक्ष्यों को नजरअन्दाज नहीं करती। जब भी जनता अपने संघर्ष से तानाशाह को उखाड़ फेंकती है, पत्रकारिता अपने वेश्यावाली भूमिका में आ जाती है और अपने स्थायी मालिकों यानी पूँजीपतियों की खिदमत करने लगती है। लेकिन जब फिर कोई तानाशाह उभरता है और उसकी जबान पर ताला लगा देता है, तो अपनी इस स्थिति को चुपचाप स्वीकार कर लेती है और दैनिक रुटीन के काम करते हुये यानी अपराधों, उत्पादन के आँकड़ों, राजनीतिज्ञों के वक्तव्यों आदि

की खबर छापते हुये अच्छे वक्तों का इन्तजार करने लगती है। वह शुरू के दो-चार दिनों में भले ही विद्रोह कर दे (जिसे सम्पादकीय टिप्पणी का स्थान खाली छोड़ देना), लेकिन सत्ता की भाषा समझने और आत्म-समर्पण कर देने में उसे देर नहीं लगती। इस तरह तानाशाही व्यवस्था का जब तक कोई सम बिन्दु नहीं आता, तब तक पत्रकारिता की भूमिकाएँ उलटती-पलटती रहती हैं—अपने समबिन्दु पर नहीं पहुँच पातीं।

यह विचारणीय है कि पूँजी से एक जैसा सम्बन्ध होने के बावजूद पत्रकारिता की भूमिका पश्चिमी देशों में क्यों एक तरह की है और भारत में दूसरी तरह की। इसका कारण पूँजीवाद का चरित्र है। पूँजीवाद ने पश्चिम में जीवन के सर्वश्रेष्ठ सुख व्यापक आबादी को उपलब्ध कराये हैं, जबकि पूर्व में उसने भयानक गरीबी फैलाई है। चूँकि इस ऐश्वर्य और इस दरिद्रता के बीच एक ऐतिहासिक रिश्ता है, जिसका विकास नये आर्थिक उपनिवेशवाद में हुआ है, इसलिए पश्चिम का प्रेस अपने यहाँ न्याय और व्यवस्था का एक पैमाना लागू करता है तथा तीसरी दुनिया के देशों के लिए दूसरा पैमाना। पश्चिम की यह साम्राज्यवादी दृष्टि उसके विचार और व्यवहार के सभी रूपों में घुली हुई है, अतः उसकी पत्रकारिता इससे वंचित कैसे रह सकती थी? आखिर उसके उपभोक्ता तो वही लोग हैं, जो एशिया और अफ्रीका के लोगों को अब भी कीड़ा-मकोड़ा समझते हैं। ऐसे समाज में पत्रकारों की कोई अलग विश्व-दृष्टि कैसे हो सकती है? अगर होगी, तो उनका अस्तित्व ही खतरे में पड़ जायेगा। पड़ोसी को गरीबी के लिए अपने घर के लोगों पर उँगली उठाने का साहस कितने लोगों में होता है? यही कारण है कि पश्चिम के पत्र अपने यहाँ के शासकों की आलोचना जिस पैमाने से करते हैं, तीसरी दुनिया के शासकों पर विचार करते समय उसे बिल्कुल भुला देते हैं। अगर उनके यहाँ इन्दिरा गाँधी या राजीव गाँधी का आविर्भाव हो, तो वे इसे एक क्षण के लिए भी सहन नहीं करते, लेकिन भारत में उन्हें इससे बेहतर नेतृत्व दिखाई ही नहीं पड़ता था। उनके यहाँ मुद्रास्फीति की दर 5 प्रतिशत से ऊपर चली जाती है, तो टिप्पणियों की झड़ी लग जाती है, लेकिन तीसरी दुनिया के देशों में मुद्रास्फीति 30-40 या 200-300 प्रतिशत हो, तो भी उसके कारणों को पड़ताल करना जरूरी नहीं समझा जाता।

वस्तुतः पश्चिम के पूँजीवादी देशों में प्रचुरता का एक कमोबेश स्थायी माहौल बन गया है, हालांकि इसके बावजूद वहाँ उपभोग की ललक समाप्त नहीं हुई है और जीवन को उसके सिर्फ भौतिक आयामों में देखा जाता है—जन-जीवन में कला, संवेदना और बौद्धिकता के पहलू उतने विकसित नहीं हो पाएँ हैं। कवि, लेखक और कलाकार भी वहाँ बाजार की शक्तियों के उतने ही अधीन है, जितने कि दूसरे लोग। वही किताब महत्त्वपूर्ण मानी जाती है, जो "बेस्ट सेलर" का रूतबा पा सके। इस सबके बावजूद तथा भौतिक ऐश्वर्य एवं अनेक नागरिक क्रान्तियों तथा संघर्षों के

परिणामस्वरूप वहाँ नागरिक जीवन की कुछ मर्यादाओं का विकास हुआ है, जो उत्पादकता के तन्त्र को गतिशील बनाये रखने के लिए भी अनिवार्य है। मसलन राजनीति में वंशवाद की तो वहाँ कल्पना भी नहीं की जा सकती। इसी तरह प्रशासन में कुछ खास किस्म की जवाबदेही जरूरी मानी जाती है। कानून की भी कुछ समानतावादी मर्यादाएँ हैं (हालांकि रंगभेद और यहूदी-विरोध के कारण वे कभी-कभी बहुत सतही जान पड़ती हैं), जिनके उल्लंघन से तुरन्त बावेला मच जाता है। फलस्वरूप पत्रकारिता के कुछ निश्चित मानदण्ड पश्चिमी देशों में बन चुके हैं और वह अपनी सीमित भूमिका पूरे मनोयोग से निभाती हुई दीख पड़ती है।

लेकिन भारत जैसे देशों में पूँजीवाद ने कोई मर्यादाएँ विकसित नहीं की हैं, बल्कि मर्यादाओं को नष्ट कर दिया है। पूँजीवाद के पूर्व का यहाँ का समाज बहुत अच्छा नहीं था, फिर भी उसमें कुछ नैतिक आग्रह बचे हुये थे। उत्पादकता का एक खास देशी स्तर भी था। व्यापक दरिद्रता न थी, न तुरन्त-फुरन्त अमीर बनने की कोई गुन्जाइश। इसलिए भ्रष्टाचार सिर्फ कुछ केन्द्रों तक सीमित था। लेकिन पूँजीवाद ने न सिर्फ उस समाज के बचे-खुचे मूल्यों और कौशलों को समाप्त कर दिया, बल्कि स्वतंत्र संग्राम के दौरान विकसित हुई मर्यादाओं को भी भस्मसात कर दिया। यह एक विचित्र ट्रेजेडी है कि स्वतंत्रता आन्दोलन के दौरान भारतीय पत्रकारिता की प्रगतिशील भूमिका थी, वह आजादी के बाद धीरे-धीरे क्षय का शिकार होने लगी और आज जब पूँजीवादी मूल्य समाज में पूरी तरह प्रतिष्ठित हो चुके हैं, पत्रकारिता की भूमिका का बिल्कुल विपर्यय हो गया है। स्वतन्त्रता आन्दोलन के दौरान वह राष्ट्र का निर्माण कर रही थी, आज राष्ट्र को अन्दर से कमजोर बना रही है। लेकिन यह कोई ऐसा रहस्य नहीं है, जिसे समझने में बहुत मेहनत की जरूरत पड़े। सीधा-सा मामला यह है कि भारत में पूँजी का चरित्र बदल चुका है। स्वतंत्रता आन्दोलन के दिनों में वह राष्ट्रवादियों का साथ दे रही थी और इसीलिए उन मूल्यों का प्रचार-प्रसार करने को बाध्य थी, स्वतन्त्रता आन्दोलन जिनका वाहक था। ये मूल्य थे सादगी, आत्मनिर्भरता, गरीबपरवरी और समानता। इसके अलावा उन दिनों के अधिकांश राष्ट्रवादी पत्र बड़ी पूँजी से नहीं चलते थे। कुछ राष्ट्रभक्त लोग उनका आर्थिक पक्ष सँभालते थे और उदीयमान मध्य वर्ग उसका सामाजिक आधार था। यह मध्य वर्ग विचारशील और परिवर्तनवादी था। आजादी के बाद सबसे ज्यादा पतन इसी मध्य वर्ग का हुआ। वह देशोद्धार के बजाय आत्मोद्धार में लग गया। साथ ही आजादी के बाद भारत में पूँजी राष्ट्रवादी नहीं रह गई। उसने न केवल विदेशी इजारेदारों के साथ गाँठ बाँध ली, बल्कि भारत के अन्दर आन्तरिक उपनिवेशीकरण की प्रक्रिया शुरू की। शहर गाँवों को लूटने के षडयंत्र स्थल बन गये। उत्पादन प्रणाली का उद्‌देश्य लोगों की वास्तविक आवश्यकताएँ पूरी करने के बजाय कुछ लोगों के लिए विलासी जीवन की व्यवस्था करना हो गया। पत्रकारिता

ने भी तदनुरूप अपनी वफादारी बदल दी।

भारतीय पत्रकारिता में यह परिवर्तन 1970 के दशक में साफ-साफ परिलक्षित हुआ, क्योंकि इसी दशक में भारतीय अर्थव्यवस्था ने गरीबों के प्रति अपनी पक्षधरता का बचा-खुचा घूँघट भी हटा दिया। इन्दिरा गाँधी का "गरीबी हटाओ" नारा इस तरह का आखिरी छल था। ऐसा नहीं है कि उसके पहले आर्थिक विकास के जनसाधारण के हित से जुड़ा होने का भ्रम नहीं पैदा किया जाता था—पंडित नेहरू का लोकतांत्रिक समाजवाद इसका एक जबरदस्त प्रमाण है, लेकिन इन्दिरा गाँधी को यह बात इतने साफ-नंगे ढंग से कहने की जरूरत इसीलिए पड़ी, क्योंकि शासक वर्ग को सदाशयता से लोगों का विश्वास छीजते-छीजते लगभग खत्म हो चुका था। 1980 के बाद तो छल के रूप में भी गरीबी हटाने की बात कहने वाले नहीं रह गये। उसकी जगह कमजोर वर्गों को राहत पहुँचाने का मुहावरा चल पड़ा। यह वही दौर था, जब पत्रकारिता में जनसाधारण की दुर्दशा के नाम पर शासक वर्ग की आलोचना का फैशन-सा चल पड़ा। लेकिन अगर आप इस तरह की आलोचनाओं को ध्यान से पढ़ेंगे, तो पायेंगे कि यह सब सिर्फ "रेहेटोरिक" है—उसके पीछे कोई वास्तविक संवेदना या लगाव नहीं है। शासक वर्ग की आलोचना करने की और भी कसौटियाँ हो सकती हैं—उसकी ऐयाशी, क्षुद्रता, अकुशलता, स्वाभिमानहीनता, राष्ट्रवाद की कमी, विश्व राजनीति में कोई स्वतंत्र और रचनात्मक दृष्टि न होना, लेकिन ये सारी बुराइयाँ तो हमारे पत्रकार वर्ग में भी हैं, क्योंकि वह भी उसी मध्य वर्ग का हिस्सा है, जो शासक वर्ग की हाँ में हाँ मिलाता रहता है। अतः सरकार की आलोचना करने का एकमात्र मुद्दा यह रह गया कि वह गरीबों की ओर ध्यान नहीं दे रही है। क्यों नहीं ध्यान दे रही है, उसका ध्यान वस्तुतः है किधर, इसकी जाँच करने का कोई उपक्रम नहीं किया गया, क्योंकि इसमें सबके फँसने का डर था। वस्तुतः इन्हीं दिनों पत्रकारिता में बड़ी पूँजी का भी प्रवेश हुआ। फलस्वरूप कंपोजिंग और छपाई की नई-नई तकनीकें भी अपनाई जाने लगीं। पत्रकार पूरी तरह से पूँजी के दलाल हो गये।

इस स्थिति को पत्रकार-शिरोमणि बाबूराव विष्णु पराड़कर ने बहुत पहले भाँप लिया था। 1925 में भविष्य की पत्रकारिता पर टिप्पणी करते हुये उन्होंने वृन्दावन हिन्दी साहित्य सम्मेलन के अध्यक्ष पद से कहा था, "पत्र सर्वांग सुन्दर होंगे। आकार बड़े होंगे, छपाई अच्छी होगी, मनोहर, मनोरंजक और ज्ञानवर्धक चित्रों से सुसज्जित होंगे, लेखों में विविधता होगी, कल्पकता होगी, गम्भीर गवेषणा की झलक होगी और मनोहारिणी शक्ति भी होगी, ग्राहकों की संख्या लाखों में गिनी जायेगी। यह सब होगा, पर पत्र प्राणहीन होंगे। पत्रों की नीति देशभक्त, धर्मभक्त अथवा मानवता के उपासक महाप्राण संपादकों की नीति न होगी—इन गुणों से सम्पन्न लेखक विकृत मस्तिष्क समझे जायेंगे, सम्पादक की कुर्सी तक उनकी पहुँच भी न होगी। वेनभोगी

सम्पादक मालिक का काम करेंगे। वे हम लोगों से अच्छे होंगे। पर आज भी हमें जो स्वतन्त्रता प्राप्त है, वह उन्हें न होगी। वस्तुतः पत्रों के जीवन में यही समय बहुमूल्य है। इंग्लैण्ड और अमरीका के पत्रों ने उन्हीं दिनों सच्चा काम किया था, जब उनके आकार छोटे थे, समाचार कम होते थे, ग्राहक थोड़े थे, पर सम्पादक की लेखनी में ओज था और प्राण था। इन देशों की इस उन्नति के बहुत कुछ कारण वे ही सम्पादक थे, जिनसे धनी घृणा करते थे, शासक क्रुद्ध रहा करते थे और जो हमारे ही जैसे, एक पैर जेल में रखकर धर्मबुद्धि से पत्र सम्पादन किया करते थे। उनके परिश्रम से और कष्ट से पत्रों की उन्नति हुई, पर उनके वंश का लोप हो गया। अब संचालक और व्यवस्थापक सर्वेसर्वा हैं, सम्पादक कुछ नहीं है। इस इतिहास से हमें उपदेश ग्रहण करना चाहिए। समय रहते सावधान हो जाना चाहिए और इस अवसर का ऐसा सदुपयोग करना चाहिए कि भावी पीढ़ियाँ प्रेम के साथ हमारा स्मरण करें।'' (सम्पादक पराड़कर, सम्पादक लक्ष्मीशंकर व्यास, 1977, पृष्ठ 120-121)।

इसमें क्या शक है कि पराड़कर जी जैसे लोगों ने जो काम किया, उसे आज की पीढ़ी प्रेम और श्रद्धा से ही स्मरण करती है, लेकिन उनका वंश लोप हो चुका है। पराड़कर जी ने ''इतिहास से उपदेश ग्रहण करने'' की बात कही थी, किन्तु इतिहास का उपदेश ही शायद यही है कि इतिहास से कोई उपदेश ग्रहण नहीं करता। ऐसा नहीं है कि आजादी के बाद जिन लोगों ने पत्रकारिता के पद सँभाले, उन्हें पश्चिम में पत्रकारिता के ह्रास के ऐतिहासिक कारणों का ज्ञान नहीं था या वे चाहते तो स्वाधीन भारत की गुलामी बढ़ाने वाली नीतियों ने नतीजे नहीं समझ सकते थे, लेकिन उन्होंने प्रशस्ति और समझौते का आसान और आरामतलब रास्ता चुना। अतः आजादी के साथ विश्वासघात करने वालों की सूची बनाते समय इनका नाम भी शामिल करना चाहिए। यह एक तरह से उनकी विवशता भी थी, क्योंकि जिस पूँजी के अधीन वे काम कर रहे थे, उसकी भूमिका बदल चुकी थी—वह राष्ट्रविरोधी बन चुकी थी और पत्रकार अपना कोई स्वतंत्र जन-आधार विकसित करने के लिए तैयार नहीं थे।

वस्तुतः पत्रों के आर्थिक अस्तित्व के साथ ही एक विडंबना जुड़ी हुई है। दुनिया में यही एक उत्पाद है जो अपनी लागत से कम पर बिकता है। सिर्फ ग्राहकों के पैसे से अखबार नहीं चल सकते। उन्हें विज्ञापन की जरूरत होती ही है। विज्ञापन के दो ही विकल्प हैं—(1) किसी राजनीतिक दल या संगठन की सहायता या (2) सरकारी अनुदान। ये दोनों ही चीजें सम्पादकीय स्वतन्त्रता का गला घोटनेवाली हैं। यही कारण हैं कि ज्यादातर पत्र विज्ञापन से प्राप्त आमदनी को ही अपना मुख्य आर्थिक आधार बनाते हैं और विज्ञापन देनेवाली कंपनियाँ मूर्ख नहीं होतों। वे अपना हिताहित खूब समझती हैं। फलस्वरूप विज्ञापनों की एवज में वे सम्पादकीय स्वतन्त्रता का भी काफी हरण कर लेती हैं। जो पत्र बहुत निर्भीक या साहसी होते हैं, वे भी व्यवस्था की कुछ सतही विसंगतियों की ओर ही इशारा कर पाते हैं। लेकिन

ज्यादातर पत्र तो खुद ही अपना शील-समर्पण करने के लिए उतवाले दिखाई पड़ते हैं। जाहिर है, पत्रकारिता तब तक अपने वास्तविक काम नहीं कर सकती जब तक वह पूँजी की गिरफ्त से मुक्त न हो जाये। लेकिन यह हो कैसे? यही तो समस्या है। इसका हल शायद तभी निकलेगा, जब नागरिकों के संगठन मजबूत होंगे और वे अपना अखबार खुद निकालेंगे। सच्चे अर्थों में नागरिकों की मुक्ति ही पत्रकारिता की भी मुक्ति होगी।

अन्तर्विरोधों के बीच

हिन्दुस्तान का शायद ही कोई अखबार हो जो लोकतन्त्र का हिमायती न हो। इमरजेन्सी के बाद तो देश में लोकतन्त्र-प्रेम की बाढ़-सी आ गयी थी, जिसमें आम तौर पर सूखे में यानी किनारे पर रहने वाले पेड़-पौधे भी अपनी जड़ों से टूट कर बहने लगे थे। ऐसा लगता था कि इससे ज्यादा लोकतन्त्र-प्रेमी देश दुनिया में और कोई हो ही नहीं सकता। यह माहौल बनाने में पत्र-पत्रिकाओं ने सबसे ज्यादा भूमिका अदा की थी। इमरजेन्सी के खलनायकों को एक-एक कर इस तरह बेनकाब किया जा रहा था, मानों वे भारतीय समाज के साधारण सदस्य नहीं, बल्कि कोई अजूबे हों तथा किसी और लोक से आये हों। सामान्य वक्तों में भी लोकतान्त्रिक अधिकारों तथा विकेन्द्रीकरण की माँग भारतीय प्रेस द्वारा इस तरह की जाती रहती है, जैसे पत्रकारों को ये आदर्श जान से भी प्यारे हों और इनके बिना सभ्य समाज की वे कल्पना भी नहीं कर सकते।

लेकिन पत्रकारिता की अपनी दुनिया कैसी है? वह एक तानाशाह की दुनिया है। सम्पादक और उसके सहयोगियों के बीच कोई लोकतान्त्रिक रिश्ता नहीं होता। सम्पादक राजा होता है और शेष लोग प्रजा। इन प्रजाजनों में से कुछ दरबारी बन जाते हैं और सम्पादक को मिलने वाले ऐशो-आराम में हिस्सा बँटाते हैं। शेष लोग एक करुण निरीहता से अपना काम करते रहते हैं। भारत में पत्रकारिता की शुरुआत हुई थी, तो अक्सर पत्रों का एक सम्पादक मण्डल हुआ करता था, लेकिन अब कहीं कोई सम्पादक मण्डल नहीं होता। यह स्थिति लाने में 1867 में पारित प्रेस ऐक्ट की महत्त्वपूर्ण भूमिका है, जिसके द्वारा ब्रिटिश सरकार ने यह व्यवस्था बनाई कि किसी भी पत्र में जो कुछ छपेगा, उसके लिए सिर्फ मुद्रक, प्रकाशक और सम्पादक दायी होंगे। यह एक तानाशाही कानून था, क्योंकि इसके बाद सम्पादकीय विभाग के बाकी लोगों को मेज-कुरसी बना दिया गया। उनकी अपनी चेतना का कोई महत्त्व नहीं रह गया। वे सम्पादकीय क्लर्क हो गये, जिनका काम सम्पादक की मदद करना था—खुद सम्पादन करना नहीं। लेकिन जब स्वाधीनता संघर्ष अपने चरम उत्कर्ष पर था, तब भी किसी को ये नहीं सूझा कि इस अमानवीय कानून का विरोध किया जाये। इसका एक व्यावहारिक कारण भी था। उन दिनों सम्पादकों को अक्सर सरकार से

संघर्ष करना पड़ता था। प्रेस ऐक्ट द्वारा दी गयी इस सुविधा के कारण पूरे सम्पादकीय विभाग के खिलाफ कार्यवाही नहीं होती थी–सिर्फ सम्पादक को दोषी माना जाता था। लेकिन आजादी के बाद क्या बाधा थी? देश में एक लोकतान्त्रिक सरकार कायम हुई, लेकिन न उसने प्रेस ऐक्ट में इस तरह का कोई संशोधन किया जिससे सम्पादक के अलावा बाकी पत्रकारों को भी कोई मानवीय हैसियत मिले और न पत्रकारों की ओर से ऐसा कोई दबाव ही डाला गया। नतीजा यह निकला कि पत्रों के दफ्तर सम्पादक की तानाशाही के केन्द्र हो गये। जो सम्पादक माने, वही नीति है जो सम्पादक कहे, वही सच है। सम्पादक जिस लेखक को पसन्द करे, वह साहित्य मार्तंड है। जिन लेखकों को वह नापसन्द करे, उनकी हैसियत जुगनुओं जैसी भी नहीं। ऐसे माहौल में पत्रकारिता के पेशे में लगे दूसरे लोगों का स्वाभिमान कैसे बचा रह सकता है? उनकी लोकतान्त्रिक चेतना कैसे मजबूत और विकसित हो सकती है?

लेकिन कितनी भंगुर होती है सम्पादक की सत्ता! जैसे कि एक कार्टून में दिखाया गया है, वह ऐसी कठपुतली होता है, जिसकी डोर किसी और के हाथ में बँधी होती है। वस्तुतः सम्पादक की तानाशाही के पीछे उसकी अपनी कोई ताकत तो होती नहीं। उसकी सारी ताकत का स्रोत उसका मालिक है, जो पत्र निकालता है। लेकिन हर तानाशाह इतनी अल्प दृष्टिवाला होता है कि समय रहते वह अपना कोई लोकप्रिय जनाधार विकसित नहीं कर पाता। वह समझता है कि उसकी सत्ता शाश्वत है। इसीलिए जब सम्पादक सड़क पर आ जाते हैं, तब उन्हें पता चलता है कि उनकी सत्ता का आधार कितना खोखला था। लेकिन शायद ही कोई सम्पादक हो, जो भूतपूर्व सम्पादकों के इस हश्र से कोई सबक सीखने की कोशिश करता हो। ज्यादातर तो अपनी सुरक्षा के लिए मालिक के और ज्यादा गुलाम हो जाते हैं। यों कहिये कि उनकी इस गुलामी में ही उनकी तानाशाही की ताकत छिपी हुई है। वे पत्र का सम्पादन उसी नीति के अनुसार करते हैं, जो मालिक तय करता है। वे अपने विभाग के लिए उन सेवा शर्तों को ईश्वरीय आज्ञा की तरह स्वीकार कर लेते हैं। जिन्हें मालिक सर्वोत्तम समझता है। स्वतंत्र भारत में शायद ही किसी सम्पादक ने मालिक की नीति या सेवा शर्तों से असहमत हो कर इस्तीफा दिया हो।

इसका कारण क्या है? इसका कारण यह है कि अखबार आज ठीक उसी तरह एक उत्पाद है, जैसे साबुन की टिकिया या बिस्कुट। चूँकि पूंजी के उत्पादन सम्बन्ध गुलामी और तानाशाही के होते हैं, लोकतान्त्रिक नहीं, इसलिए पत्रकारिता की दुनिया भी, जब तक वह पूँजी के अनुशासन से बँधी हुई है, इन दुर्गुणों से मुक्त नहीं हो सकती। इसकी कुछ झाँकी हम आर्थिक स्तर पर भी देख सकते हैं। जिस तरह साबुन के कारखाने के मैनेजर को उसके चपरासी की तुलना में 25-30 गुना ज्यादा तन्ख्वाह मिलती है, उसी तरह सम्पादक को भी रूपये-पैसे से लाद दिया जाता है और बाकी

लोअ अपने पद के अनुसार श्रीहीन होते जाते हैं। अखबार के दफ्तर में भी निम्नतम वेतन और उच्चतम वेतन का रिश्ता ठीक वही होता है, जो किसी कारखाने में। उनके बीच किसी किस्म का मानवीय संतुलन स्थापित करने की कभी कोई कोशिश नहीं की जाती। बल्कि हो यह रहा है कि जिस तरह उत्पादन की आधुनिक इकाइयों में व्यवस्थापकों की सुख-सुविधाएँ दिनों दिन बढ़ती जा रही हैं, उसी तरह आधुनिक सम्पादकों के लिए कोई भी सुविधा अदेय नहीं समझी जाती। आज से 40 साल पहले पराड़कर जी या गणेश शंकर विद्यार्थी के वेतन तथा उनके कनिष्ठतम सम्पादकीय सहयोगी के वेतन को जो अनुपात था, वह आज कुछ नहीं तो दस गुना विषम हो गया है और इस पर किसी सम्पादक को कोई विषाद नहीं होता। ऐसे लोग देश में बढ़ती हुई आर्थिक विषमता का कोई कारगर विरोध कैसे कर सकते हैं। इसके अलावा चूँकि समाचारपत्र है एक उत्पाद ही, अतः विज्ञापन और प्रसार व्यवस्थापकों का महत्त्व भी अब तेजी से बढ़ता जा रहा है। पत्रकारिता के बड़े प्रतिष्ठानों में तो ऐसा भी हो रहा है कि विज्ञापन और प्रसार विभागों के प्रमुखों का वेतन उन्ही प्रतिष्ठानों के अनेक सम्पादकों से भी ज्यादा है। मझले दर्जे के पत्रों में तो सम्पादक की स्थिति दूसरे-तीसरे दर्जे की होती है।

पत्रकारिता के केन्द्रीय अन्तर्विरोध को समझे बिना उसके अन्य अन्तर्विरोधों को ठीक से नहीं समझा जा सकता। यह केन्द्रीय अन्तर्विरोध लोकहित और निजी लाभ का है। अखबर छापा जाता है निजी लाभ के लिये, लेकिन वह हित तभी हो सकता है जब वह लोकहित को अपना लक्ष्य बनाये। अब चूँकि लोकहित लोकतन्त्र और समानता की वकालत करने में है, इसलिए पत्र-पत्रिकाओं की मजबूरी हो जाती है कि वे लोकतन्त्र और समानता का नाम लेते रहें। लेकिन चूँकि पत्रकारों को जो जिन्दगी जीनी पड़ती है, उसमें लोकतान्त्रिकता या समानता का कोई वास्तविक तत्त्व नहीं होता, इसलिए वे इन सच्चे और जीवनकारी सिद्धान्तों की चर्चा करते हुये भी इन्हें अपनी पत्रकारीय चिन्ताओं की अन्तर्वस्तु नहीं बना पाते हैं। अगर उनके अपने जीवन में प्रत्येक नागरिक को उसकी उचित मर्यादा देने तथा तमाम तरह की गैर-बराबरी को कम करने की प्रेरणा होती एवं उनके काम करने की जगहें इन प्रेरणाओं की हत्या करने के बजाय इन्हें प्रोत्साहित करने वाली होतीं, तो वे सिर्फ लोकतन्त्र और जन-हित का नाम नहीं लेते, बल्कि बड़े लगाव के साथ और सूक्ष्मतापूर्वक यह पता लगाते कि देश में कहाँ-कहाँ और किस-किस स्तर पर लोकतन्त्र का क्षय हो रहा है तथा विषमता को बढ़ावा दिया जा रहा है। चूँकि ऐसा नहीं है, इसलिए पत्रकारों को बराबर दोहरी जिन्दगियाँ जीनी पड़ती हैं। उनकी एक आँख जनता की असुविधाओं पर रहे या नहीं, पर दूसरी आँख अपनी असुविधाओं को दूर करने पर जरूर गड़ी रहती है। इस तरह वे हमेशा एक डाँवाडोल स्थिति में रहते हैं और लफ्फाजी की आड़ में कुछ आत्मगौरव प्राप्त करने की कोशिश करते रहते हैं। कुल

मिला कर भारत में पत्रकारिता जिन मूल्यों का विरोध करती है, वास्तव में उन्हें ही बढ़ाती है। उसके होंठ कुछ कहते हैं तथा हृदय कहीं और लगा रहता है।

लोकहित और निजी लाभ के इसी अन्तर्विरोध की झाँकी लोकहित और लोकरुचि के अन्तर्विरोध में दिखाई पड़ती है। कुछ लोगों को इस पर बड़ा आश्चर्य होता है कि भारत की तमाम पत्र-पत्रिकाएँ राशिफल क्यों छापती हैं। मजे की बात यह है कि इन्हीं पत्र-पत्रिकाओं में कभी-कभी यह भी बताया जाता है कि अमुक-अमुक कारणों से राशिफल कभी सच्चा हो ही नहीं सकता। यह अन्तर्विरोध उस वक्त और ज्यादा उजागर होता है, जब एक ही प्रतिष्ठान के अंग्रेजी के पत्रों में राशिफल नहीं छापा जाता, लेकिन हिन्दी या अन्य देशी भाषाओं के पत्रों में छापा जाता है। जाहिर है, राशिफल छापने के बारे में यह अलग-अलग दृष्टि मालिकों या सम्पादकों के किसी नीति सम्बन्धी निर्णय का नतीजा नहीं, बल्कि लोकरुचि के व्यावसायिक शोषण का मामला है। चूँकि अंग्रेजी के पाठक के बारे में यह माना जाता है कि उसे आकर्षित करने के लिए राशिफल जैसे लटके की जरूरत नहीं है, इसलिए बहुत से अंग्रेजी दैनिक उसकी उपेक्षा कर देते हैं। (हालांकि अंग्रेजी का यह वैशिष्टय भी अब कम होता जा रहा है, क्योंकि उसके साधारणीकरण की प्रतिक्रिया भी जोरों पर है), जबकि हिन्दी का शायद ही कोई दैनिक हो, जो पाठकों की इस भाग्यवादिता का दुरूपयोग नहीं करता हो। यह लोकरुचि के साथ समझौता करने की बात नहीं है, बल्कि उसे बढ़ावा देने का व्यावसायिक कौशल है, जिसकी एक और झाँकी विभिन्न पत्र-पत्रिकाओं के फिल्म सम्बन्धी पृष्ठों पर दिखाई पड़ती है। फिल्मों पर टिप्पणी करने वाला कोई भी पत्रकार बम्बइया फिल्मों में बढ़ रही हिंसा, निकृष्टता और अश्लीलता पर टीका करने का एक भी अवसर नहीं छोड़ता, लेकिन ऐसी टिप्पणियों के साथ खोज-खोज कर ऐसी तस्वीरें भी छापी जाती हैं, जो इस हिन्सा और अश्लीलता को कामुक ढंग से उभारती हैं। क्या ये तस्वीरें इसलिए छापी जाती हैं, ताकि पाठकों को पता चल सके कि हमारी अभिनेत्रियों ने अंग-प्रदर्शन के मामले में किस हद तक समझौता करना स्वीकार कर लिया है? या इसलिए कि जो माल दिखा कर हिन्दी फिल्में पैसा पीट रही हैं, वही माल दिखा कर पत्र-पत्रिकाएँ भी अपनी बिक्री बढ़ाना चाहती हैं? सच तो यह है कि एक तरह की व्यावसायिकता दूसरी तरह की व्यावसायिकता को रोक नहीं सकती। इस तर्क को जो लोग नहीं समझते, वे ही इस बात पर हैरत करते हैं कि अश्लीलता से लदे हुये रंगीन पृष्ठों पर अश्लीलता का विरोध क्यों किया जाता है। या, आधुनिक वैज्ञानिक चेतना के प्रसार का आग्रह करनेवाले पत्र राशिफल छाप कर अपने पाठकों को गुमराह क्यों करते रहते हैं। व्यावसायिकता लोकहित का कितना भी दम भरे, वह लोकरुचि पर हो टिकी रहती है और चूँकि उसे इस बात से कोई वास्तविक मतलब नहीं होता कि लोकरुचि किधर जा रही है, अतः वह उसे बिगाड़ने में ही सहायक बनती है, सँवारने में नहीं। सच

यह भी है कि पत्रकारों की अपनी रुचियाँ भी अक्सर विकृत होती हैं, इसलिए भी वे इन विकृतियों का कोई प्रतिरोध नहीं करते। सिर्फ लिखते समय वे उपदेशक की भूमिका में आते हैं, अन्यथा तो उनके जीवन की हँसी-खुशी भी उनके पाठकों के स्तर की ही होती है। दोनों को कैदी मिर्जा और श्रीदेवी में एक जैसा ही आनन्द मिलता है और दोनों ही ऐसे किसी ज्योतिषी की तलाश में रहते हैं, जो बता सके कि उनका भाग्योदय कब होगा।

पत्रकारिता के अन्तर्विरोधों की छानबीन करते समय हमें उसकी राजनीतिक दिशा पर भी विचार करना चाहिए। अखबार ग्लैमर पर ही टिकते हैं। उनमें इतनी शक्ति नहीं कि वे जिसके बारे में लिख दें, उसी के साथ ग्लैमर जुड़ जाये। वे बने-बनाये लैमर की तलाश में रहते हैं और उसके बारे में लिख-लिख कर उसकी श्रीवृद्धि करते जाते हैं। वे शुद्ध ग्लैमर पैदा नहीं कर सकते, लेकिन ग्लैमर को कई गुना बढ़ा जरूर सकते हैं। इस तरह पत्र-पत्रिकाओं का एक मुख्य काम कागज के बाघ पैदा करना है। मोरारजी देसाई, चन्द्रशेखर, सुब्रह्मण्यम स्वामी, सिमरनजीत सिंह मान जैसे लोग कागज के ऐसे ही बाघ रहे हैं, जिनकी ताकत का उत्स अखबार थे या हैं। यदि अखबारवाले उनके बारे में लिखना बन्द कर दें, तो लोग छः महीने में उन्हें बिल्कुल ही भूल जायें। लेकिन पत्रकारिता ऐसा नहीं कर सकती, क्योंकि उसे हमेशा ऐसे लोगों की जरूरत पड़ती है, जिनके बारे में यह विश्वास दिलाया जा सके कि उनके बारे में लिखना जरूरी है। यह काम कभी-कभी वैकल्पित राजनीति की खोज के नाम पर किया जाता है। लेकिन वैकल्पिक राजनीति है क्या? इसकी शायद ही कोई समझ कुलदीप नैयर और एस. निहाल सिंह जैसे पत्रकारों को हो, जो पिछले कई दशकों से तरह-तरह के फार्मूले बता रहे हैं, जिनकी मदद से देश की राजनीति का उद्धार किया जा सकता है। काफी समय तक वैकल्पिक रणनीति की राजनीति गैर कांग्रेसवाद के इर्द-गिर्द घूमती रही। समझ में नहीं आता कि कुछ पत्रकारों को कांग्रेस की सरकार को हटाने में इतनी दिलचस्पी क्यों थी। क्या इसलिए कि (इमरजेन्सी के बाद) कांग्रेस के लोग उन्हें घास नहीं डालते थे? क्या विपक्ष के नेताओं के पास राष्ट्रीय समस्याओं को सुलझाने की कोई अलग दृष्टि रही है? सत्ता में या सत्ता से अलग रहते हुये उन्होंने जन-जीवन को आसान करने के लिए किया क्या है? फिर भी विकल्प का मतलब यही समझा जाता है कि इस पार्टी को हटा कर उस पार्टी को बैठा दो। न नीति की चर्चा होती है और न गरीबी, महँगाई और बेरोजगारी के कारणों की। आज तक किसी भी खोजी पत्रकार ने यह पता नहीं लगाया कि दैनिक आवश्यकता की जो चीजें बाजार में बिकती हैं, उनकी वास्तविक लागत क्या है। लगभग सभी पत्र-पत्रिकाओं के दफ्तर में कम्प्यूटरीकरण हो चुका है और हाई टेक्नोलॉजी प्रवेश कर चुकी है, लेकिन अखबार के पन्नों पर इनका विरोध जारी है।

यह सब इसीलिए सम्भव होता है, क्योंकि विकल्प की खोज एक ऐसा खेल

है, जिसमें देश की जनता को उलझा कर रखा जा सकता है। यही कारण है कि जहाँ-जहाँ वास्तविक विकल्प का उदय हो रहा है, उसके बारे में देशवासियों को विस्तार से नहीं बताया जाता। लालकृष्ण अडवाणी, बाल ठाकरे या लालू प्रसाद के बे-सिर-पैर के वक्तव्य तो पाँच-सात सौ शब्दों में छप जायेंगे, लेकिन कर्नाटक में या महाराष्ट्र में लाखों किसानों की रैली निकलेगी तब सौ-डेढ़ सौ शब्दों में मामला खत्म कर दिया जायेगा। इस दृष्टिहीनता का सबसे ज्यादा शिकार क्रान्तिकारी गतिविधियों तथा महिलाओं के संगठन हुए हैं। नर्मदा बचाओ आन्दोलन जैसे कितने ही छोटे-छोटे संगठन बदलाव तथा संघर्ष के काम में लगे हुये हैं। यदि नेताओं के निरर्थक वक्तव्य न छाप कर इन छोटे-छोटे नायकों को ही उभारा जाता, तो बदलाव का एक बड़ा माहौल बन सकता था। इसी तरह महिला संगठन कहाँ क्या कर रहे हैं, इसकी कोई ठोस जानकारी नहीं मिल पाती। हाँ, बलात्कार के आँकड़े आपको जब भी जमा करने हों, मिल जायेंगे। वस्तुतः पूरे देश में बदलाव वादी नीतियों के प्रति जो एक व्यापक उदासीनता है, उसी की प्रतिछवि हमें पत्र-पत्रिकाओं के पन्नों पर दिखाई पड़ती है। इस उदासीनता को तोड़ने के लिए बदलाव के छोटे-छोटे प्रयत्नों को भी विस्तार से बताना होगा, ताकि एक प्रेरक माहौल बन सके। खास तौर से हिन्दी भाषी क्षेत्र में केरल के साक्षरता आन्दोलन की जिस विस्तार से चर्चा होनी चाहिए थी, नहीं हुई। वस्तुतः क्रान्तिकारी चेतना पैदा करने की दिशा में कोई सही पहल पत्र-पत्रिकाएँ करना ही नहीं चाहतीं, क्योंकि मौजूदा व्यवस्था का निरन्तरता में उनके निहित स्वार्थ विकसित हो चुके हैं। वे ऐसे ही लोगों को महत्त्व देंगी, जो इस व्यवस्था में मामूली यानी सतही बदलाव ला कर इसे सहनीय बना सकें। इनकी विकल्प चेतना यहीं तक सीमित है, क्योंकि इनमें काम करने वालों में वास्तविक विकल्प चेतना का कोई विकास नहीं हो रहा है।

वस्तुतः बीसवीं शताब्दी का उत्तरार्द्ध असामान्य के पतन का काल है। जिसे हम हीरो कहते हैं, उसका जमाना बीत चुका है। शायद माओ जे दुंग आखिरी आदमी थे, जो बीसवीं शताब्दी के उत्तरार्द्ध में हीरो की भूमिका निभाते रहे, हालांकि उनके बहुत-से कामों के बारे में विवाद भी हो सकता है। खासकर हम भारतीय तो उन्हें श्रद्धा से नहीं देख सकते, क्योंकि चीन की साम्राज्यवादी लिप्सा ने जब भारत पर अपने दाँत गड़ाये, तब माओ भी वहाँ के नेता थे और बाद में जब वे चीन के एकमात्र नेता बन गये, तब भी उन्होंने भारत के साथ चीन के सीमा विवाद का कोई तर्कसंगत समाधान निकालने की कोशिश नहीं की। लेकिन चीन को उन्होंने जो रास्ता दिखाया, उससे हम बहुत कुछ सीख सकते हैं। जहाँ तक बाकी नेताओं का सवाल है, वे हीरो के बजाय एंटी-हीरो या खलनायक ज्यादा साबित हुये। नेहरू, इन्दिरा गांधी, खोमैनी, रेगन, थैचर, सद्दाम हुसैन, जॉर्ज बुश आदि को देख कर ऐसा लगता है कि दुनिया भर में प्रतिक्रान्ति की एक धारा बह रही है और आज के हीरो वही लोग हैं, जो इस

धारा का नेतृत्व कर रहे हैं। जो वस्तुतः हीरो हैं, वे बहुत जल्द पराजित हो जाते हैं या मार दिये जाते हैं या उन्हें लगातार विषम स्थितियों से गुजरना पड़ता है। अपने देश में लोहिया, जयप्रकाश आदि ऐसी ही हस्तियाँ हैं ये सब हारे हुये हीरो हैं। आधुनिक साहित्य के केन्द्र में भी कोई हीरो नहीं है। उसका नायक वह है जो सभ्यता के दबाव से चकनाचूर हो चुका है तथा जिसके सभी विश्वासों पर संदेह की गहरी छाया है। हारा हुआ या आघातग्रस्त मनुष्य ही आज की कविता या कहानी का मुख्य चरित्र है। उदात्तता की तलाश में आज के लेखक को बार-बार इतिहास या मिथक की दुनिया में जाना पड़ता है।

तो यह वह आदर्श और प्रेरणारहित दुनिया है, जो हमारी पत्रकारिता का मुख्य आधार है। यह एक बाहर से सँवर रही, लेकिन अन्दर से बिल्कुल खोखली हो रही दुनिया है। इसके सामने न कोई ऊँचे विचार हैं और न इसकी प्रेरणा के केन्द्र में कोई बड़ा मूल्य है। पत्रकारिता को इस दुनिया में काम करते हुये तथा इसे अपना विषय बनाते हुये ही अपने अस्तित्व की रक्षा करनी पड़ती है तथा अपना नैतिक झण्डा ऊँचा रखना पड़ता है। कह सकते हैं कि यह एक लगभग असम्भव काम है। इसमें उसके सामने दो ही वास्तविक विकल्प हैं—या तो वह एक वैकल्पिक दुनिया की रचना करने की दृष्टि बना कर चले, जिसमें सत्ता के तमाम मौजूदा केन्द्र ध्वस्त हो जाएँ या विकृति के झण्डाबरदारों में से ही कभी कुछ और कभी कुछ को चुन कर आशा का एक माहौल तैयार करे और फिर उस माहौल को खुद ध्वस्त करे। यह लगभग वैसा ही है, जैसे हम मिट्टी और फूस से किसी देवी-देवता की सृष्टि करते हैं और धूमधाम से पूजा कर मूर्ति विसर्जन कराते हैं। पत्रकारिता में चूँकि मामूली आदमी को अपना नायक नहीं बनाया है और न उसके मन में किसी वैकल्पिक सभ्यता का स्वप्न है, इसलिए वह विश्व के नव-निर्माण में विफल हो चुके विशिष्ट वर्ग के लोगों में से ही हमेशा अपने महानायक चुनती है और फिर उन्हें नष्ट करने की कोशिश करती है। यह एक ऐसा अन्तर्विरोध है, जो हमारी सभ्यता का ही अन्तर्विरोध है और पत्रकारिता चूँकि इसी सभ्यता को अपना आधार बना कर चल रही है, इसलिए इस सभ्यता के सारे अन्तर्विरोध उसके अपने अन्तर्विरोध हो जाते हैं।

भारत के संदर्भ में जवाहरलाल नेहरू से लेकर राजीव गांधी और विश्वनाथ प्रताप सिंह तक के पत्रकारीय मूलयांकनों को थोड़े अफसोस और उससे भी ज्यादा अवसाद के साथ याद किया जा सकता है। इसमें कोई संदेह नहीं कि आज भी नेहरू के थोड़े-बहुत प्रशंसक हमारे यहाँ मौजूद हैं, लेकिन आम तौर से सर्वत्र उस रास्ते के बारे में प्रश्न-चिह्न लगने लगे हैं, जिस पर नेहरू ने देश को चलाना चाहा। वस्तुतः नेहरू के रास्ते की गड़बड़ियाँ उनके जीवनकाल में ही स्पष्ट होने लगी थीं और न केवल लोकतान्त्रिक संस्थाओं के मजबूत होने के पूर्व ही उनका क्षय शुरू हो गया था,

बल्कि यह भी स्पष्ट हो गया था कि विकास के फल सबको समान रूप से नहीं मिलने जा रहे हैं। लेकिन नेहरू की नीतियों को उनके जीवनकाल में जिन मुट्ठी भर लोगों ने चुनौती दी, हमारे राष्ट्रीय पत्रों ने उन्हें मूर्ख और पागल करार दिया और अब वे ही राष्ट्रीय पत्र लगभग वैसी ही आलोचनाएँ कर रहे हैं। नेहरू अब किसीके आदर्श नहीं रह गये हैं। गांधी को अपनाने पर वैचारिक आग्रह बढ़ रहा है। कुल मिला कर नेहरू की छवि को ध्वस्त होने में करीब 25 साल हो गये। नेहरू का ताजा आक्रमण हिन्दूवादियों का है। उन्होंने नेहरू के धर्मनिरपेक्षतावाद पर हमला तेज कर दिया है। और यह कोई आश्चर्य नहीं कि इस हमले को देश के एक बड़े वर्ग में सहानुभूति से देखा जा रहा है। नेहरू मॉडल आर्थिक-राजनीतिक क्षेत्र में देश को कहीं पहुँचा नहीं, पाया, तो फिर उसकी धर्मनिरपेक्षता ही संदेह के घेरे से बाहर कैसे रह सकती है?

इन्दिरा गांधी के साथ पत्रकारिता का रोमांस तो और भी कम दिनों तक चला। बल्कि कहना चाहिए कि इस रोमांस में लगातार ज्वार-भाटा आता रहा। 1972 तक यह बिल्कुल स्पष्ट हो गया था कि इन्दिरा गांधी किस मिट्टी की बनी हैं तथा उनसे क्या अपेक्षाएँ की जा सकती हैं। फिर उनकी हत्या (30 अक्तूबर 1984) तक यह माहौल बनाया-बिगाड़ा जाता रहा कि देश की रक्षा तो वे ही कर सकती है। विपक्षी नेताओं के साथ तो और भी ज्यादा गड़बड़ी हुई। 1977 की जनता क्रान्ति के बाद संवाद माध्यमों द्वारा उपेक्षित लोहिया और जयप्रकाश की अचानक पूजा होने लगी। इसी तरह जनता पार्टी के नेता जब सत्ता में आये तो शुरू में तो उनकी खूब वीर पूजा हुई, छपे हुये पृष्ठों पर उनके एक-एक गुण खोज कर उनका इस तरह अभिनन्दन किया गया मानों ये वे नेता नहीं थे, जिनकी ओर हमारा यही प्रेस ध्यान देना भी पाप मानता था। लेकिन जैसे-जैसे यह स्पष्ट होने लगा कि जनता पार्टी में यह क्षमता नहीं है कि वह अपनी सत्ता को बनाये रख सके, उसके नेताओं का विदूषकीकरण शुरू हो गया। उनकी छवि नष्ट करने का जो काम 1979 में शुरू हुआ, वह 1980 के मध्यावधि चुनाव में श्रीमती गांधी के अप्रत्याशित रूप से जीत जाने तक अनरत रूप से जारी रहा। लेकिन श्रीमती गांधी की वापसी के बाद विद्रूप के यही पात्र अचानक फिर हीरो हो गये और यह आशा पैदा की जाने लगी कि उन्हें मिला-जुला कर एक सशक्त राष्ट्रीय विकल्प तैयार किया जा सकता है। इसे किसी चन्द्रशेखर की पैदल भारत-यात्रा और किसी हेगड़े के तथाकथित नैतिक इस्तीफे से एक छद्म उभार मिलता रहा, तो किसी भारत देशम की विफलता से धक्का। राजीव गांधी की मूर्ति जितनी जल्दी बनी, उतनी ही जल्दी उसे तोड़ने का सिलसिला जारी हो गया। यही हादसा देवीलाल और विश्वनाथ प्रताप सिंह के साथ हुआ। पहले उनकी खूब मूर्ति-पूजा हुई, फिर अचानक खलनायक करार दिया गया। इससे पता चलता है कि भारत का मध्य वर्ग कितना सतही, जल्दबाज और अधीर है।

पत्रकारिता मध्य वर्ग की इसी अधीरता को तरह-तरह से अभिव्यक्त करती है। पत्रकारिता यह तो खोल कर बता नहीं सकती कि स्थापित नेतृत्व और परम्परागत किस्म की राजनीति में आशा का कोई केन्द्र बचा नहीं रह गया है, अतः वह झूठी आशाएँ पैदा करने और फिर उनकी लाश पर दूसरी झूठी आशाएँ पैदा करने के लिए मजबूर है। आजकल लालकृष्ण आडवानी भारतीय मध्य वर्ग के नये नायक बने हुये हैं। उनकी खूबी यह है कि वे कुछ लोगों के लिए नायक हैं, तो बहुतों के लिए खलनायक। जाहिर है, उनका यह नायकत्व तभी तक जारी रह सकता है, जब तक भारतीय जनता पार्टी को सत्ता नहीं मिल जाती। सत्ता मिल जाने के बाद उनका हीरोवाला चेहरा ज्यादा दिन तक टिका नहीं रह सकता। तब मोहभंग की एक नई प्रक्रिया शुरू होगी। सच तो यह है कि नायक समाप्त हो चुके हैं लेकिन उनकी इच्छा नहीं मरी है। इसलिए जिस-तिस से ही काम चलताया जा रहा है। यह एक ऐसा आत्मछल है जिसे महसूस किये बगैर आज की स्थिति को समझा ही नहीं जा सकता। न पत्रकारिता को और न उसके अन्दर या बाहर की दुनिया को।

इसका एक दिलचस्प उदाहरण भारत की फिल्मी पत्रकारिता है, जो उन्हीं नायकों-नायिकाओं को लगातार ध्वस्त करती रहती है, जिनका वह प्रचार करती है तथा जिनकी छवि वह बनाती रहती है। चूँकि फिल्मी पत्रकार फिल्मी दुनिया से बहुत नजदीक से तथा बहुत बारीकी से वाकिफ होते हैं, इसलिए फिल्मी हस्तियों से उनसे ज्यादा घृणा शायद ही कोई करता हो। इसका चरम उत्कर्ष देवयानी चौबल में देखा जा सकता है, जिनकी कलम से निकलने वाली स्याही की हर बूँद में फिल्मी हस्तियों के प्रति जहर ही जहर घुला रहता था, लेकिन वे बार-बार अपने इन्हीं खलनायकों के बारे में तथा हर बार पहले से अधिक रस ले कर लिखती रहती थीं। अपनी शैली के तीखेपन और आलोचनाओं की अभद्रता के कारण (क्योंकि उनके पात्र ही ऐसे होते थे) वे उन लोगों से बड़ी हो गईं जिनके बारे में वे लिखती थीं। एक तरह से देखा जाये, तो पूरी फिल्मी पत्रकारिता देवयानी चौबल का ही विस्तार है। कुछ लोग जरूर हैं, जो मृदु और भद्र बनने की कोशिश करते हैं। बहरहाल, फिल्मी पत्रकार जिनसे घृणा करते हैं, उन्हें ही प्यार करने, उनके इर्द-गिर्द घूमने और उनकी मामूली से मामूली गतिविधियों की खबर रखने को बाध्य हैं। घृणा और प्रेम की यह आँख मिचौनी क्यों चलती रहती हैं? क्योंकि फिल्मी हस्तियों के पास ग्लैमर है, पैसा है और इसीलिए लोग उनके बारे में सब कुछ जानना चाहते हैं। अतः फिल्मी पत्रकार करे तो क्या करे। राजनीतिक पत्रकारों की हालत मूलतः उनसे अलग तो नहीं है, लेकिन इनका अन्तर्विरोध क्या है कि फिल्मी पत्रकारों को तो किस्सागोई और मजा लेने की छूट है, क्योंकि फिल्मों के साथ किसी का कुछ दाँव पर लगा नहीं रहता, लेकिन राजनीतिक पत्रकारिता अपने तथाकथित नेताओं की तरह आदर्शनिष्ठ और मूल्यवादी होने का भ्रम बनाये रखना चाहती है—अपने लिए नहीं, दूसरों के लिये,

क्योंकि इसी पर उसका अस्तित्व निर्भर है। भ्रम का यह खेल ही उसे हर दूसरे-तीसरे साल एक नये नायक की सृष्टि कराता है। जब तक इस या उस नेता में देश की मुक्ति का सूत्र खोजा जाता रहेगा, तब तक यह प्रक्रिया जारी रहेगी। जिस दिन भारतीय जनता की तरफ ध्यान जायेगा जिसके नाम पर ये अल्पावधि नायक बनते-बिगड़ते हैं, उसी दिन आधुनिक भारतीय पत्रकारिता का लोक पर्व शुरू होगा। लेकिन अपने अन्तर्विरोधों को सुलझाने की कोशिश किये बगैर क्या वह इस तरफ बढ़ सकती है?

विश्वसनीयता का सवाल

विश्वसनीयता का सवाल केन्द्रीय महत्त्व का एक ऐसा सवाल है, जो पत्रकारिता के लिए महत्त्वपूर्ण तो है ही, पर जिसकी गिरफ्त में आज की राजनीति, अर्थव्यवस्था और सामाजिक नेतृत्व यानी समकालीन जीवन के बहुत-से निर्णायक पहलू आ जाते हैं। निस्संदेह इस सवाल की पड़ताल सिर्फ पत्रकारिता की दुनिया की पड़ताल नहीं होगी, बल्कि उस पूरे परिदृश्य की पड़ताल होगी, जिसके भीतर वह अपना काम करती है। पत्रकारिता न तो आकाश से टपकती है और न तो पातालतोड़ कुएँ की तरह जमीन से अचानक फूट निकलती है। वह सामाजिक प्रक्रियाओं के अन्तर्गत ही विकसित होती है और समाज के अन्दर काम कर रहे उद्देश्यों तथा अभिप्रायों में से ही अपने उद्देश्य तथा अभिप्राय चुनती है। एक पुराने मुहावरे में साहित्य को समाज का दर्पण बताया गया है। क्या इसी तर्ज पर हम कह सकते हैं कि पत्रकारिता भी अपने समय का दर्पण होती है? मुझे इसमें संदेह है। यों तो कोई भी चीज अपने समय और समाज से किसी-न-किसी रूप में जुड़ी हुई होती ही है और इस हद तक पत्रकारिता भी समाज की स्थिति जानने का एक निश्चित औजार है, लेकिन वह कोई संवेदनशील, असंदिग्ध या गहरा औजार नहीं है, क्योंकि उसका ज्यादातर वास्ता अपने समय के सत्ता संघर्ष से होता है। भक्तिकालीन साहित्य से तो फिर भी उस युग की एक विश्वसनीय तसवीर प्राप्त हो जाती है, लेकिन अगर मुगल काल में आज जैसी पत्रकारिता हो रही होती तो हमें जनसामान्य के बारे में कम, तत्कालीन मुगल दरबार में चल रहे षडयन्त्रों और राजनीतिक उथल-पुथल के बारे में ज्यादा पता चलता। शायद मुगल काल के भी कुछ पत्रकार फेंस के इधर और कुछ दूसरी तरफ होते।

पत्रकारिता का यह गुण उसके चरित्र की ही उपज है और इस तरह देखने पर कहा जा सकता है कि पत्रकारिता की विश्वसनीयता हमेशा एक सीमित विश्वसनीयता होती है। चूँकि वह राजनीतिक सत्ता के फ्रेम में ही काम करती है और अकसर उसके सामने कोई स्वप्न नहीं होता, बल्कि कुछ असलियतें होती हैं, इसलिए उसकी विश्वसनीयता मूलतः उन असलियतों की यानी उन वर्गों की विश्वसनीयता होती है, जिनकी इच्छाओं, योजनाओं और अभिप्रायों को वह प्रतिबिम्बित करती है।

जिसके हाथ में सत्ता के सूत्र होते हैं, वह वर्ग जब प्रगतिशील तथा समाज-निर्माण में रूचि लेनेवाला होता है, तब पत्रकारिता में भी निखार आता है। जब वह वर्ग राष्ट्रविरोधी और षडयन्त्रकारी हो जाता है, तब पत्रकारिता की विश्वसनीयता भी संकट में पड़ जाती है। दरअसल, पत्रकारिता अपनी ओर से कोई लड़ाई नहीं छेड़ती–वह लड़ाई में शरीक हो जाती है या फिर उससे उदासीन रहती है। अतः आज की पत्रकारिता में विश्वसनीयता का जो संकट दिखाई पड़ रहा है, उसके कारणों की खोज आज की राजनीतिक व्यवस्था की विश्वसनीयता की पड़ताल भी है। यह पड़ताल जितनी निष्पक्ष और सच्ची होगी, पत्रकारिता को मौजूदा स्थिति को भी हम उतनी ही सतर्क आँखों से देख सकेंगे।

कुछ ऐतिहासिक कारणों से पश्चिमी जगत की जितनी भी शानदार उपलब्धियाँ हैं, वे तीसरी दुनिया के देशों में आकर संदेहास्पद और जन-विरोधी हो जाती हैं। संसदीय लोकतन्त्र और पत्रकारिता की गिनती मैं इन्हीं में करना चाहूँगा। भारत में तो पत्रकारिता कभी भी पूरी तरह विश्वसनीय नहीं रही। इसीलिए स्वाधीनता आन्दोलन को अपनी अलग पत्रकारिता विकसित करनी पड़ी, जो संघर्ष और त्याग की पत्रकारिता थी। उस समय का स्थापित प्रेस या तो ब्रिटिश साम्राज्यवाद का पक्षधर था या फिर साम्राज्यवाद विरोधी संघर्ष से पूरी तरह तटस्थ। राष्ट्रीय पत्रकारिता की माँगें दूसरी थीं। फलस्वरूप एक नये प्रेस का विकास हुआ, जो तकनीकी स्तर पर भले ही उतना कुशल या परिपक्व न हो, लेकिन जो राष्ट्रीय आन्दोलन का वाहक बनना चाहता था। जिस तरह आज पत्रकारिता के एक वर्ग पर राजनीतिज्ञों का कब्जा है, उसी तरह तब भी बहुत कम राजनीतिज्ञ ऐसे थे, जिनके अपने पत्र न हों। लेकिन आज राजनीति और पत्रकारिता का जो अश्लील गठबन्धन दिखाई पड़ता है, वह उस युग में नहीं था। यह एक दूसरी तरह का सम्बन्ध था, जिसके पीछे राष्ट्रीय स्वप्न, देशप्रेम तथा भारत को एक नई दृष्टि से देखने का उत्साह था। यह पूँजी की पत्रकारिता नहीं थी, पूँजी के विरूद्ध पत्रकारिता थी। यह परम्परा बाल गंगाधर तिलक से महात्मा गांधी और जवाहरलाल नेहरू तक जारी रही। लेकिन अगर आज आजादी के पहले के नेशनल हेरल्ड और आजादी के बाद के नेशनल हेरल्ड की भूमिकाओं की तुलना करें तो आपको उस विपर्यय का पता चलेगा, जो औपनिवेशिक शासन की समाप्ति के बाद हमारे राष्ट्रीय स्वाधीनता आन्दोलन का हुआ।

यह विपर्यय कुछ-कुछ ऐसा ही है, जैसे सफेद, रातों-रात काले में बदल जाये। लेकिन शायद यह अतिशयोक्ति ही है। कहा जा सकता है कि कोई भी चीज रातों-रात इस तरह बदल नहीं सकती, अतः आजादी के बाद का भारत एक दुःस्वप्न की तरह है, तो इसकी जड़ें कहीं न कहीं हमारे स्वाधीनता आन्दोलन में भी होनी चाहिएं। बहरहाल, इतना तो मानना ही पड़ेगा कि राजनीतिक सत्ता हासिल करने के बाद स्वाधीनता आन्दोलन के प्रगतिशील तत्त्वों का हाल हुआ तथा जनविरोधी तत्त्व प्रबल

हुये। इसकी साक्षी हमें पत्रकारिता से भी मिलती है। यह दिलचस्प है कि स्वातंत्र्योत्तर पत्रकारिता में पहले की पत्रकारिता की दोनों परस्पर विरोधी धाराएँ अचानक एक हो जाती हैं। अंग्रेजी के खैरख्वाह अखबार भी उसी तरह आचरण करने लगते हैं, जिस तरह स्वाधीनता आन्दोलन की चेतना फैलाने वाला अखबार। यहाँ आकर भाषा की दीवारें भी ढह जाती हैं। भारतीय भाषाओं के पत्रों और अंग्रेजी पत्रों का चरित्र लगभग एक हो जाता है और वे सब मिलकर नेहरू-युग के प्रशंसक इतिहासकार बन जाते हैं। कहना न होगा कि स्वाधीनता आन्दोलन के साथ हमारे राजनीतिज्ञों ने ही विश्वासघात नहीं किया, बल्कि उनके हमकदम पत्रकार भी इस मामले में उनसे पीछे नहीं रहे।

राजनीति मूलतः तर्क और जन-हित से नहीं, बल्कि सत्ता से परिचालित होती है और चूँकि पत्रकारिता कई मायनों में राजनीति की अनुगामिनी है, इसलिए वह सत्ता के तर्क से सबसे ज्यादा प्रभावित होती है। इसका एक उदाहरण मैं अपने निजी विस्मयों से देना चाहूँगा। '60 के दशक में मैंने राजनीतिक होश सँभाला और तब मुझे बड़ा आश्चर्य होता था कि अखबार डॉ. राममनोहर लोहिया, जिनका मैं उन दिनों प्रशंसक था, के वक्तव्यों और कार्यक्रमों के समाचार या तो प्रकाशित ही नहीं करते थे और करते भी थे तो बहुत संक्षेप में या विकृत करके। इसके विपरीत मामूलीसे मामूली कांग्रेसी का मूर्खतापूर्ण, अतार्किक और अपरिपक्व बयान प्रमुखता से छपता था। लेकिन मार्च 1977 के बाद वही डॉ. लोहिया अचानक महत्त्वपूर्ण हो गये और पत्र-पत्रिकाओं में विस्तार से उनकी चर्चा होने लगी। जयप्रकाश नारायण का भी यही हश्र हुआ। 1974-75 के बिहार आन्दोलन के नेतृत्व के दिन जयप्रकाश नारायण के सर्वश्रेष्ठ सार्वजनिक दिनों में से थे, लेकिन तब पत्र-पत्रिकाओं में उनके प्रति वह श्रद्धा नहीं दिखाई पड़ी, जो 1977, के बाद अचानक उमड़ पड़ी। लेकिन जैसे ही 1980 में डॉ. लोहिया और जेपी का नाम लेनेवालों की राजनीतिक शाम हुई, पत्रकारिता के हीरो भी रातो-रात बदल गये।

यह सब देख कर मुझे काफी समय तक विस्मय होता रहा है, लेकिन अब ऐसा लगता है कि वह विस्मय पत्रकारिता के चरित्र को नहीं समझने के कारण ही था। फिर भी पहले की भारतीय पत्रकारिता में एक किस्म की अबोधता थी। इसे नेहरू युग का सम्मोहन भी कह सकते हैं। वह तभ भी देश के उच्च और मध्य वर्ग की ही सेवा करती थी, लेकिन चूँकि यह वर्ग एक तरह की शालीनता और छद्म राष्ट्रीयता के आवरण में काम करता था, अतः कुछ खास तरह के समाचार भले ही कम छापे जाते हों, जो कुछ छापा जाता था, उसके पीछे कोई सजग योजना नहीं होती थी। पत्रकारिता किसी भी किस्म की राजनीतिक महत्त्वाकांक्षा से मुक्त थी—शायद उसमें राजनीतिक हस्तक्षेप करने की शक्ति भी नहीं थी, इसलिए वह अति मुखरता का परिचय नहीं देती थी। उसकी विश्वसनीयता एक सीमित विश्वसनीयता होने के

बावजूद आखिरकार विश्वसनीयता ही थी और कुछ पत्रों को छोड़कर, जो घोषित रूप से इस या उस राजनीतिक सहानुभूति के पत्र थे, बाकी को आम तौर पर तटस्थ या निष्पक्ष माना जाता था।

लेकिन नौवे दशक के अन्त में स्थिति बिल्कुल बदल गई। तब यह बिल्कुल स्पष्ट था कि कौन-से पत्र राजीव गांधी के समर्थक थे और कौन-से विश्वनाथ प्रताप सिंह के। दोनों ही वर्गों के पत्र समाचार देने की अपनी ताकत का राजनीतिक इस्तेमाल कर रहे थे। फर्क केवल मात्रा का था, गुण का नहीं। स्थिति कितनी बदतर हो चुकी थी, इसकी कल्पना हम इस घटना से कर सकते हैं कि एक राष्ट्रीय दैनिक ने शुरू में राम जेठमलानी के प्रश्न तो नहीं छापे, पर एक कांग्रेसी द्वारा इन सवालों की प्रतिक्रिया में किये गये प्रश्न जरूर छाप दिये। किस की मिटिंग सफल हुई, किसकी विफल–अब तो यह तय कर पाना भी कठिन हो गया है।

ऐसा लगता है कि मार्च 1977 में इस देश में जो राजनीतिक विप्लव हुआ, उसने न केवल बहुत-सी चीजों को झकझोर दिया, बल्कि उनका कायाकल्प भी कर दिया है। दरअसल, यही वह समय था, जब स्वातन्त्र्योत्तर भारतीय पत्रकारिता ने पहली बार अपनी आँखें खोलीं और देश की राजनीतिक प्रक्रिया में खुल कर हिस्सा लेना शुरू किया। इसका एक कारण तो यह था कि आपातीकाल ने पत्रकारिता के साथ बलात्कार किया था। आपातकाल के बाद प्रेस में सरकार-विरोधी आवेग का जो उबाल दिखाई देता है, वह एक तरह से उस बलात्कार का प्रतिशोध था। जनता पार्टी की सरकार बनने पर राजनीति का जो जनतन्त्रीकरण हुआ, उसमें पत्रकारों को भी अपने लिए एक नयी भूमिका दिखाई पड़ी। वे अपनी रुचियों, संसर्गों और महत्त्वाकांक्षाओं के अनुसार जनता पार्टी के इस या उस घटक की प्रशंसा और आलोचना करने लगे। इससे पत्रकारिता में जहाँ खुलापन आया, वहीं विद्वेषों और पूर्वाग्रहों को भी खुल कर खेलने का मौका मिला। एक तरह से यह पत्रकारिता का भी जनतन्त्रीकरण था। लेकिन हम जानते हैं कि जनता पार्टी का प्रयोग बुरी तरह विफल रहा। उसके बाद के दिन भारतीय राजनीति के गिरोहीकरण के दिन हैं। 1977 में राजनीति और पत्रकारिता में जो गिरोहबन्दी शुरू हुई, वह 1987 में अपनी पूर्णता पर पहुँच गईं। 1980 में श्रीमती इन्दिरा गांधी की वापसी के बाद सभी राजनीतिक दलों की कार्य प्रणाली में बदलाव आया। एक ओर तो कांग्रेस पर श्रीमती गांधी का वर्चस्व मजबूत हुआ और दूसरी ओर विपक्षी दलों में भी व्यक्तिवादी प्रवृत्तियाँ मजबूत हुईं। फिर भी दिसम्बर 1984 के चुनाव के पहले तक राष्ट्र की तरह ही पत्रकारिता भी संशय में थी और यह नहीं समझ पा रही थीं कि उसका हीरो कौन है। चूँकि तब तक पत्रकारिता में भी काफी पैसा आ गया था और पत्रकार अपनी आर्थिक एवं राजनीतिक सत्ता

महसूस करने लग गये थे, इसलिए वे साधारण जन को अपना नायक बना ही नहीं सकते थे और न उनके हिताहित की दृष्टि से घटनाओं और प्रतिक्रियाओं का मूल्यांकन कर सकते थे। दिसम्बर 1984 के चुनाव से प्रचण्ड बहुमत से राजीव गांधी की जीत ने उन्हें अपना नायक सहज ही सुलभ कर दिया और वे अपनी तमाम पिछली आलोचनाओं, आपत्तियों और दावों को भूल कर नयी व्यवस्था का सामूहिक गुणगान करने लगे। सचमुच यह बड़ा ही आश्चर्यजनक लगता है कि राजीव गांधी की प्रशंसाएं वैसे ही राष्ट्रीय मतैक्य का परिचय दे रही थीं, जो आपातकाल की आलोचना में देश भर में दिखाई पड़ा था, हालांकि पार्टी भी वही थी, नीतियाँ भी वही थीं, और अब कहा जा सकता है कि नेता भी लगभग वैसा ही था।

यह मतैक्य आज खण्डित दिखाई पड़ रहा है, तो इसका कारण यह नहीं कि पत्रकारिता के मूल्यांकन का पैमाना बदल गया है। हुआ सिर्फ यह है कि जो गिरोहबन्दी 1977 से धीरे-धीरे निर्मित हो रही थी, वह अब लगभग शीर्ष पर पहुँच गयी है। उसी का नतीजा है कि जो राजीव गांधी के साथ थे, उन्हें विश्वनाथ प्रताप सिंह में कोई विशेषता नहीं दिखाई पड़ रही थी और जो विश्वनाथ प्रताप सिंह के समर्थक थे, उनमें अपने मसीहा से एक भी असुविधाजनक सवाल पूछने की हिम्मत नहीं थी। एक के सारे असुविधाजनक सवाल विश्वनाथ प्रताप सिंह के लिए सुरक्षित थे, तो दूसरे के राजीव गांधी के लिये। इतना स्पष्ट ध्रुवीकरण या तो अच्छाई और बुराई की ताकतों में होता या फिर दो गिरोहों में जाहिर है, देश की राजनीतिक स्थिति इतनी परिपक्व नहीं हुई है कि हम पहले विकल्प की कल्पना कर सकें।

ज्ञानी जैल सिंह के राष्ट्रपतित्व के अन्तिम दिनों में इस गिरोहबन्दी की जैसी अश्लील अभिव्यक्ति हुई, वह एक सदमे की तरह हमारी राष्ट्रीय स्मृति का अंग बनी रहेगी। ज्ञानी जी को इसका श्रेय मिलना चाहिए कि उन्होंने राजनीतिक अवमूल्यन को राष्ट्रपति भवन तक पहुँचा दिया। पहले के कुछ राष्ट्रपतियों ने भी इस पद का अवमूल्यन किया था, लेकिन वह दूसरी तरह का अवमूल्यन था। ज्ञानी जैल सिंह ने उस पर क्षुद्रता की भी परत मढ़ दी। उन्होंने सवाल तो बहुत वैध उठाये थे, लेकिन इसके पीछे कोई अच्छी नीयत नहीं थी। अगर नीयत अच्छी न हो, तो अच्छे कामों का भी बुरा नतीजा निकल सकता है, बल्कि निकलता ही है। बहरहाल, इस विवाद में यह तो स्पष्ट हो ही गया कि पत्रकारिता किस तरह अपने मूल्यों से स्खलित होकर पूर्ण अन्ध समर्थन और पूर्ण अन्ध विरोध की भूमिकाओं में बँट सकती है। इस सिलसिले में यह याद करना दिलचस्प होगा कि राजीव गांधी के इन अन्ध विरोधियों में अंगरेजी के एक ऐसे प्रसिद्ध पत्रकार भी शामिल थे, जिन्होंने इस प्रकरण की शुरुआत में ज्ञानी जैल सिंह को यह सलाह दी थी कि उन्हें इस विवाद से शालीनता

के साथ मुक्त हो जाना चाहिए।

लेकिन इंडियन एक्सप्रेस पर देशव्यापी छापा तो इस गिरोहबन्दी का मानो चरम पर आ जाना था। जिन लोगों ने यह भेद करने का विवेक दिखलाया है कि यह छापा प्रेस की आजादी पर नहीं, बल्कि एक व्यवसायी पर छापा था, वे गलत नहीं हैं, लेकिन उनका यह तर्क एक वकील का तर्क है, जो अपने मुवक्किल के बचाव में तरह-तरह की बारीकियाँ पैदा करता है। इतना तो कोई मूर्ख से मूर्ख व्यक्ति भी जानता है कि संसद का अधिवेशन समाप्त होने के ठीक अगले दिन छापा पड़ा और सिर्फ उस पत्र समूह पर पड़ा, जो लगभग सैनिक आवेग के साथ राजीव गांधी पर हमला करता रहा है, तो इसके पीछे इरादा आर्थिक अपराधियों को पकड़ना नहीं, बल्कि नानी याद दिलाने की मुहिम को घरेलू मोर्चे तक ले आना था। लेकिन पत्रकारिता पर इस राजनीतिक हमले की प्रतिक्रिया भी अगर उतनी ही राजनीतिक हुई, तो इसका मतलब है कि पत्रकारिता की प्राथमिकताएँ बिल्कुल बदल चुकी हैं, और वह किसी भी कीमत पर उस गिरोह-युद्ध से हटने को तैयार नहीं है, जिसकी छया में हम समकालीन इतिहास की रचना कर रहे हैं। अभी तक हम धनबाद मुम्बई आदि के माफिया गिरोहों की चर्चा करते रहे हैं, लेकिन राजनीति, व्यवसाय और पत्रकारिता में यही माहौल बना रहा तो हर क्षेत्र में हमें माफिया गिरोह का सामना करना पड़ेगा।

इस अप्रिय मोड़ की सफाई यह कह कर नहीं दी जा सकती कि जिस तरह लोकतन्त्र में सभी लोगों को यह अधिकार होता है कि वे राजनीतिक सन्तुलन का अपने ढंग से प्रभावित करें, उसी तरह अगर पत्रकार भी ऐसा करते हैं, तो हर्ज क्या है? हर्ज है। समाज में कुछ पेशे ऐसे होते हैं, जिनमें यह आशा की जाती है कि वे अपने शुभ-लाभ के चक्कर में पड़े बगैर समाज की सेवा करेंगे। यही उनकी सम्माननीयता और विश्वसनीयता, दोनों का स्रोत है। न्यायपालिका और पत्रकारिता, ये दो ऐसे स्तम्भ हैं जिनकी स्वतन्त्रता और निर्भीकता पर लोकतन्त्र की इमारत सीधी खड़ी रहती है। यह राष्ट्रीय शोक का विषय है कि इनमें से एक स्तम्भ में दरारें पड़ने लगी हैं। देश में इस समय जो राजनीतिक प्रक्रियाएँ चल रही हैं, उन्हें देखते हुये ऐसा लगता है कि ये दरारें अभी और गहरी होंगी।

गहरी इसलिए होंगी, क्योंकि पत्रकारिता भी उसी उच्च-मध्य वर्ग के हाथ में है, जो आज पूर्णतः दिशाहीन है। इस वर्ग में अब कोई मूल्य-चेतना नहीं बनी है। देश में सबसे ज्यादा अतीत-मुक्त, स्वच्छन्द और धर्म ही नहीं, बल्कि हर चीज से निरपेक्ष एक यही वर्ग है। पिछले दिनों यह भी साबित हो गया है कि सर्वोच्च स्तर पर बोले गये झूठ से भी वह न केवल विचलित नहीं होता, बल्कि अत्यन्त आवेग-पूर्ण ढंग से उसका बचाव भी कर सकता है। दरअसल, आन्तरिक उपनिवेशवाद पर आधारित लूट और हड़प की यह व्यवस्था झूठ तथा गिरोहबन्दी से ही चल सकती

है। इसका मतलब यह नहीं है कि जो लोग इस गिरोहबन्दी के खिलाफ दूसरी तरह की गिरोहबन्दी कर रहे हैं, वे किन्हीं ऊँचे आदर्शों से प्रेरित हैं। उनकी जीवन-शैली, कार्य-प्रणाली तथा मूल्य-चेतना भी लगभग वैसी ही है। यह कुल मिला कर शासक वर्ग का गृहयुद्ध है, जिसे देश का सामान्य आदमी भय, उत्सुकता, आतंक और शायद कुछ आशा से भी देख रहा है। आशा इसलिए कि राजनीति में बुरी से बुरी लड़ाइयाँ भी सामान्य आदमी के नाम पर ही लड़ी जाती हैं और पत्रकारिता को रोज उसी का दम भरना पड़ता है।

सम्पादक की मौत पर

अभी तक यह प्रवृत्ति अंग्रेजी तथा अन्य भारतीय भाषाओं में ही थी। अब हिन्दी में भी आ गयी है। पहले हेमा मालिनी को एक स्त्री विषयक पत्रिका का सम्पादक बना दिया गया। सम्भव है हेमा मालिनी जहीन और दृष्टिसम्पन्न महिला हों, लेकिन पत्रकारिता उनके लिए सर्वथा नयी वस्तु थी, जैसे मिठाई बनाने वाले कारीगर को अचानक चिमटा बनाने के लिए कह दिया जाये। वैसे यह ईमानदार मजबूरी हुई, तो सम्भव है वह कुछ दिनों में चिमटा बनाना सीख भी जाये। लेकिन हेमा मालिनी में यह विकास नहीं देखे गया। वे पहले वाली हेमा मालिनी ही रहीं। पत्रकारिता की दुनिया का अंग नहीं बन पायीं। न पत्रकारों से उनकी भेंट-मुलाकात होती है, न खत-किताबत। वे स्टार थीं और स्टार हैं। पत्रकारिता उनके खूबसूरत सिर पर एक अतिथि टोपी की तरह है। यानी हेमा जी की पत्रकार प्रतिभा का नहीं, बल्कि उनकी ख्याति का इस्तेमाल किया जा रहा है। जब चित्र तारिकाएँ किसी साबुन को अपना मनपसंद घोषित कर उसकी बिक्री बढ़वा सकती हैं, तो किसी पत्रिका को लोकप्रिय क्यों नहीं कर सकतीं? आखिर कुछ लोगों के लिए साबुन और पत्रिका में फर्क ही क्या रह गया है?

हेमा मालिनी स्टार हैं। स्टार वह है जिसे चाहनेवाले भारी संख्या में हों। अंग्रेजी में कहावत है कि मुझे प्यार करते हो तो मेरे कुत्ते को भी प्यार करना पड़ेगा। लेकिन स्टार के प्रशंसकों को यह हिदायत नहीं देनी पड़ती। यह उनके मनोविज्ञान का स्वाभाविक अंग होता है। इसीलिए व्यवसायी वर्ग स्टार का अनुचित लाभ उठाना चाहता है। जिस तरह राम के छूने से अहल्या जीवन्त हो गयी थी, उसी तरह स्टार के हस्ताक्षर पड़ते ही कूड़ा भी स्वादिष्ट जान पड़ने लगता है। कौन कहता है कि अनुकरण सिर्फ बन्दरों का स्वभाव है? फिर यह तो जमाना ही भेड़चाल का है। इसी को शिष्ट भाषा में फैशन कहते हैं। अमुक जी ऐसा कर रहे हैं, तो तमुक जी को भी ऐसा ही करना चाहिए। व्यापार की भी यह अलिखित संहिता है कि जो माल चल निकले, वैसा ही माल अपने को भी बनाना चाहिए। एक कम्पनी का पान मसाला हिट हुआ, तो पान मसाला के दर्जनों नये निर्माता कुकुरमुत्तों की तरह उग आये। सफलता के पिता ही बहुत नहीं होते (वह कहावत याद कीजिये, जिसमें बताया गया

है कि किसी चीज के सफल हो जाने पर उसका यश लेने वाले तो अनेक होते हैं, लेकिन विफलता की जिम्मेदारी कोई नहीं लेना चाहता), पुत्र भी बहुत होते हैं। विफलता की लाश तक ढोनेवाले नहीं मिलते, जबकि सफलता स्वभाव से ही जुलूसधर्मी होती है। सो हेमा मालिनी के प्रयोग का अनुसरण करने वाले भी निकल आये।

एक समाचार पत्रिका ने राजनीतिज्ञों को अतिथि सम्पादक बनाने की परम्परा शुरू की, तो दूसरी पत्रिका ने सितारों को यह सम्मान दिया। क्रिकेट से निवृत्त हो कर गावसकर भी सम्पादक हो गये। लेकिन गावसकर उद्यमी जीव हैं। अतः उन्होंने गुड़िया बनना पसन्द नहीं किया। सम्पादकी भी कर डाली। पहले ही अंक में अपने लोक-प्रसिद्ध प्रतिद्वन्द्वी कपिल देव से इण्टरव्यू किया। आखिरकार वे अतिथि नहीं, स्थायी सम्पादक हैं। फिर भी सम्भव है कुछेक अंकों के बाद वे अपनी सक्रियता का क्षेत्र बदल लें। ले-दे कर उनका नाम ही तो बिकना है। लेकिन अतिथि सम्पादक तो नियुक्ति पत्र की शर्तों के अनुसार ही बेचारे हैं। वे कारतूस की तरह हैं, जिसे सिर्फ एक बार ही दागा जा सकता है। लेकिन एक दिन का राजा बनना भी आखिर राजा बनना ही हैं जब अतिथि राजाओं से ही काम चल जाये, तो स्थायी राजा पालने की क्या जरूरत है। हाँ, आदेशपाल स्थायी होने चाहिए। आखिर राजा का हुक्म कौन बजायेगा? या क्या पता आगे चल कर राजा की तरह कर्मचारी भी "कैजुअल" ही रखे जाने लगें। 'कट्रैक्ट लेबर' (अनुबन्ध पर नियुक्त किये जाने वाले सम्पादक) तो शुरू ही हो गया है। इसका अगला चरण कैजुअलिटी ही है।

कहने की जरूरत नहीं कि यदि पत्रकारिता की प्रगति इसी दिशा में होती रही, तो सम्पादक नाम का प्राणी ही इस धरती से उठ जायेगा। या कहना चाहिए, हर वी. आई. पी. सम्पादक हो जायेगा। पत्रिकाएँ घर नहीं, सराय हो जायेंगी। उनमें रोज एक नया आदमी अपने गृहस्थी जमायेगा और अगले दिन इस भाव से चल देगा जैसे उससे उसका कोई वास्ता ही न हो। है न सच्चा लोकतन्त्र। लोकतान्त्रिक व्यवस्था में कोई हमेशा के लिए नहीं चुना जाता। उसकी अवधि पहले से निर्धारित होती है। यह और बात है कि यहाँ चुनाव पाठकों द्वारा नहीं, बल्कि किसी और के द्वारा किया जायेगा। लोकतन्त्र का ही दूसरा अंग है विकेन्द्रीकरण। सो यह विकेन्द्रीकरण का भी अच्छा-खासा नमूना है। सम्पादक ही पत्रिका का केन्द्र होता है। जब सम्पादक कई होंगे, तो केन्द्र भी कई होंगे। इस तरह सम्पादकीय सत्ता का विकेन्द्रकीरण हो जायेगा। यह और बात है कि यह विकेन्द्रीकरण उन लोगों के बीच ही होगा, जो पहले से ही किसी न किसी चीज के केन्द्र हैं। कोई सत्ता का केन्द्र है, तो कोई विपक्ष का। कोई फिल्मी दुनिया का, तो कोई धार्मिक दुनिया का। तो क्या इसका मतलब यह निकाला जाये कि यह विकेन्द्रीकरण अन्ततः केन्द्रीकरण को ही पुष्ट करेगा? तर्क से तो यही निष्कर्ष निकलता है। एक केन्द्र (यानी सम्पादक) का सफाया और दूसरे

केन्द्रों (यानी राजनीतिज्ञों, खिलाड़ियों, फिल्म स्टारों वगैरह—वगैरह : सम्भव है इस कड़ी में आगे चल कर फूलन देवी और चार्ल्स शोभराज जैसे ग्लैमरयुक्त अपराधी भी शामिल हो जायें—आखिर ये भी तो अपने-अपने क्षेत्र में स्टार हैं।) की मजबूती।

संकेत स्पष्ट है : सम्पादक की मृत्यु हो रही है और उस शून्य को तरह-तरह से भरा जा रहा है। यह एक गम्भीर और खतरनाक बात है। वैसे तो सम्पादक की सत्ता कुछ भी नहीं होती। महात्मा गांधी ने अपनी आत्मकथा में लिखा है, "(हर) क्षुब्ध व्यक्ति सोचता है कि सम्पादक देश का एक ताकतवर आदमी होता है। यह तो सिर्फ सम्पादक को ही पता है कि उसकी ताकत का दायरा उसके दफ्तर के दायरे से शायद ही बाहर जाता हो।" जिस तरह कंपोजीटरों को छापे का शैतान कहा जाता है, उसी तरह सम्पादक महज छापे का ईश्वर होता है। उसकी ताकत उतनी ही है, जितनी छपे हुये अक्षरों की। यदि सामाजिक और राजनीतिक शक्तियाँ साथ न दें, तो उसका आह्वान अन्धेरे में एक चीख भर बन कर रह जायेगा। वैसे चुप्पियों के जुलूस में यक एक अकेली चीख भी कितनी मारक होती है या हो सकती है।

लेकिन कोई भी सम्पादक "एकान्त संगीत" नहीं पैदा करता, न वह विचार और व्यवहार का कोई ऐसा मुकाम है, जहाँ उसके स्वर प्रतिध्वनि बन कर उसी के पास लौट आयें। परिभाषा से ही पत्रिका एक जन संचार माध्यम है। वह जन के द्वारा भले ही न हो, लेकिन जन के लिए तो अवश्य ही होती है। सम्पादक जन से कैसे जुड़ता है? वह जन में व्याप्त अनेक विचारधाराओं में से एक को या उनमें से कुछ को (यदि उनका आपस में सम्बन्ध हुआ) पकड़ता है और उसका या उनका विस्तार करता है। इस तरह सम्पादक वह केन्द्र होता है, जिसके इर्द-गिर्द एक खास तरह का विचार, एक खास तरह का समाजशास्त्र विकसित होता है। वह अपनी टीम का नेता होता है और उसकी योग्यता इसी से आँकी जाती है कि वह अपने मिशन को कितनी तत्परता और कितनी वफादारी के साथ अन्जाम देता है। यदि हर अच्छी पत्रिका अपने आप में एक जीता-जागता तन्त्र होती है, तो सम्पादक उसके स्नायुमण्डल का केन्द्रीय नियन्त्रण कक्ष है, जिसमें टूट-फूट होने पर यह सारा तन्त्र ही अस्त-व्यस्त हो जाता है। वस्तुतः पत्रिका का व्यक्तित्व ही सम्पादक का व्यक्तित्व है। सम्पादक ईश्वर है और पत्रिका ब्रह्माण्ड, जिसके माध्यम से वह अभिव्यक्त होता है। अतः सम्पादक की मौत का मतलब हुआ ईश्वरहीन ब्रह्माण्ड—जिसके पीछे कोई योजना नहीं है, जिसके विभिन्न हिस्सों का आपस में कोई तार्किक सम्बन्ध नहीं है और सबसे बढ़ कर यह कि जिसकी कोई आन्तरिक पवित्रता नहीं है। यह एक ऐसा शून्य है, जिसके दूसरे शून्य और भी भयानक हो जाते हैं।

लेकिन यह प्रक्रिया शुरू कैसे हुई? आखिर बात क्या है कि सम्पादक के व्यक्तित्व से फिल्मी स्टारों और राजनीतिज्ञों का व्यक्तित्व ज्यादा ताकतवर हो गया है? इसके लिए पत्रकारिता के विकास के पन्ने उलटने-पलटने होंगे। कहा जा सकता

है कि भारत में सम्पादकों का स्वर्ण युग स्वाधीनता संग्राम था। तब पत्रिका के कारण सम्पादक नहीं, बल्कि सम्पादक के कारण पत्रिका जानी जाती थी। सम्पादक राष्ट्रीय संघर्ष का एक जरूरी अंग था। वस्तुतः एक जीवन्त समाज में ही जीवन्त सम्पादक पैदा होते हैं। आजादी हासिल होने के साथ ही भारतीय समाज की जीवन्तता पर मानो पूर्णविराम लग गया। आत्मनिरीक्षण, आत्मालोचन और संघर्ष अचानक अजनबी पत्रकारिता भी धीरे-धीरे व्यावसायिकता की ओर बढ़ी। लेकिन यह एक ऐसी व्यावसायिकता थी, जिसमें कोई जान नहीं थी। जैसे भारतीय उद्योग-धन्धों में बढ़ने और अपनी अस्मिता बनाने की कोई छटपटाहट नहीं है, वैसे ही भारतीय व्यावसायिक पत्रकारिता भी नींद में चलते हुये आदमी की बिम्ब पैदा करती थी। पत्रकार वह था जो एजेन्सियों से प्राप्त समाचारों को जस का तस या अनुवादित कर छाप दे, या राष्ट्रीय समस्यों पर मधुर, समन्वयवादी, शाकाहारी किस्म या फिर होली-दीपावली पर ललित निबन्ध ही तैयार कर दे। यह भारतीय सम्पादक की रात थी।

पौ फटी तब जब अखबारों से सेन्सरशिप हटा और मार्च 1977 के चुनावों की घोषणा हुई। इमर्जेन्सी की ठोकर से भारतीय मनुष्य अचानक जाग उठा। लेकिन इस जागरण में होश कम, गुस्सा ज्यादा था। सो सुभाषितों का स्थान गालियों ने तथा नपुंसक सन्तुलन का स्थान बड़बोली आलोचना ने ले लिया। फिर भी इस सामाजिक-राजनीतिक आलोड़न में बहुत-से निर्भीक, सिद्धान्तवादी तथा पायेदार सम्पादक पैदा हुये। यह विचार-युग की शुरुआत थी, सो विचारों के केन्द्रों का उभरना भी लाजिमी था। लेकिन अफसोस, यह दौर बहुत छोटा साबित हुआ। श्रीमती गांधी की वापसी ने बुद्धिजीवियों को झकझोर दिया और राजीव गांधी की ताजपोशी के बाद तो मानो भारतीय पत्रकारिता की साँझ ही गहराने लगी। राजीव का सम्मोहन एक तरह से जादुई था, जिसने विपक्ष को भी कुछ दिनों के लिए अपनी जबान में मिठास घोलने को बाध्य कर दिया। एक बार फिर उसी तरह की भाषा के दर्शन होने लगे, जो नेहरू युग की विशेषता थी। इस संदर्भ में कुछ नेताओं का यह मूल्यांकन भी स्मरणीय है कि राजीव गांधी का व्यक्तित्व अपनी माँ की तुलना में अपने नाना के ज्यादा करीब है।

यह भारत में सम्पादक की मौत की शुरुआत थी। जल्द ही वह स्थिति भी आ गयी, जब सम्पादक मशीन के पुरजे बन गये—एक ऐसी मशीन के, जिसका कोई पुरजा "एक्सक्लूजिव" नहीं है। जिस पुरजे को चाहे जहाँ फिट कर दीजिये, वह उसी तन्मयता से घूमने लगेगा। प्रतिष्ठानवादी पत्र में प्रतिष्ठान विरोधी सम्पादक को काम करने में दिक्कत नहीं हुई। प्रतिष्ठानवादी सम्पादक प्रतिष्ठान विरोधी पत्र में उसी सहजता से खटने लगा। पूरा रामराज्य आ गया। शेर और बकरी एक ही घाट पर पानी पीने लगे। यह पत्रकारिता के क्षय के दौर की शुरुआत थी और हाँ, व्यावसायिकता के दौर के "उत्कर्ष" की भी।

ऐसा नहीं कि आज सम्पादक नहीं हैं। हैं, लेकिन उनकी गिनती उँगलियों पर गिनने लायक है। लेकिन एक संस्था के रूप में सम्पादक नाम की चीज का क्षय हो रहा है। वह अब ज्यादातर किसी दृष्टिकोण का नेतृत्व नहीं, बल्कि खबरों की मैनेजरी करता है। इसका एक सबब यह भी है कि पत्र-पत्रिकाएँ चेहरा-विहीन होती जा रही हैं। सारे अखबार, सारी पत्रिकाएँ एक जैसी होती जा रही हैं। एकरूपता के इस विध्वंसकारी माहौल में सम्पादक का अपना प्रभामण्डल कैसे बन सकता है? तभी तो उसकी जगह पर दूसरे क्षेत्रों के लोग बैठने लगे हैं। लेकिन ये नहीं बैठते, तब भी उसकी जगह का अपना कोई खास व्यक्तित्व नहीं होता। जिस तरह आधुनिक जीवन पद्धति हिन्दू और मुसलमान दोनों को एक जैसा बना डालती है, उसी तरह पत्रकारिता के नये तेवर सम्पादकों में एकरूपता पैदा कर रहे हैं। वे एक ऐसी व्यावसायिक संस्कृति के सांस्कृतिक प्रतिनिधि हैं, जो विचार से ज्यादा प्रचार तथा आत्म-बेहतरी से ज्यादा मनोरंजन की कायल है। इसके बाद उपभोक्तावाद के लिए फतह करने को शायद कुछ श्वास नहीं बचा है।

ऐसे ही दौर के लिए पत्रकार-शिरोमणि बाबूराव विष्णु पराड़कर ने 1925 में वृन्दावन हिन्दी साहित्य सम्मेलन के अध्यक्ष पद से कहा था : 'पत्र सर्वांग सुन्दर होंगे। आकार बड़े होंगे। छपाई अच्छी होगी। मनोहर, मनोरंजक और ज्ञानवर्धक चित्रों से सुसज्जित होंगे। लेखों में विविधता होगी, कल्पक्ता होगी, गम्भीर गवेषण की झलक होगी और मनोहारिणी शक्ति भी होगी। ग्राहकों की संख्या लाखों में गिनी जायेगी। यह सब होगा, पर पत्र प्राणहीन होंगे। पत्रों की नीति देशभक्त, धर्मभक्त अथवा मानवता के उपासक महाप्राण सम्पादकों की नीति न होगी—इन गुणों से सम्पन्न लेखक विकृत मस्तिष्क समझे जायेंगे। सम्पादक की कुरसी तक उनकी पहुँच भी न होगी। वेतनभोगी सम्पादक मालिक का काम करेंगे। वे हम लोगों से अच्छे होंगे। पर आज भी हमें जो स्वतन्त्रता प्राप्त है, वह उन्हें न होगी।'

एक विचार चुपचाप फैल जाता है चारों तरफ

आठ फुट लम्बा और छह फुट चौड़ा एक कमरा। कमरें में तीन जोड़ा कुरसी-मेज लगे हुए हैं। एक मेज पर झुका हुआ एक आदमी कुछ लिख रहा है। यह अगले दिन का सम्पादकीय है। कुछ ही देर में यह पूरा हो जायेगा और सम्पादक द्वारा पास कर दिये जाने के बाद टेलीप्रिंटर की टिक-टिक के साथ देश-भर में फैल जायेगा। अगले दिन दिल्ली, बम्बई, लखनऊ, पटना, जयपुर यानी देश के लगभग चौथाई भाग के पाठक इस सम्पादकीय को पढ़ेंगे और सोचेंगे कि इसे उनके ही शहर के किसी आदमी ने लिखा है। यह है हमारे दैनिकों में विचार को नियन्त्रित करने का एक प्रचलित तरीका। यहाँ आकर सार्वजनिक क्षेत्र और निजी क्षेत्र का फर्क पूरी तरह समाप्त हो जाता है। जिस तरह टेलीविजन ''राष्ट्रीय कार्यक्रम'' के नाम पर देश भर में एक ही चीज दिखाता है, उसी तरह हमारे दैनिक भी अपने चेन संस्करणों द्वारा एक ही विचार फैला रहे हैं (और दूसरे विचारों को प्रकट होने से रोक रहे हैं)।

यह ''चेन'' बहुत अच्छा शब्द है। इसका अर्थ श्रृंखला भी होता है और जंजीर भी। चेन संस्करण एक श्रृंखला भी है और एक जंजीर भी। श्रृंखला इस मायने में कि एक ही दैनिक का व्यक्तित्व विभिन्न स्थानीय संस्करणों में प्रकट होता है और जंजीर इस मायने में कि ये संस्करण स्थानीय स्तर पर विचार का उत्पादन रोकते हैं। यानी समाचार स्वतंत्र है, लेकिन विचार परतन्त्र। संस्करण चाहे जयपुर का हो, चाहे पटना का या त्रिवेन्द्रम का, सम्पादकीय तथा अन्य लेख वही रहेंगे जिन्हें दिल्ली (या मुम्बई या चेन्नई) मुख्यालय ने अग्रसरित किया है। ऐसा नहीं है कि स्थानीय सम्पादकों को कुछ लिखने की आजादी नहीं होती। कभी-कभी वे लिखते भी हैं और कई बार अपने स्थानीय संस्करण में स्वतंत्र लेख भी प्रकाशित करते हैं, लेकिन यह नियम नहीं, अपवाद है। बल्कि स्थानीय सम्पादक के लिखने का प्रश्न ही न उठे, इसके लिए अकसर ऐसे लोगों को इस पद के लिए चुना जाता है, जिनकी मूल योग्यता और अभिरूचि समाचार सम्पादक की है। वस्तुतः स्थानीय सम्पादक मूलतः और सारतः समाचार सम्पादक ही है, अन्यथा उसे पूरे सम्पादक का दर्जा और सम्मान नहीं दिया जाता?

ज़ाहिर है, सारा मामला किफायत का है, यानी चेन संस्करण मूलतः एक

आर्थिक उपपत्ति है : वह पत्रकारिता की नहीं, अर्थशास्त्र की देन है। किसी भी केन्द्र से एक पूर्ण समाचारपत्र प्रकाशित करना एक बाधित या समर्थित समाचारपत्र प्रकाशित करने की तुलना में हमेशा महँगा होगा। स्थानीय संस्करण को कम खर्च में चलाया जा सकता है, क्योंकि वह सारतः आधा अखबार है। क्या अब भी यह स्पष्ट करना होगा कि समाचारपत्र अब बिलकुल उसी तरह एक औद्योगिक उत्पाद होते जा रहे हैं, जिस तरह साबुन या पंखा है? वस्तुतः एक बार जब आपने औद्योगिक संस्कृति को स्वीकार कर लिया, तो फिर उसका तर्क आपको कदम-कदम पर स्वीकार करना ही होगा। स्थानीय संस्करण इसी तर्क से निकाले जा रहे हैं। ऐसा भी नहीं है कि यह अर्थशास्त्र सिर्फ दिल्ली के समाचारपत्रों को ही मुफीद पड़ता है। क्षेत्रीय पत्र भी इसी ढ़र्रे पर चलाये जा रहे हैं। एक तथाकथित राष्ट्रीय पत्र के लिए जो महत्त्व दिल्ली का है, क्षेत्रीय पत्रों की श्रृंखला में वही स्थान भोपाल, लखनऊ या जयपुर का है।

औद्योगिक संस्कृति का चरित्र भी यही है। यह एक विचार-विरोधी संस्कृति है। उसके लिए विचार उसी हद तक महत्त्वपूर्ण है, जिस हद तक वह मुनाफा पैदा करने में उपयोगी हो सके। देखने में तो लगता है कि वह तरह-तरह के विचारों को अभिव्यक्ति देती है, लेकिन यह एक मिथक है। वह दरअसल विचारों को रोकती है : उनकी पैदाइश भी और उनका प्रसार भी। कहा जा सकता है कि समाचारपत्र तो समाचार देने के लिए होते हैं—उनका विचारों से क्या लेना-देना? यह एक दूसरा मिथक है, जिसे इसलिए फैलाया जाता है ताकि समाचार और विचार के अन्तर्सबन्ध को समाप्त किया जा सके। इतनी दूर तक न भी जाएँ कि प्रत्येक समाचार के साथ एक विचार भी जुड़ा हुआ होता है या हो सकता है, तब भी इतना तो कहना ही पड़ेगा कि कौन-सा समाचार प्रकाशन योग्य है और कौन-सा नहीं, इसका विवेक तो एक विचारवान दृष्टि ही कर सकती है। अब जिस समाचारपत्र का दायित्व यह नहीं है कि वह जिन घटनाओं को विचार योग्य मानता है, उन पर विचार भी करे, तो यह कैसे माना जा सकता है कि उससे किसी प्रकार के विचार की सचमुच अपेक्षा की जाती है?

लेकिन समाचारों का चाहे जितना महत्त्व हो तथा उन्हें चाहे जितना स्थान दिया जाये, उन पर टीका-टिप्पणी करने की, उनका विश्लेषण करने की तथा उन पर अपनी राय प्रकट करने की जरूरत हमेशा बनी रहेगी। वस्तुतः यह भी समाचारपत्र का एक बुनियादी काम है यानी समाचार बताना ही नहीं, बल्कि यह बताना भी कि वह समाचार क्यों है तथा उसके होने से हमारी दुनिया किस प्रकार प्रभावित होती है। ऐसा नहीं है कि समाचार बतानेवाला व्यक्ति यानी सम्वाददाता इस दुष्टि से वंचित रहता है (हालांकि ऐसे लोग पहले भी रहे हैं और यह बढ़ती हुई औद्योगिक संस्कृति का ही एक और साक्ष्य है कि अब कुछ ज्यादा होने लगे हैं)

वस्तुतः पत्रकारिता तो उसी बिन्दु से शुरू होती है और अन्त का कोई ऐसा गुण नहीं है, जो शुरू में नदारद रहता हो। अतः समाचार की तलाश या उसका प्रस्तुतीकरण भी एक मूल्यसापेक्ष काम ही है, लेकिन वहाँ दृष्टि विश्लेषण पर कम, घटना पर ज्यादा रहती है। घटना को ठीक से बताने में ही घटना का अर्थ भी निहित रहता है। फिर प्रत्येक घटना के कई अर्थ होते हैं या हो सकते हैं। अतः घटना का बयान करने के साथ-साथ उसके विभिन्न अर्थ उद्घटित करते चलना श्रमसाध्य होता है—उनके लिए उबाऊ भी, जिनकी रुचि घटना में ही है। इसके अलावा एक ही घटना के परस्पर विरोधी अर्थ भी निकाले जा सकते हैं, अतः बेहतर हो कि यह काम अलग से ही किया जाए। इससे न केवल तरह-तरह की अर्थछवियाँ उपलब्ध हो सकेंगी, बल्कि पाठक को भी घटना का अपना अर्थ लगाने में सहूलियत होगी। एक पूर्ण समाचारपत्र यही करता है।

लेकिन समाचारपत्रों के चेन संस्करण पूर्णता की नहीं, विस्तार की खोज है। उनका लक्ष्य प्रत्येक क्षेत्र को उसका एक समाचारपत्र देना नहीं है, बल्कि इस शून्य का उपयोग अपने व्यावसायिक विस्तार के हित में करना है। यदि अपूर्ण समाचारपत्र भी यह काम उतनी ही कुशलता के साथ कर सकता है, तो फिर एक पूर्ण समाचारपत्र के प्रकाशन का उपयोग क्यों किया जाये? इसके पक्ष में यह तर्क दिया जा सकता है कि क्या जरूरी है कि एक ही घटना पर दस लोग विचार करें? इसके बजाय क्या यह बेहतर नहीं होगा कि किसी भी घटना पर सर्वश्रेष्ठ व्यक्ति जो सर्वश्रेष्ठ लिख सकता है, उसे ही देश-भर में प्रसारित होने का अधिकार दिया जाये? यदि केन्द्रीकरण से श्रेष्ठता फलित हो सकती है, तो उसका निरादर क्यों किया जाना चाहिए? क्या यह वक्त और श्रम की बरबादी नहीं है कि एक ही घटना पर दस-दस लोग, और वह भी एक ही समाचारपत्र समूह के, सम्पादकीय लिखें?

हाँ, वक्त की बरबादी है, लेकिन उसी अर्थ में जिस अर्थ में लोकतन्त्र में प्रत्येक व्यक्ति को यह सोच-विचार करने पर वक्त बरबाद करना पड़ता है कि अगली सरकार बनाने का दायित्व किसे सौंपा जाये। प्रचलित लोकतन्त्र की यह एक विचित्र विडम्बना है कि उसकी सफलता के लिए विकेन्द्रीकरण जितना आवश्यक है, वह केन्द्रीकरण को उतना ही प्रोत्साहित करता है। केन्द्रीकरण को तरजीह देने का नतीजा है कि संसदीय लोकतन्त्र संसदीय तानाशाही में बदल जाता है, मन्त्रिमण्डल बन्दी मन्त्रिमण्डल बन जाता है और एक ही व्यक्ति की आवाज सीमा से सीमा तक (और सीमाओं के परे भी) गूँजती रहती है। निश्चय ही वह आवाज उन आवाजों को दबा कर ही बड़ी हो पाती है जिनका प्रतिनिधित्व करने का उसका अनुबन्ध है। फलस्वरूप साधारण आदमी को सोचने की जहमत उठाने से निरुत्साहित किया जाता है। वैसे भी यह जरूरी चाहे जितना हो, कोई प्रिय काम नहीं है। फिर जब व्यवस्था का दबाव भी हो कि आप खुद न सोचें—आप की ओर से दूसरे लोग यह काम कर देंगे, तो फिर यह

और भारी हो जाता है। इसका नजीता यह होता है कि लोकतान्त्रिक व्यवस्था में विचारों का जो द्वंद्व चलते रहना चाहिए, विचार के जो नये-नये केन्द्र उभरते रहने चाहिए, उसकी प्रक्रिया अवरुद्ध हो जाती है। जीवन के अन्य क्षेत्रों की तरह विचार की दुनिया में भी लोगों को उपभोक्ता बनाये रखने की कोशिश की जाती है। आधुनिक टेक्नोलॉजी इस कोशिश में भरपूर सहायता करती है : वह एक तरफ तो विचार को कठिन बनाती है और दूसरी तरफ जो टेक्नोलॉजी का इस्तेमाल कर रहा है, उसके विचार का फैलाव पहले से कहीं ज्यादा सुगम बना देती है। तब विचार के नाम पर जो कुछ समाज में हावी होता है, वह निश्चय ही उसका सर्वश्रेष्ठ नहीं होता।

शायद समाचारपत्र का सत्य ठीक ऐसा ही नहीं है। मुख्यालय में बैठे हुये व्यक्ति निश्चय ही ज्यादा सक्षम और कुशल लोग होते हैं। उन्हें संदर्भ ग्रन्थ, अखबारों की कतरनें आदि सहायक सामग्री भी सहज ही सुलभ होती है, फिर भी है यह एक तरह का साम्राज्यवाद या तानाशाही ही। जिस तरह राजनीति में हर निर्णय का उत्स नयी दिल्ली बन गयी है, उसी तरह पत्रकारिता में भी नयी दिल्लीवाद हावी होता जा रहा है। विचारों की दुनिया का आनन्द इसमें नहीं है कि एक ही विचार (भले ही वह सर्वश्रेष्ठ हो) यहाँ से वहाँ तक गूँजता रहे। यहाँ तो हजार फूल खिलते हैं, तभी उद्यान की शोभा बढ़ती है। फिर यह भी तो एक वास्तविकता है कि कोई भी टिप्पणी–चाहे वह कितनी ही अच्छी क्यों न हो–स्थिति के सभी पहलुओं को "कवर" नहीं कर सकती। उससे कुछ-न-कुछ छूट ही जाता है। इसलिए सिर्फ एक आदमी के बोलने से हमेशा यह बेहतर होता है कि कई आदमी बोलें।

जिन आर्थिक नियमों के तहत अपने ही लोगों की विचाराभिव्यक्ति को रोका जाता है, वे ही नियम सम्पादकों को मजबूर कर रहे हैं कि विदेश से विचार आयातित किये जाएँ। पिछले कुछ समय से विदेशी पत्र-पत्रिकाओं में प्रकाशित समाचारों और टिप्पणियों का जिस उदारता से आयात हो रहा है, उसे देख कर स्तब्ध हो जाना पड़ता है। मामला कितना आगे बढ़ गया है, इसका अनुमान इसी से लगाया जा सकता है कि अंग्रेजी का एक मशहूर दैनिक विदेशी पत्र-पत्रिकाओं में छपी पुस्तक समीक्षाओं को भी अपने यहाँ लगभग नियमित रूप से छाप रहा है। यह तो पर-निर्भरता की बेहद भोंड़ी मिसाल है। वैसे विदेश के विदेशी निगाह से लिखे हुये समाचार को अपने यहाँ यथावत छापना भी कम भोंड़ा नहीं है : क्या हम इतने दरिद्र हो गये हैं कि विदेश में घट रही घटनाओं को अपनी नजर से देख कर अपनी भाषा में लिख भी नहीं सकते? आखिर पश्चिमी दुनिया में जो कुछ घट रहा है, उसे देखने का हमारा नजरिया टाइम्स या न्यूयॉर्क टाइम्स से भिन्न होगा या नहीं? लेकिन यह कठिन तो है ही, खर्चीला भी है। सुविधा और किफायत इसी में है कि बना-बनाया माल मिल जाये और उससे अपने पन्ने भर कर अपने पत्रकारीय दायित्व से छुट्टी पाई जायें। आखिर

जब सब जगह "फॉरेन" की धूम है, तो फिर पत्रकारिता ही उससे अपना दामन कैसे बचा सकती है? मेरा मतलब है वह पत्रकारिता, जो औद्योगिक तंत्र से संचालित ही नहीं हो रही है, बल्कि उसके मूल्यों को अपनाने में भी गौरत का अनुभव करती है।

शायद इसका कुछ रहस्य पत्रकारिता के चरित्र में ही है। जब यह शुरू हुई थी, तो एक व्यक्ति का या अधिक-से-अधिक एक छोटे-से समन्वित समूह का, स्वप्न थी। कुछ लोग मिल कर अखबार निकालते थे : वह उनकी जीविका भी थी और उनके जीवन का उद्देश्य भी। लेकिन पूँजी के प्रवेश ने इस समूह की स्वायत्तता और संगति, दोनों को नष्ट कर दिया। आज पत्रकारिता एक बड़े तन्त्र पर आधारित है। यह तन्त्र जितना बड़ा होता है, सम्पादक की शक्ति उतनी ही ज्यादा बढ़ जाती है, लेकिन उसकी स्वाधीनता उतनी ही सीमित हो जाती है। इसके साथ ही सम्पादक और उसके नेतृत्व में काम करने वाले लोगों के सम्बन्ध भी सहज और स्वस्थ नहीं रह जाते। ऐसे माहौल में पत्रकारिता पेशा नहीं, जीविका बन जाती है। इस तरह की नौकरी, जिसके साथ कोई बड़ा उद्देश्य नहीं जुड़ा होता। एक ओर तो पत्रकार का अस्तित्व जीविका की शर्तों से निर्धारित होता है, दूसरी ओर पत्रिकारिता का व्यक्तित्व उद्योग की शर्तों से। इस स्थिति में यह माँग करना शायद बेकार ही है कि पत्रकारिता ऐसा या वैसा क्यों नहीं करती : वह इसलिए नहीं करती, क्योंकि ऐसा करना उसके वश में नहीं रह गया है।

यह आधुनिक विकास की कीमत है, जिसे सभी लोग अपने-अपने क्षेत्र में चुका रहे हैं। विकास का अर्थ है, चीजों का आकार बड़ा हो। यह आकार जितना बड़ा होता है, उसके घटकों की स्वायत्तता और स्वाधीनता उतनी ही घटती जाती है। आर्थिक क्षेत्र में बहुराष्ट्रीय निगमों का उदय इस प्रक्रिया की उपज है। आधुनिक समाचारपत्र भी एक तरह का बहुराष्ट्रीय निगम बनाने की आकांक्षा पालता है। लेकिन यहाँ भी पश्चिमी देश दाता हैं और तीसरी दुनिया के देश गृहीता। यह एक औपनिवेशक सम्बन्ध है। देश के अन्दर भी इसी सम्बन्ध का विस्तार हो रहा है। न्यूयॉर्क टाइम्स का माल भारतीय पत्र में जिस सम्बन्ध के कारण छपता है, उसी सम्बन्ध के कारण दिल्ली का माल दूसरे शहरों में और किसी प्रान्तीय राजधानी का माल राज्य के दूसरे जिलों में फैल जाता है। इससे दुनिया बेशक छोटी हो रही है, लेकिन स्थानीय अभिव्यक्तियों की कीमत पर। और तब दुनिया का सिकुड़ना भी एक तरह का विस्तारवाद बन जाता है।

•

जिस जालिम पे दम निकले

पत्रकार और सरकार का रिश्ता बड़ा अजीब है। गालिब की एक पंक्ति है : उसी को देख कर जीते हैं, जिस जालिम पे दम निकले। सरकार पर पत्रकारों का दम तो नहीं निकलता, बल्कि मामला इसके ठीक उल्टा है। वे ही सरकार का दम निकालने के लिए आतुर रहते हैं। लेकिन उसी जालिम को देख कर जीते भी हैं। आखिर मुफ्त या रियायती मकान वही देगी। टेलीफोन वहीं से मिलेगा। कागज का कोटा, विज्ञापन, दफ्तर के लिए भूमिका का आबंटन इत्यादि के लिए भी सरकार के कृपा-कटाक्ष पर निर्भर रहना पड़ता है। अतः सरकार की पूरी तरह अवहेलना भी नहीं की जा सकती। लेकिन सरकार-भक्त हो गए, तो जनता की निगाहों में गिर जाएँगे। अतः पत्रकार का कमाल इस बात में होता है कि वह पत्रकारिता भी करता रहे और सरकार की आँखों में काँटे-सा खटके भी नहीं। प्रेम का यह पंथ निश्चय ही महाकराल होगा—"तलवार की धार पे धावनो" की तरह। इसीलिए अक्सर पत्रकारों का अस्तित्व लहू-लूहान ही मिलता है। अपने पेशे के प्रति वफादारी उसका मुख उज्ज्वल करती है, तो लालच के आगे आत्मसमर्पण उनकी गर्दन झुका देती है।

सरकार की भी मुसीबत है। वह सबसे ज्यादा किसी से घृणा करती है, तो वह है पत्रकार। लेकिन पत्रकार के बिना उसका काम भी नहीं चलता। इसलिए उसे लगातार पटाने की कोशिश भी वह करती है। क्या यह अजीब बात नहीं कि एक ओर तो पत्रकारों पर हमला बढ़ता जा रहा है, दूसरी ओर उनकी सुख-सुविधाएँ भी। एक ओर सरकार प्रेस का दमन करने के लिए तरह-तरह के कानून बनाती है और दूसरी ओर विभिन्न माध्यमों से पत्रकारों को उपकृत करने की कोशिश भी जारी रखती है। कहा गया है, बिनु भय होय न प्रीति। वस्तुतः सरकार का पत्रकार—प्रेम भय से ही उपजता है। दमन और पत्रं-पुष्पं दोनों भय की ही अभिव्यक्तियाँ हैं।

सितम्बर 1986 के तीसरे हफ्ते में भारतीय श्रमजीवी पत्रकार संघ (जो भारत में पत्रकारों का सबसे बड़ा संगठन है) की कार्यसमिति की बैठक श्रीनगर में हुई। वहाँ सरकार और पत्रकार के बीच विकसित हो रहे इस द्वंद्वात्मक रिश्ते की अनेक रंगतें सामने आईं। राज्यपाल जगमोहन ने कार्यसमिति द्वारा आयोजित सम्मेलन को उद्घाटन करते हुये पत्रकारों को जी भर कर कोसा—उन्हें गैर-जिम्मेदार बताया और

यह शिक्षा भी दी कि पत्रकारिता कैसे की जानी चाहिए। जैसे कोई डकैत दारोगाओं के सम्मेलन में यह उपदेश झाड़े कि एफ.आई.आर. कैसे लिखी जानी चाहिए। लेकिन इन्हीं जगमोहन महाशय ने श्रीनगर में यह सम्मेलन आयोजित करने के लिए भारतीय श्रमजीवी पत्रकार संघ की जम्मू-कश्मीर इकाई को डेढ़ लाख रूपये भी भेंट किए। और भी तमाम तरह की सुविधाएँ मुहैया कीं, सो अलग। इनमें से कुछ सुविधाएँ इस प्रकार हैं : जम्मू-कश्मीर सरकार की बसों के किराये में रियायत, महँगे आवासों को सुविधाजनक दरों पर उपलब्ध कराना, खाना, घूमना, पर्यटन सब कुछ रियायती, सरकारी एंपोरियमों से खरीद पर विशेष छूट। पत्रकारों पर सुख की वर्षा अन्य माध्यमों से भी हुई—मन्त्रियों, पर्यटन विभाग आदि द्वारा दिये गये आलीशान भोज सम्मेलन में शीतल पेयों की गंगा बहना, तरह-तरह के उपहार इत्यादि। जाहिर है, कश्मीर गए पत्रकारों की दामाद की तरह खातिर हुई। यानी जम्मू और कश्मीर सरकार के मुखिया जिस कौम को गैरजिम्मेदार मानते थे, उसके स्वागत के लिए उन्होंने कोई कसर नहीं रखी। ऐसे प्रेमपूर्ण माहौल में राज्यपाल महोदय के मुँह से दो-चार नसीहतें सुन लेने में क्या हर्ज था। जो (माल) खिलाता है, वह (डाँट) पिलाता भी है। इसमें एक प्रच्छन्न इशारा भी निहित था—अगर तुम लोग हमारी बातों पर अमल करोगे, तो तुम्हें किसी भी चीज की कमी नहीं रहेगी।

तो क्या पत्रकारों को सरकार से किसी भी तरह का सहयोग नहीं लेना चाहिए और अपनी कुटिया में ही प्रसन्न रहना चाहिए? यह सवाल ऐसा है जिसका कोई दो टूक उत्तर नहीं दे सकता। जब हम समाज में रहते हैं, तो सरकार को अछूत मान कर नहीं चल सकते। फिर सब कुछ पर सरकार का ही नियन्त्रण है। अतः कोई बड़ा आयोजन हो, तो सरकार से या सरकारी एजेन्सियों से सहयोग लेना ही पड़ेगा। जब किसी के घर में शादी-ब्याह होता है, तो मैदे और चीनी के कोटा तक के लिए सरकार के पास ही जाना पड़ता है। फिर, जहाँ छह-सात सौ पत्रकार जमा होते हों, वहाँ सरकारी सहयोग के बिना कैसे काम चल सकता है? फिर हम तो चाहते ही हैं कि सरकार सभी अच्छे कामों में सहयोग करे। सरकार की आलोचना करने का उद्देश्य भी तो यही होता है कि वह अच्छे कामों में मदद नहीं करती—अलबत्ता बुरे कामों को जरूर प्रोत्साहित करती है। आखिर सरकार हमारी ही है—उसे हम अच्छे कामों में मदद देने के लिए बाध्य नहीं करेंगे, तो कौन करेगा?

पत्रकारों को विशेष सुविधा देने की माँग का भी कुछ औचित्य है। पत्रकारिता दुकानदारी नहीं है। इसका लक्ष्य मुनाफा कमाना नहीं, बल्कि तथ्यों को प्रकाश में ला कर समाज का मंगल करना है। अतः पत्रकार भी उसी तरह ''पब्लिक सर्वेन्ट'' (सार्वजनिक नौकर या सेवक, जो भी कह लीजिये) हैं, जिस तरह मन्त्री, पुलिस अधिकारी या फिर सामाजिक कार्यकर्त्ता। पत्रकार अपने लिए नहीं जीता, समाज के लिए जीता है। अतः समाज को भी चाहिए कि उसके लिए आवश्यक सुविधाओं

की व्यवस्था करे। यह बुरा तो नहीं ही है, उल्टे जरूरी भी है। अन्यथा पत्रकार उद्योगपतियों और अपराधकर्मियों से अनैतिक समझौते करने लगेंगे। सुदामा-वृत्ति तो सबकी हो नहीं सकती। अतः वे जहाँ-तहाँ मुँह मारने लगेंगे। इससे उन्हें रोकना है, तो सरकार को आगे आना होगा और ऐसा माहौल पैदा करना होगा, जिसमें उन्हें पतित होने की आवश्यकता ही न रह जाये। वे स्वाभिमान के साथ अपना काम कर सकें।

ये सारे तर्क अपनी जगह सही हैं। लेकिन अपने अधिकार के रूप में कुछ चीजों को हासिल करना एक बात है और कृपा के रूप में प्राप्त करना बिल्कुल दूसरी बात। जब आपको अपने अधिकार मिलते हैं, तो आप किसी के क्रीत दास नहीं बन जाते, बल्कि आपका स्वाभिमान और परवतन चढ़ता है। आपकी रीढ़ कमजोर होने के बजाय और मजबूत होती है। आप अपनी शक्ति को पहचानते तो हैं ही, उसे और सघन करने की भी सोचते हैं। लेकिन जो चीजें आपको अधिकार के रूप में मिलनी चाहिएँ, वे ही जब कृपा के रूप में दी जाने लगती हैं, तो वे आपको गुलाम बनाने लगती हैं। आप मजबूत न हो कर और कमजोर हो जाते हैं तथा कृपा के स्रोत की ओर टकटकी लगाए रहते हैं। अब भारतीय श्रमजीवी पत्रकार संघ के श्रीनगर सम्मेलन को ही लीजिए। इसका उद्घाटन करने के लिए जगमोहन को आमन्त्रित करने की क्या जरूरत थी? जगमोहन थे कौन? पत्रकारों के सम्मेलन का उद्घाटन तो कोई पत्रकार ही कर सकता है या फिर कोई जाना-माना विद्वान या जन-सेवक। जगमोहन की यह हैसियत नहीं थी। फिर भी उन्हें सम्मेलन का उद्घाटन करने के लिए बुलाया गया, तो इसका मतलब यह था कि पत्रकार संघ को किसी-न-किसी रूप में उनके प्रति आभार प्रदर्शित करना ही था, उनके द्वारा दी गयी सुविधाओं के एवज में उनके प्रति सम्मान जाहिर करना ही था। कृपा और सम्मान की यह अदला-बदली एक षडयन्त्रपूर्ण सुरंग का प्रवेश द्वार है, जिसमें घुस जाने के बाद पत्रकार अपनी इज्जत नहीं बचा सकता। उसका शील-भंग होगा ही। ''अभिव्यक्ति के खतरे'' उठाने के बजाय उसे सरकारी कृपा के खतरे उठाने होंगे।

इसके अलावा सुविधा और सुविधा में फर्क है। पत्रकारों को यह तय करना ही होगा कि उन्हें कितनी सुविधा चाहिए। जो पत्रकार अपने घर पर कंबल लपेट कर जाड़े का मुकाबला करता है, उसे श्रीनगर जा कर ''एयरकंडीशनिंग'' की जरूरत क्यों होनी चाहिए? पत्रकारों को रियायती दर पर मकान मिलने चाहिए, लेकिन मकान हो, न कि बड़े-बड़े बँगले? यह तय होना इसलिए जरूरी है, क्योंकि एक गरीब देश में अगर पत्रकार अपने लिए एक सीमा से अधिक सुविधाओं की अपेक्षा करने लगेंगे, तो वे जन-सामान्य के प्रतिनिधि नहीं रह जायेंगे, बल्कि विशिष्ट वर्ग की सेवा करने लग जायेंगे। आज बहुत-से पत्रकार हवाई जहाज में घूमते हैं, कार के बिना जमीन पर उनका चलना-फिरना मुहाल है और मामूली होटल का खाना

उनके गले से नहीं उतरता। फिर शाम होते ही शराब की एक पूरी बोतल चाहिए ही चाहिए। कहना न होगा कि ऐसे लोगों को इस विलासितापूर्ण जीवन-शैली की भारी कीमत चुकानी पड़ती है। इनका उठना-बैठना जिस वर्ग के साथ होता है, अन्ततः उसी के हित में वे काम करने लगते हैं और अपनी वास्तविक जड़ों से पूरी तरह कट जाते हैं। इस तरह एक और परजीवी वर्ग का जन्म होता है, जो अपने अस्तित्व की रक्षा के लिए दूसरे परजीवियों के बचाव की कोशिश भी करता है। इसके बजाय पत्रकार अगर साधारण सुविधाओं से ही तृप्त रहता है और अपने लिए कोई विलासिता नहीं चाहता, तो वह अपनी टाँगों पर सीधे खड़ा रह सकता है और व्यापक भारतीय समाज की आवश्यकताओं को महसूस कर सकता है।

वह जो पत्रकार है

वह जो पत्रकार है, एक अजीबोगरीब किस्म का प्राणी होता है। कम-से-कम आजकल। उसे हम नये जमाने का पादरी कह सकते हैं। पादरियों को मुश्किल यह रही है कि उन्हें हमेशा अपने कन्धे पर सलीब उठाये रखना पड़ा है, जबकि उनमें से अधिकांश की वासनाएँ उन्हीं लोगों जैसी थीं, जिनके बीच वे उपदेश झाड़ा करते थे। पादरी सन्त नहीं होते थे—वे एक धार्मिक नौकरशाही का अंग होते थे। बाइबिल में उनकी जान भले ही न बसती हो, लेकिन वही उनकी जीविका थी। यही वजह है कि उन्हें बातें तो हमेशा ऊँची-ऊँची करनी पड़ती थीं, लेकिन उनका अपना जीवन इतना ऊँचा नहीं हो सका। कैथोलिक पादरियों की हालत तो और भी खराब रही है, क्योंकि उनसे और भी ज्यादा शुद्ध होने की माँग की जाती है।

पत्रकार की भी यही विडम्बना है वह निजी तौर पर सत्य का अन्वेषक या उपासक नहीं है, बल्कि उस व्यावसायिक मशीनरी का अंग है, जिसका रोजगार सच्चाई को सामने लाना है। फलतः पत्रकार को पेशे के स्तर पर वह होना पड़ता है, जो वह निजी जीवन में नहीं होता। वह विषमता के खिलाफ लिखता है, लेकिन अपने निजी और व्यावसायिक जीवन में विषमता को प्रोत्साहित करता है। वह दूसरों के व्यभिचार के किस्से सामने लाता है, पर अपने व्यभिचार को वह अपनी क्षम्य मनोवैज्ञानिक आवश्यकता मानता है। वह रोज भ्रष्टाचार की नई-नई कहानियाँ उजागर करता है, लेकिन खुद भ्रष्ट होने में उसे तनिक भी झिझक नहीं होती।

ऐसा नहीं है कि सभी पत्रकार शुरू से ऐसे होते हैं जैसे कोई जन्म से पादरी नहीं होता, वैसे ही कोई जन्म से पत्रकार भी नहीं होता। जो लोग पादरी बनते हैं, वे उचक्के नहीं होते। उनमें धर्म के प्रति भावुक किस्म का आकर्षण होता है। वे न केवल खुद पवित्र जीवन जीना चाहते हैं, बल्कि दूसरों की जिन्दगी को भी पापमुक्त और पवित्र बनाना चाहते हैं। बाद में वे पाते हैं कि जिस धर्मतन्त्र का वे हिस्सा हैं, वह सिर्फ धर्मतन्त्र नहीं है। उसकी अपनी पेचीदगियाँ है, ऊँच-नीच है और अन्तर्संघर्ष हैं। फिर उम्र ढलते-ढलते उसकी भौतिक आकांक्षाएँ भी दहाड़ मारने लगती हैं। अतः वह जैसे-जैसे व्यावसायिक तौर पर सफल पादरी बनता जाता है, वैसे ही वैसे अपनी मूल धार्मिक प्रेरणाओं से उदासीन होता जाता है। इस तरह एक

घुटा हुआ पादरी वह व्यक्ति होता है, जिसका बहुत पहले ही मोहभंग हो चुका होता है। यही हाल पत्रकार का है। जो जितना अनुभवी पत्रकार है, वह अक्सर अपने पेशे की पवित्रता से उतना ही दूर जा चुका होता है।

इसमें सन्देह नहीं कि पत्रकारिता के पेशे में जो लोग प्रवेश करते हैं, वे मूलतः भावुक और आदर्शवादी किस्म के होते हैं। अगर वे पत्रकारिता में नहीं आते, तो शिक्षक, लेखक या समाज-सुधारक किस्म के प्राणी होते। छपे हुये अक्षरों की गैर पत्रकार समाज में जो इज्जत और ताकत है, उसीके वशीभूत होकर वे इस क्षेत्र में प्रवेश करते हैं और सोचते हैं कि उन्हें निबन्ध होकर लिखने का मौका मिलेगा, तो वे दुनिया को बदल डालेंगे। कुछ ऐसा कर डालेंगे, जो अभी तक किसी ने नहीं किया है। लेकिन जब वे सचमुच पत्रकार बनते हैं, तब उनकी समझ में आता है कि वे जिसे मन्दिर समझ बैठे थे, वह तो लगभग वेश्यालय है। लेकिन तब तक काफी देर हो चुकी होती है और उनकी सोचने-समझने की आदतें एक खास साँचे में ढल चुकी होती हैं फिर कुछ करने को नहीं रह जाता। जैसे एक बार पादरी बने तो जीवन-भर पादरी बने रहना पड़ता है—कुछ आम आदमी से ऊँचाई का नशा, कुछ उसकी ताकत और कुछ यश की भूख कई बातें एक साथ काम करती रहती हैं, वैसे ही एक बार पत्रकार बने तो फिर दूसरे पेशों का आकर्षण खत्म हो जाता है। फिर भी जो कुछ ज्यादा ही होशियार, यथार्थवादी और भौतिक आकांक्षाओं से पीड़ित होते हैं, वे अपना प्रेस लगा लेते हैं, फिल्म में चले जाते हैं, राजनीति करने लगते हैं या फिर कोई और लाभप्रद धन्धा अपना लेते हैं। शेष आजीवन पत्रकार बने रहते हैं और एक मायालोक में रहते हुये अपना जीवन काट देते हैं।

यह तो महज संयोग था कि पादरी का प्रतीक दिमाग में आ गया। सच तो यह है कि धर्म ही नहीं, कला, साहित्य, संगीत—किसी भी रचनात्मक प्रवृत्ति को जब पेशा बना लिया जाता है, तो उसमें कुछ-न-कुछ विकृतियाँ आ ही जाती हैं। और, जब पेशा पूँजी से जुड़ जाता है, तो फिर वह अनिवार्य रूप से जन-विरोधी हो उठता है। आधुनिक पत्रकार इसी दुर्भाग्यपूर्ण स्थिति की उपज है। वह पूँजी की ताकत से पूँजी की बुराई को काटना चाहता है । यह एक असम्भव स्थिति है। वह घटिया राजनीति कर घटिया राजनीति को खत्म करना चाहता है। यह भी एक असम्भव स्थिति है। उसका एक बड़ा हिस्सा अंग्रेजी में पत्रकारिता कर विशेषाधिकार की संस्कृति को समाप्त करना चाहता है। यह तो और भी असम्भव है। औपनिवेशिक समाजों में या औपनिवेशिक अतीतवाले समाजों में यह विडम्बना कुछ ज्यादा ही स्पष्ट रूप में दिखाई देती है। इसका कारण यह है कि ऐसे समाज में पत्रकार उस विशेष वर्ग का सदस्य होता है, जिसकी सुख-सुविधापूर्ण जिन्दगी विशाल जनता के शोषण और दमन पर टिकी होती है। अतः पत्रकारिता का धर्म पत्रकार को आम आदमी की ओर धकेलता है, लेकिन उसका मध्यवर्गीय चरित्र उसे उच्च वर्ग की ओर ठेलता

है। पत्रकारिता के पेशे में जो लोग उच्च जगहों पर पहुँच जाते हैं, यानी सम्पादक वगैरह हो जाते हैं, उनका तो मामूली लोगों से सम्पर्क तक नहीं रह जाता। मामूली आदमी को वे चपरासी, ड्राइवर, घरेलू नौकर आदि के रूप में देखते हैं। वस्तुतः इसी रूप में उनका उससे साबका भी पड़ता है। चूँकि ये उनके नौकर होते हैं, इसलिए मामूली आदमी के साथ भाईचारे का जो रिश्ता बनना चाहिए, वह कभी नहीं बन पाता। इस तरह पत्रकार एक ऐसी जिन्दगी जीता है, जिसमें वे ही मूल्य काम करते होते हैं, जिन मूल्यों के खिलाफ वह संघर्ष करता दिखाई पड़ना चाहता है।

यही कारण है कि वह जो पत्रकार है, उसका सारा व्यावसायिक संघर्ष अपने आर्थिक हितों को केन्द्र में रख कर चलता है। महँगाई को ही लीजिये। शायद ही कोई पत्रकार हो, जिसने दिन-प्रतिदिन बढ़ती हुई महँगाई के खिलाफ कुछ-न-कुछ न लिखा हो। लेकिन जब किसी समाचार-पत्र का मूल्य बढ़ता है, तो न तो कोई पत्रकार इसका प्रतिवाद करता है और न किसी पत्रकार संगठन द्वारा जुलूस निकाला जाता है। कारण पत्र का मूल्य बढ़ता है, तो पत्रकारों की आमदनी भी बढ़ती है। अब तो यह लगभग निश्चित हो गया है कि जब भी पत्रकारों और गैर-पत्रकार प्रेसकर्मियों के वेतन आयोग की सिफारिश आयेगी, पत्रों का दाम बढ़ जायेगा। क्या पत्र-पत्रिकाओं का मूल्य बढ़ता है तो उससे आम महँगाई नहीं बढ़ती? लेकिन पत्रकार को इसके बारे में सोचने की जरूरत नहीं महसूस होती, क्योंकि इस महँगाई के साथ उसके अपने स्वार्थ जुड़े हुये हैं। दूसरी ओर अखबारों की कीमत गिरा कर कई शहरों में जो आर्थिक युद्ध चल रहा है, उसका पत्रकारिता के विकास से क्या रिश्ता है? यह तो पत्रकारिता का एक उत्पाद की तरह इस्तेमाल है, जिसमें पत्रकारिता अर्थशक्ति का गुलाम हो जाती है।

इस दृष्टि से पत्रकार संगठनों की भूमिका पर विचार किया जाये तो गहरी निराशा हासिल होती है। व्यक्ति के रूप में पत्रकार देश-दुनिया की तमाम समस्याओं पर विचार करता है। दमन, शोषण और भ्रष्टाचार को परत-दर-परत उघाड़ता है। लेकिन संगठन के स्तर पर वह सिर्फ अपनी वर्गीय समस्याओं पर विचार करता है। जब अखबारों पर सेन्सरशिप लगी, तो किसी भी पत्रकार संगठन ने उसका विरोध नहीं किया। पत्रकार संगठन अपने सम्मेलनों में राष्ट्रीय-अन्तर्राष्ट्रीय समस्याओं पर विचार नहीं करते और न यह सोचते हैं कि उनकी समस्याओं का देश की आम समस्याओं से क्या रिश्ता है। पत्रकारों की हड़ताल भी होती है, तो सिर्फ आर्थिक माँगों को लेकर—किसी तात्कालिक समस्या के समाधान के लिये। हद तो तब हो जाती है, जब आर्थिक संगठन के रूप में भी पत्रकारों के समूह कोई जीवन्त या स्वस्थ इकाई की तरह आचरण नहीं करते। अक्सर तो एक ही समाचारपत्र संस्थान में दो-तीन यूनियनें होती हैं, जिनमें से एक का मालिक के साथ सम्बन्ध होता है। अब तो पत्रकारिता के क्षेत्र में भी दत्ता सामंतवादी प्रवृत्तियाँ विकसित हो रही हैं। इससे

बढ़ कर घृणित चीज क्या हो सकती है?

पत्रकारों के आपसी रिश्तों पर विचार किया जाये तो उनकी बची-खुची कलई भी खुल जाती है। जिस तरह एक धार्मिक संगठन के लोग दूसरे धार्मिक संगठनों के लोगों को फूटी आँखों नहीं सुहाते—हालांकि दोनों अपना मकसद मानव-प्रेम और विश्व-भ्रातृत्व घोषित करते रहते हैं, उसी तरह पत्रकार भी अक्सर एक-दूसरे को पसन्द नहीं करते। वे न केवल एक-दूसरे की उन्नति से जलते हैं, बल्कि घात-प्रतिघात भी करते हैं। दो पत्रकारों के बीच दोस्ताना सम्बन्ध तभी हो पाता है, जब वे एक-दूसरे के स्वार्थ को प्रभावित करने की स्थिति में बिलकुल न हों। श्रद्धा और आदर के सम्बन्ध तो खैर अब अतीत की चीज हैं। उनका स्थान चापलूसी और गिरोहवाद ने ले लिया है। एक ही दफ्तर में काम करने वाले अनेक पत्रकारों की हालत यह होती है कि आपस में बातचीत तक नहीं होती। वे चुपके-चुपके एक-दूसरे की जड़ खोदने की कोशिश करते रहते हैं। अमानवीयता की हद तो यह होती है कि जब किसी एक की नौकरी जाती है, तो कई-एक प्रसन्न होते हैं। जब सभी पत्रकारों के जीवन का उद्देश्य एक ही है—यानी सत्य की तलाश और लोकमंगल, तब उनमें इतना आपसी तनाव कहाँ से आता है? वे आपस में क्यों लड़ते हैं? इसलिए कि उनकी दुनिया न्याय की दुनिया नहीं है। उसमें मूल्यों के लिए उत्कृष्टता के लिए कोई संघर्ष नहीं है। सारा संघर्ष पद, अधिकार या पैसे के लिए है। आप अच्छा लिख कर नहीं, तिक्ड़म भिड़ा कर आगे बढ़ सकते हैं। इस तरह पत्रकारिता एक सामाजिक काम नहीं, निजी चर्या बन जाती है। वह जितनी दूसरों के लिए होती है, उससे ज्यादा अपने लिए होती है। जब कोई बड़ा उद्देश्य नहीं हो, तो छोटे उद्देश्य ही प्रमुख हो जाते हैं। जैसे धर्म और राजनीति में, वैसे ही पत्रकारिता में भी।

पूँजीवादी समाज में राजनैतिक दल-बदल को चाहे जितना बुरा माना जाये, आर्थिक दल-बदल को आदर्श माना जाता है। कपड़ा कम्पनी के मैनेजर को दो हजार रूपया महीना ज्यादा दीजिये, वह जूता कम्पनी का मैनेजर हो जायेगा। लोहे की दलाली करनेवाला कोयले की दलाली करने लगेगा। इसी तरह पत्रकार भी अधिक पैसा मिलने पर अपना प्रतिष्ठान छोड़ कर जाने के लिए हमेशा तैयार रहता है। अब किसी संस्थान को पत्रकार विकसित करने की जरूरत नहीं रह गयी है। पैसा फेंकिये और बने-बनाये विकसित पत्रकार ले आइये। शायद ही कोई पत्रकार हो, जिसे लुभाया न जा सके। दिल्ली पत्रकारों की सबसे बड़ी मण्डी है। प्रान्तीय राजधानियों से दिल्ली की तरफ पत्रकारों की जितनी उड़ान होती है, उससे कहीं ज्यादा दिल्ली के पत्रकार अखबार बदलते हैं। इससे यह भी पता चलता है कि या तो सभी पत्रों की नीति एक है या सभी पत्रकारों का चरित्र एक हो गया है। किसी को कहीं भी फिट किया जा सकता है। अखबारों का या पत्रकारों का अपना कोई व्यक्तित्व नहीं होने के कारण पत्रकार ''स्पेयर पार्ट'' की तरह हो गये हैं। कोई भी दूसरे की जगह ले सकता

है। काम में कोई व्यवधान नहीं होगा। इसे हम अभिव्यक्ति की स्वतन्त्रता कहें, पेशे की आजादी कहें या वेश्यावृत्ति?

कह सकते हैं कि पत्रकारों पर इतना गुस्सा करने की जरूरत नहीं—वे भी तो आखिर समाज का ही अंग हैं। सामाजिक पतन का कुछ-न-कुछ प्रभाव तो सभी वर्गों पर पड़ेगा। जब सभी लोग भौतिक्ता की आँधी में आँखें मूँद बहे जा रहे हैं, तब पत्रकारों से ही यह आशा क्यों की जानी चाहिए कि वे त्याग और संयम की मूर्ति बने रहेंगे? यह तर्क गलत नहीं है, यथार्थ भी काफी हद तक यही है : लेकिन इस तर्क की सबसे बड़ी गड़बड़ी यह है कि यह सामाजिक प्रवाह को ही सब कुछ मान लेता है—व्यक्ति की संकल्प-शक्ति को एकदम गौण कर देता है। अगर इस तर्क को मान लिया जाये तो दुनिया में कोई बदलाव नहीं हो सकता। बदलाव की कोशिश कुछ व्यक्तियों से ही शुरू होती है और फिर उसका पूरी समाज पर असर होता है। इसके अलावा समाज में कुछ वर्ग ऐसे होते हैं, जिनका काम ही है पतन को रोकना और उसके लिए बड़ी-से-बड़ी कीमत चुकाने को तैयार रहना। सन्त, शिक्षक, कलाकार, लेखक इसी वर्ग में आते हैं। वे समाज की संवेदना को जीवित रखते हैं और खुद जलते हुये रोशनी फैलाते हैं। पत्रकारों का वर्ग इसी कोटि में आता है। इसीलिए उनसे विशेष अपेक्षाएँ की जाती हैं। अगर वे भी पतन की दौड़ में शामिल हो जायेंगे, तो फिर समाज को कौन बचा सकता है?

आधी सदी का सफर

क्रान्तियों के बारे में कहा गया है कि वे अपनी सन्तानों को ही खा जाती हैं। फ्राँस की राज्य क्रान्ति से लेकर भारत के स्वाधीनता संघर्ष तक एक ही कहानी है। ऐसा प्रतीत होता है कि क्रान्ति, विकास की चढ़ाई में एक शिखर-बिन्दु होती है जहाँ पहुँचने के बाद उतराई का ही रास्ता बचा रहता है। आजादी के पहले की पत्रकारिता की जो स्मृति हमारे अवचेतन में है, वह किसी क्रांतिकारी धारा से कम नहीं है। वह पूरा काल एक सतत संघर्ष का काल था। यह मानना गलत है कि वह संघर्ष सिर्फ ब्रिटिश सत्ता से था। यह तो था ही, क्योंकि इसके बगैर किसी भी तरह की सार्थक पत्रकारिता उस समय नहीं की जा सकती थी। हालाँकि ऐसे अनेक उदाहरण दिखाये जा सकते हैं, जिनमें हिन्दी के पत्रकारों द्वारा—यहाँ तक कि स्वयं भारतेन्दु हरिश्चन्द्र द्वारा भी, जिन्हें हिन्दी क्षेत्र के नवजागरण का अग्रदूत माना जा सकता है, ब्रिटिश शासकों की प्रशस्ति गायी गयी है, लेकिन ऐसी घटनाओं को निपट अभिधा में नहीं लिया जाना चाहिए। अधिकतर मामलों में यह एक प्रकार का राजनैतिक कौशल था, जिसके माध्यम से भारत में ब्रिटिश सत्ता की आलोचना करने की आजादी हासिल की जाती थी। यह कौशल राजा राममोहन राय, रानाडे और गोखले ने भी अपनाया था, हालाँकि इसका एक दूसर पहलू भी है। यद्यपि ब्रिटिश सत्ता भारत में पूर्ण रूप से औपनिवेशिक थी, लेकिन चूँकि वह यूरोपीय सभ्यता की ध्वज वाहिका थी, इसलिए उसमें कुछ ऐसी विशेषताएँ थीं, जो भारत के लिए उपयोगी सिद्ध हो सकती थीं। माना जाता है कि स्वयं गांधी जी के व्यक्तित्व में बहुत-सी चीजें यूरोपीय सभ्यता से आयी थीं। अतः भारत में ब्रिटिश सत्ता के कुछ पहलुओं की किसी पत्रकार ने कुछ प्रशंसा भी की थी, तो इसे वस्तुपरक होकर देखा जाना चाहिए। लेकिन इससे इनकार नहीं किया जा सकता कि स्वाधीनता-पूर्व हिन्दी पत्रकारिता का मुख्य स्वर आलोचनात्मक ही था और विशेष रूप से उल्लेखनीय यह है कि आलोचनात्मकता की यह धारा अपने समाज की ओर से भी मुड़ी हुई थी। वस्तुतः कोई भी आलोचनात्मक दृष्टि अपनी पूर्णता इसी तरीके से हासिल करती है। भारत गुलाम है—यह पीड़ा उस समय के पत्रकारों को मथति थी, लेकिन यह बात भी उन्हें उतनी ही पीड़ा पहुँचाती थी कि वह गुलाम क्यों हुआ तथा उसके भीतर कौन-से परिवर्तन

होने चाहिए, जिससे वह दुनिया के विकसित समाजों के बीच गर्व के साथ बैठ सके। शोक की बात यह है कि आजादी मिलने के बाद आत्मनिरीक्षण की यह बेचैनी लगातार तिरोहित होती चली गयी। जब भरतीय गणराज्य की बाकायदा स्थापना हुई, तो हिन्दी पत्रकारिता से गणतान्त्रिक उभार विदा ले चुका था। आगे सिर्फ उतराई थी—ऐसी, जो किसी नये शिखर की ओर नहीं ले जाती थी।

1947 से 1977 तक की हिन्दी पत्रकारिता को एक ही मुख्य धारा में रखा जा सकता है और यह धारा सत्ता के प्रति समर्पण या उसके साथ समझौते की थी। बेशक यह तथ्य उस काल की पूरी भारतीय पत्रकारिता के बारे में सच है, लेकिन हिन्दी पत्रकारिता के बारे में और ज्यादा, क्योंकि यद्यपि हिन्दी को राष्ट्रभाषा बनाने का आन्दोलन मद्धिम नहीं पड़ा था और आज तो ऐसा लगता है कि वह अब कभी राष्ट्रभाषा बन ही नहीं सकेगी—केन्द्र में भाजपा की सरकार आ जाने के बावजूद, लेकिन हिन्दी पत्रकार में एक बुनियादी हीनता ग्रन्थि प्रवेश कर चुकी थी। वैसे यह एक चकित करनेवाली बात है, क्योंकि स्वाधीनता के कुछ साल पहले ही क्या हिन्दी का अदना से अदना पत्रकार भी दहाड़ नहीं भरता था? लेकिन हुआ यह कि आजादी के बाद हिन्दी के विरुद्ध हर प्रकार का षडयंत्र किया गया, हालाँकि गौर से देखें तो यह षडयंत्र एक तरह से भारत के राष्ट्रीय पुनर्निर्माण के विरुद्ध ही था। यही कारण है कि जो क्रान्तिकारी फैसले पहली और दूसरी लोक सभा में किये जा सकते थे, वे एक बार स्थगित हुये, तो फिर स्थगित ही होते रहे। हिन्दी को केन्द्र की दूसरी राजभाषा का दर्जा जरूर मिला लेकिन इसके साथ ही यह भी तय हो गया कि वह कभी केन्द्र की अकेली भाषा नहीं बन सकेगी और न ही केन्द्र को बहुभाषी बनाया जायेगा। स्वातंत्र्योत्तर भारत में एक दास संस्कृति का विकास हो रहा था, जिसके केन्द्र में अंग्रेजी का बोलबाला था। हिन्दी पत्रकारिता को इस अंग्रेजी—केन्द्रित प्रतिष्ठान की छाया तले ही पनपना था। ऐसे माहौल में हिन्दी पत्रकारिता की संस्कृति में घालमेल, चापलूसी और अस्पष्टता के वे सभी पुराने तत्त्व वापस लौट आये, जो नवजागरण के पूर्व हिन्दी समाज को दीमक की तरह खा रहे थे।

हिन्दी पत्रकारिता की इस दुर्गति के दो मुख्य आर्थिक कारण थे। एक इसका व्यावसायिक विकास दिल्ली और मुंबई में मूलतः अंग्रेजी—केन्द्रित व्यावयायिक प्रतिष्ठानों में हुआ। यद्यपि ये प्रतिष्ठान भारतीयों द्वारा खरीद लिए गये थे, पर यहाँ की आन्तरिक संस्कृति में अंग्रेजी का दबदबा पहले की ही तरह मजबूत था। *हिन्दुस्तान टाइम्स* भारतीय संस्थान था, किन्तु घनश्याम दास बिरला टाई बाँधते थे। आजादी के बाद इन सबकी पत्रकारिता प्रतिष्ठानमुखी पत्रकारिता थी, जिसमें राष्ट्रीय महत्त्व के वास्तविक प्रश्नों के लिए कोई स्थान नहीं था। दूसरी ओर जो वास्तविक हिन्दी क्षेत्र हैं, वहाँ पूँजी का विकास नहीं हो पाया था। हम जानते हैं कि किस तरह 1857 के पहले स्वतंत्रता संग्राम के बाद से हिन्दी क्षेत्रों को औद्योगिक तथा व्यावसायिक

रूप से दबा कर रखा गया था। फिर हिन्दी क्षेत्र का एक बड़ा हिस्सा रियासतों के अधीन था, जहाँ आधुनिकता की शक्तियों के विरुद्ध प्रबल प्रतिरोध था और औद्योगिक विकास के बारे में तो कोई सामन्त सोचता ही नहीं था। यहाँ तक कि कई रियासतों ने अपने क्षेत्रों में रेलगाड़ी तक को घुसने नहीं दिया। उन्हें डर था कि रेल आयी तो उसके साथ आधुनिकता और स्वाधीनता की चेतना भी आयेगी। इसीलिए हिन्दी क्षेत्र की अपनी पत्रकारिता को पनपने में काफी समय लगा। जहाँ तक यह पनपी उसके साथ बहुत थोड़ी पूँजी और उसके साथ अनिवार्य रूप से जुड़ी हुई सामंती मानसिकता भी लिपटी हुई थी। इस तरह दोनों ही धाराओं की पत्रकारिता में किसी तेजस्वी, स्वाभिमानी तथा राष्ट्र हितैषी स्वरूप के विकसित होने की कोई सम्भावना नहीं थी। पत्रकारिता आदर्शों और मूल्यों से स्खलित हो कर रोजी-रोटी का एक माध्यम बन गयी।

'सम्पादक' नाम की संस्था के अवसान पर आजकल जो आँसू बहाये जाते हैं, वे वस्तुतः बहुत पहले बहाये जाने चाहिए थे। स्वाधीनता संघर्ष के दौरान हिन्दी पत्रों की पहचान उनके सम्पादकों से होती थी, लेकिन जैसे ही संघर्ष युग समाप्त हुआ और शान्ति काल आया, 'सम्पादक' नाम का जीव हमसे विदा ले चुका था। गणेश शंकर विद्यार्थी, विष्णुराव पराड़कर और रामवृक्ष बेनीपुरी के बाद कितने ओजस्वी सम्पादकों के नाम हम गिना सकते हैं? इसके कई कारण थे। एक कारण यह था कि अब प्रेस के मालिकों को ऐसे सम्पादकों की जरूरत ही नहीं थी, जो आजादी के साथ सोच सकें या जिनका अपना स्वतंत्र व्यक्तित्व हो। ऐसे व्यक्तियों की जरूरत कांग्रेस की राजनीति को भी नहीं थी और उस राजनीति की छाया तले पनप रही हिन्दी पत्रकारिता को भी नहीं थी। अतः समझ-बूझ कर ऐसे लोगों को सम्पादक बनाया गया, जिनसे किसी प्रकार की असुविधा पैदा नहीं हो। दूसरा कारण पीढ़ियों का फर्क था। प्रेस मालिकों की पुरानी पीढ़ी लड़ाकू थी। वह स्वयं भी संघर्ष और आत्म-संघर्ष की प्रक्रिया में शामिल थी। अतः जिन पत्रों के मालिक ही सम्पादक थे, उनका तो अपना एक धारदार व्यक्तित्व था, लेकिन उनके बाद की पीढ़ी आराम तलब, समझौतापरस्त और मध्यमार्गी हो गयी। शायद सभी जगह ऐसा होता है। कुछ लोग पेड़ लगाते हैं, कुछ फल खाते हैं। अतः हिन्दी के ये नये पत्र–पुरुष राष्ट्रीय समृद्धि के लिए संघर्ष करने के बजाय अपनी समृद्धि के रास्ते खोजने में मशगूल हो गये। तीसरा कारण हिन्दी की अपनी दुनिया से सम्बन्धित है। स्वाधीनता संघर्ष के दौरान हिन्दी की श्रेष्ठतम प्रतिभाएँ पत्रकारिता में आयीं–भारतेन्दु से लेकर प्रेमचन्द तक, लेकिन आजादी के बाद हिन्दी की श्रेष्ठतम प्रतिभाओं ने विश्वविद्यालयों और रेडियो स्टेशनों का रास्ता पकड़ा। कारण बहुत साफ था। यहाँ पैसा था, सुरक्षा थी और भविष्य था। इसके विपरीत पत्रकारिता की दुनिया अब भी मोटे तौर पर फक्कड़ थी। यदि रामधारी सिंह 'दिनकर', रामविलाश शर्मा और नामवरसिंह ने विश्वविद्यालयी

प्रतिष्ठान का अंग न बन कर मुख्य धारा की पत्रकारिता की दुनिया में संघर्ष किया होता, तो हमारे पास कितने बड़े सम्पादक होते। ध्यान देने की बात है कि विद्यानिवास मिश्र ने तब पत्रकारिता नहीं की, जब वे युवा थे। वे पत्रकारिता करने *नवभारत टाइम्स* में तब आये, जब अकादमिक प्रतिष्ठान से रिटायर हो चुके थे। यही कारण है कि हिन्दी पत्रकारिता का क्षेत्र प्रतिभाहीन व्यक्तित्वों का अभयारण्य बन गया। बेशक धर्मवीर भारती कॉलेज की नौकरी छोड़कर *धर्मयुग* का सम्पादन करने गये, लेकिन तभी, जब वह एक ग्लैमरपूर्ण जगह बन चुकी थी। दिलचस्प बात यह है कि उनकी पत्रकारिता भी मूलतः उत्सवधर्मी पत्रकारिता थी और 1977 में जब हिन्दी पत्रकारिता के सामने नयी चुनौतियाँ आयीं और उसका एक नया दौर शुरू हुआ, तब *धर्मयुग* ने पाया कि वह अपने समय से काफी पीछे है।

शायद कोई भी विकास ऐसा नहीं होता, जिसके साथ कुछ विकृति न जुड़ी हुई हो और कोई भी रात इतनी अँधेरी नहीं होती, जिसमें कुछ सितारे न जगमगाते हों। सो हिन्दी पत्रकारिता की इससा धारणता की घड़ी में भी कुछ विशिष्ट पत्रकार हुये और कुछ विशिष्ट किस्म की पत्रकारिता हुई। उदाहरण के लिए उन्हीं दिनों इन्दौर में *नई दुनिया* का चमत्कारिक विकास हो रहा था, जिसके प्रेरणा स्रोत राहुल बार पुते थे। इन्हीं के संरक्षण में राजेन्द्र माथुर जैसी अद्वितीय प्रतिभा पुष्पित-पल्लवित हो रही थी तथा प्रभात जोशी भी अपने पत्रकारीय हुनरों का विकास कर रहे थे। रामानन्द 'दोषी' की *कादम्बिनी* साफ-सुथरी पत्रकारिता का एक निष्कष थी। सच्चिदानन्द वात्स्यायन ने हिन्दी को अंग्रेजी के अन्तर्राष्ट्रीय साप्ताहिकों जैसा साप्ताहिक देने का प्रयास किया, हालाँकि *दिनमान* को अब ज्यादातर रघुवीर सहाय के कारण ही याद किया जाता है, जो स्मृति-भ्रंश का एक उदाहरण है। *धर्मयुग* ने भी कुछ विशिष्ट काम किये, यद्यपि उसके लगभग हर उद्यम के पीछे कुछ-न-कुछ राजनीति या व्यावसायिकता जरूर होती थी, लेकिन ये सब सिर्फ इसी बात के उदाहरण थे कि यदि प्रतिभा और स्वतन्त्रता का मेल हो, तो हिन्दी पत्रकारिता कितनी ऊँचाई तक जा सकती है।

आपातकाल हिन्दी ही नहीं, भारत की सभी भाषाओं की पत्रकारिता के लिए परीक्षा की घड़ी थी और यह सच है कि इस परीक्षा में कोई भी प्रतिष्ठान खरा नहीं उतरा। सभी ने तत्कालीन राजनैतिक सत्ता के आगे घुटने टेक दिये। शायद यह हर उस पत्रकारिता की मजबूरी होती है, जो व्यवसाय हो चुकी हो। पत्रकारिता को स्थगित किया जा सकता है, पर व्यवसाय को नहीं। लेकिन यह कल्पना करने योग्य है कि यदि आपातकाल शुरू होने और सेंसरशिप लागू होने के बाद देश के सभी अखबारों ने मिल-जुल कर प्रकाशन बन्द कर दिया होता, तो क्या तत्कालीन राजनैतिक प्रतिष्ठान इस चुनौती का मुकाबला कर सकता था? क्या उसे अन्ततः वाणी की स्वाधीनता के प्रति झुकना नहीं पड़ता? लेकिन ऐसा नहीं हो सका, तो इसका कारण यही था कि पत्रकारिता के भीतर स्वाधीनता का आवेग काफी समय से शिथिल हो चुका था। यही

कारण है कि पत्रकारों से जब सिर्फ झुकने के लिए कहा गया, तो रेंगने लगे। उन्हीं दिनों तेज-र्रार लेखक श्रीकान्त वर्मा का विकास एक प्रतिष्ठान सेवी पत्रकार के रूप में हुआ, जिसकी परम्परा दुर्भाग्य से विपक्षी राजनीति के बीच से भी उभरी, जो 1977 के बाद की अन्यथा तेजस्वी पत्रकारिता का एक काला पहलू है।

निःसंदेह 1997 से हिन्दी पत्रकारिता का नया दौर शुरू होता है और अगर इसका श्रेय किसी दैनिक अथवा पूर्व स्थापित पत्र को नहीं, बल्कि सुदूर कलकत्ता से एक बंगाली प्रतिष्ठान 'आनन्द बाजार पत्रिका' द्वारा शुरू किये गये हिन्दी साप्ताहिक *रविवार* ओर उसके युवा सम्पादक सुरेन्द्र प्रताप सिंह को तथा उनकी प्रतिभाशाली टोली को है, जिनमें से प्रायः सभी नौसिखुआ थे, तो कल्पना की जा सकती है कि हिन्दी पत्रकारिता की अपनी जमीन कितनी अनुर्वर बनायी जा चुकी थी। रविवार की मौलिकता या नवीनता वस्तुतः हिन्दी की एक स्वाभाविक दबी हुई ठेठ इच्छा का विस्फोट थी और इसका नेतृत्व पूर्वी उत्तर प्रदेश से आये एक युवा पत्रकार ने किया, तो यह ठेठ हिन्दी की अन्तर्निहित शक्ति को भी बतलाता है। *रविवार* और (संडे) को खोजी पत्रकारिता का प्रारम्भ करने का श्रेय है, जिसे बाद में अनेक दैनिकों ने अपनाया, लेकिन इस पत्रकारिता की सबसे बड़ी खूबी थी एक उदार, पर उद्दीप्त लोकतान्त्रिक प्रश्नाकुल वातावरण का निर्माण, जिसमें कोई भी प्रश्न पूछा जा सकता था और कोई भी उत्तर दिया जा सकता था। इसीलिए यह पत्रकारिता विपक्ष के भी विपक्ष की पत्रकारिता बन सकी। उन्हीं दिनों *दिनमान* में भी एक नयी तेजस्विता आयी, जिसका नेतृत्व रघुवीर सहाय और उनकी टोली ने किया। यद्यपि दोनों पत्र एक–दूसरे के प्रतिस्पर्धी थे और उनमें कुछ हद तक पारस्परिक नफरत का भी रिश्ता था, लेकिन रचनात्मक पत्रकारिता से लगाव रखने वाले सभी लोगों के लिए वे वस्तुतः एक-दूसरे के पूरक थे। *रविवार* जो काम जरा खुले और कुछ हद तक स्थूल स्तर पर कर रहा था, *दिनमान* वही काम सूक्ष्म तथा साहित्यिक स्तर पर कर रहा था। दोनों ने पत्रकारिता की भाषा को बदल कर रख दिया। एक धारा खुली, सहज हिन्दी की थी, तो दूसरी धारा संवेदना तथा तार्किकता से लदी हुई। हमें याद रखना चाहिए कि साहित्य की तरह पत्रकारिता में भी कोई नया आन्दोलन आता है, तो वह सबसे पहले भाषा-शैली को ही बदलता है। नये सैनिक पुरानी वर्दियों में युद्ध नहीं लड़ते।

लेकिन यह पत्रकारिता ज्यादा दिनों तक चल नहीं पायी, क्योंकि उसने जिस प्रकार की राजनीति से अपना रिश्ता बनाया था, वह राजनीति भी अपने अन्तर्विरोधों, अपनी मूर्खताओं और कलही महत्त्वाकांक्षाओं के कारण शीघ्र ही धराशायी हो गयी। ध्यान देने की बात यह भी है कि *रविवार* और *दिनमान* दोनों ही अलग-अलग कारणों से आर्थिक दृष्टि से सफल पत्र नहीं थे। *रविवार* अपने कुछ ही अंकों में एक लाख की प्रसार संख्या पार कर पाया और *दिनमान* अल्पसंख्य बौद्धिक पाठकों का पत्र बन

कर रह गया। यह हिन्दी पत्रकारिता के सांगठनिक आधार की दुर्बलताओं का द्योतक है। उन्हीं दिनों *रविवार* की नकल पर कई साप्ताहिक और पाक्षिक निकले, लेकिन वे और ज्यादा अल्पजीवी साबित हुये।

रविवार की पत्रकारिता का सबसे गंदा पक्ष था राजनेताओं के साथ नजदीकी, जिसके बहुत ही गम्भीर नतीजे सामने आये। जैसे इसके पूर्व की अंग्रेजी पत्रकारिता के कई नायक तत्कालीन राजनेताओं से घुले–मिले थे और इस कारण लाभान्वित भी हुये, उसी तरह इस बार कुछ पत्रकारों ने विपक्षी राजनेताओं से साँठगाँठ बढ़ायी और कुछ ने तो बाकायदा राजनैतिक दलों से चुनाव भी लड़ा। यह प्राकृतिक न्याय ही था कि ऐसे पत्रकारों को कोई खास राजनैतिक सफलता नहीं मिली, लेकिन बुराई का बीजरोपण हो चुका था, अतः पाप की औलादों को भी सामने आना ही था। आज हिन्दी पत्रकारिता का जो गन्दे अर्थ में राजनीतीकरण हुआ दिखाई देता है, उसके व्यापक श्री गणेश का श्रेय उस दौर की गहमागहमी भरी पत्रकारिता को ही था। इस दृष्टि से रघुवीर सहाय की धारा ने अपनी पवित्रता काफी हद तक बचाये रखी। सहाय जी का विपक्षी नेताओं में काफी सम्मान था, लेकिन जब मण्डल का निर्णायक प्रश्न आया, तो उन्होंने कोई सपाट रुख लेने से साफ इनकार कर दिया। यह उनकी मौलिकता और वस्तुपरकता के कारण ही सम्भव हुआ। राजनीति की किसी एक धारा के साथ चलते हुये भी उसके प्रति आलोचनात्मक दृष्टि बनाये रखना हमेशा कठिन होता है–यह तथ्य वामपंथी पत्रकारों के संदर्भ में खास तौर से देखा जा सकता है।

हिन्दी पत्रकारिता को जिन तीन चीजों ने गहराई से प्रभावित किया, वे हैं राजीव गांधी का आगमन, मण्डल प्रकरण तथा मन्दिर विवाद। राजीव की राजनीति ने जिस तरह विपक्ष की राजनीति को शुरू में एकाएक हतप्रभ कर दिया था, उसी तरह पत्रकारिता की आलोचनात्मक दृष्टि भी उसने कुन्द कर दी। 1977 के कई नायक पत्रकार 1984 में अचानक राजीव गांधी के चाटुकार हो गये। इनमें एम. जे. अकबर और उदयन शर्मा का नाम गहरी वितृष्णा के साथ लिया जाना चाहिए। इसीलिए ये विश्वनाथ प्रताप सिंह द्वारा उठाये जा रहे प्रश्नों के महत्त्व को नहीं समझ पाये। स्पष्टतः जनता के साथ इनकी संवेदना के तार टूट चुके थे। मण्डल विवाद ने इसे दूसरी तरह से प्रमाणित किया। हिन्दी पत्रकारिता की एक बड़ी धारा मण्डल के विरुद्ध थी। ऐसे माहौल में सुरेन्द्र प्रताप सिंह जैसे गिने-चुने लोगों का मण्डल हठ कोई मामूली बात नहीं थी, लेकिन मन्दिर विवाद ने तो उस हिन्दू को अपनी पूरी उग्रता में हमारे सामने ला दिया, जो कई दशकों से सोया हुआ था और अँगड़ाई ले कर जगने के लिए उचित अवसर की प्रतीक्षा कर रहा था। यह मानना गलत है कि यह कोई नया हिन्दू था। वस्तुतः यह हमारे बीच ही मौजूद था और उसकी उग्रता प्रकट नहीं हो पा रही थी, तो इसलिए कि उसके साथ कोई राजनैतिक संगठन नहीं था और न ही कोई ऐसा मुद्दा था, जिस पर खुल कर वह अपने मुस्लिम विद्वेष को

प्रकट कर सके। भाजपा के बाबरी मस्जिद विरोधी आन्दोलन ने किन-किन रूपों में हमें क्षति पहुँचायी है, इसका पूरा आकलन होना अभी बाकी है।

हिन्दी भाषी क्षेत्र उद्योग–व्यापार की दृष्टि से अभी भी बहुत विकसित नहीं थे, लेकिन उनमें साक्षरता क्रमशः बढ़ रही थी, राजनीति के प्रति दिलचस्पी पैदा हो गयी थी और निम्न–मध्य वर्ग तथा मध्य वर्ग का अच्छा-खासा विकास होने लगा था। ये वे लोग थे, जो अखबार पढ़ना चाहते थे, पर अंग्रेजी अखबार नहीं पढ़ सकते थे। इनकी जरूरतों को पूरा करने के लिए खास तौर से उत्तर प्रदेश, मध्य प्रदेश और राजस्थान में क्षेत्रीय पत्रों का तेजी से विकास हुआ। दिल्ली से प्रकाशित होने वाले पत्रों ने राज्यों की राज्यधानियों में अपने संस्करण शुरू किये–यद्यपि इनमें पटना से प्रकाशित *दैनिक हिन्दुस्तान* ने ही उल्लेखनीय सफलता प्राप्त की। *टाइम्स ऑफ इन्डिया* प्रतिष्ठान के लिए वस्तुतः यह बाएँ हाथ से किया गया प्रयत्न था। इसीलिए उसके सभी राज्य संस्करण शीघ्र ही अकाल कवलित हो गये। *टाइम्स ऑफ इन्डिया* के युवा उत्तराधिकारियों ने तय कर लिया कि वे हिन्दी को अपने यहाँ से अन्ततः विदा कर देंगे। *एक्सप्रेस* समूह से *जनसत्ता* एक बहुत ही अच्छा ठेठ देसी प्रयोग था और उसकी प्रतिष्ठा अभी भी बची हुई है, किन्तु *एक्सप्रेस* समूह का अर्थशास्त्र अजीबोगरीब रहा है। अतः उसने *जनसत्ता* को आथिक दृष्टि से आत्मनिर्भर बनाने का कोई प्रयास ही नहीं किया। अब वह शायद ही कोई छलाँग भर सके। इस तरह हिन्दी क्षेत्र की पत्रकारिता की जरूरत ज्यादातर ऐसे पत्रों ने पूरी की जिनकी पत्रकारिता के क्षेत्र में कोई महत्त्वाकांक्षा नहीं थी। इन्हें बस किसी तरह अखबार निकाल लेना था, बेच लेना था और अखबार की ताकत से अपने राजनैतिक समीकरणों से आर्थिक–सामाजिक दुर्लक्ष्य हासिल कर लेने थे। इन अखबारों ने सिद्ध कर दिया कि आधुनिक समय में कम खर्च से कैसे चमकता हुआ अखबार निकाला जा सकता है। विचारशून्यता इनके अस्तित्व का पर्याय थी और आन्तरिक कार्य–स्थितियाँ ऐसी कि स्वामी अग्निवेश के बँधुआ मुक्ति मोर्चा को सबसे पहले इनके कार्यालय में काम करना चाहिए था। कह सकते हैं कि यह उसी साधारणता का विस्फोट था, जिसने सन 1977 के पहले हिन्दी पत्रकारिता के विकास को अवरुद्ध कर रखा था। उस दौर में राजेन्द्र माथुर और प्रभाष जोशी जैसे व्यक्तित्व हमारे पास न होते–बाद में सात भाइयों के बीच एक चंपा मृणाल पाण्डे भी बहते-बहते इसी धार आ लगीं, तो हिन्दी पत्रकारिता के नाम पर सिर्फ शर्मिन्दा होने के सिवाय हमारे पास कुछ और नहीं था। राजेन्द्र यादव की 'हिन्दी क्षेत्र के वैचारिक संकट' की अवधारणा से जो लोग बहुत क्षुब्ध हैं, उन्हें *दैनिक जागरण, भास्कर* आदि का सप्ताह भर तक नियमित पारायण करना चाहिए। कोढ़ में खाज का काम किया वित्तीय कम्पनियों द्वारा निकाले जाने वाले पत्रों ने, जिनकी उपस्थिति इस बात का सरलतम प्रमाण है कि अखबार निकालने का उद्देश्य हमेशा अखबार निकालना नहीं होता–उससे निहित स्वार्थों की

पूर्ति का काम भी लिया जा सकता है। मध्य प्रदेश में इस प्रकार का अखबार उद्योग कुछ ज्यादा फूला-फला, क्योंकि वहाँ की सरकारों ने पत्रकारों को वश में करने के लिए निरन्तर अति उदार दृष्टि बनाये रखी—इस परम्परा को शुरू करने का श्रेय अर्जुन सिंह को है। यहाँ भी बिहार बहुत पीछे रहा। हालाँकि बिहार का पाठक वर्ग सबसे ज्यादा जागरूक है, पर सिवाय एक *प्रभात खबर* के उसके पास अपनी जमीन से जुड़ा कोई ऐसा अपना अखबार नहीं है, जिसे हाथ में ले कर आदमी लज्जित न हो।

इधर कुछ अखबारों ने श्रेष्ठता के प्रति ललक दिखायी है—जैसे उत्तर प्रदेश का *अमर उजाला* और राजस्थान का *नवज्योति,* लेकिन कुल मिला कर हिन्दी पत्रकारिता का परिदृश्य हताशा और क्षोभ पैदा करनेवाला है। अन्यथा कोई वजह नहीं थी कि सुरेन्द्र प्रताप सिंह जैसे योग्यतम सम्पादक को *नवभारत टाइम्स* (जो चूँ-चूँ का मुरब्बा बनने के लिए लगातार संघर्षशील है) छोड़ने के बाद सम्पादित करने के लिए कोई पत्र नहीं मिला और मृणाल पाण्डे को भी, जो मूलतः छापे के अक्षरों के लिए ही बनी हैं, टीवी की दुनिया की ओर कूच करना पड़ा। प्रभाष जोशी अभी भी बहुत बढ़िया अखबार निकाल सकते हैं। उनकी षष्ठिपूर्ति का विराट आयोजन इन्दौर में किया गया, लेकिन किसी अखबार समूह ने उन्हें अपना अखबार सम्पादित करने के लिए आमन्त्रित नहीं किया। हिन्दी पत्रकारिता की स्थिति ऐसी हो गयी है कि वह अपनी श्रेष्ठतम प्रतिभाओं (राजेन्द्र माथुर, सुरेन्द्र प्रताप सिंह) को या तो चुपचाप मर जाने देती है या उम्र से पहले ही रिटायर कर देती है (प्रभाष जोशी) या टीवी की दुनिया में चले जाने देती है (मृणाल पाण्डे) या स्वतंत्र पत्रकारिता के नाम पर कलम-घसीटी करवाती रहती है। दूसरी तरफ, साधारण प्रतिष्ठा के धूर्त और चापलूस लोग ऊँची तनख्वाहों वाले बड़े-बड़े पदों पर बैठ कर सत्यानाश से सवा सत्यानाश के बीच की यात्रा में मग्न हैं।

इस माहौल में यह सवाल ही बेमानी है कि आजाद भारत में वैसी मिशनवादी पत्रकारिता की उम्मीद नहीं की जानी चाहिए, जैसी स्वाधीनता संघर्ष के दौरान दिखाई पड़ी थी और जो उस वक्त की माँग थी। आज के पत्रकार की यह इच्छा स्वाभावित है कि सत्तू खा कर पत्रकारिता करने की अपेक्षा उससे न की जाये। लेकिन तब के पत्रकार भी हठपूर्वक जैन धर्म के पंच महाब्रतों का पालन नहीं कर रहे थे। वे तपस्वी थे, पर भुखमरी उनका आदर्श नहीं थी। स्थितियाँ ही ऐसी थीं कि कम खर्च में गुजारा करना पड़ता था और एक आदमी को कई-कई काम करने पड़ते थे। दुनिया भर में पत्रकारिता के विकास की प्रारम्भिक स्थितियाँ ऐसी ही रही हैं। मूल प्रश्न है दृष्टि का। क्या आप पत्रकारिता करने इस क्षेत्र में आये हैं या आपकी नजर कहीं और है? योग्यता कम हो, तो कोई बात नहीं—*करत करत अभ्यास के जड़मति होत सुजान।* लेकिन जब नीयत में ही खोट हो, तो उसका क्या इलाज है? इस बात से भी फर्क नहीं

पड़ता कि कोई पत्रकार किस विचारधारा की राजनीति करता है। पत्रकारों को राजनीति करनी ही चाहिए। पत्रकार राजनीति नहीं करेंगे, तो क्या साधु-सन्त राजनीति करेंगे (हालाँकि साधु-सन्त भी एक दीर्घकालीन अर्थ में राजनीति ही करते हैं), लेकिन पत्रकार की राजनीति वैचारिक राजनीति होगी—राजनैतिक दलों के साथ जुड़े रहने से फायदा उठानेवाली राजनीति नहीं और यह राजनीति तथ्यों और आँकड़ों की लाश पर नहीं होगी। साथ ही, अखबार को एक खुला लोकतान्त्रिक मंच बनने दिया जायेगा, जिसके माध्यम से अन्य विचारधाराओं के लोग भी अपनी बात तर्क के साथ रख सकें। जहाँ तक मिशन का सवाल है, हो सकता है, मिशनरियोंवाली गहरी प्रतिबद्धता और सेवा भाव पत्रकार जमात में हर समय उपस्थित न हों, किन्तु 'प्रोफेशन'के नाम पर क्या कुछ भी कर डालने की छूट हासिल की जा सकती है? पत्रकारिता को 'प्रोफेशन' होने से रोका नहीं जा सकता, लेकिन अपने आदर्श रूप में यह हमेशा एक ऐसा 'प्रोफेशन' रहेगा, जिसकी मूल प्रतिबद्धता समाज के प्रति होगी। 'प्रोफेशनल' होने का अर्थ सिर्फ अच्छी कमाई नहीं है। वैसे भी, एक पत्रकार को बहुत ऐशो-आराम के साथ नहीं रहना चाहिए, अन्यथा जनसाधारण के साथ उसका संवेदनात्मक रिश्ता टूट जायेगा। लेकिन उसे सामान्य मध्य वर्गीय जीवन जीने का हक तो है ही—इसके बगैर वह अपने पत्रकारीय दायित्वों का निर्वाह नहीं कर सकता। वस्तुतः पत्रकारिता की कसौटी ही यह है कि वह सामाजिक लक्ष्यों से अनुप्राणित है या निजी सुख-सुविधाओं के विस्तार से। पहला रास्ता प्रतिबद्धता का रास्ता है, दूसरा दलाली और व्यावसायिकता का। पत्रकारिता जब स्वयं को निरी व्यावसायिक होने से रोकेगी, तभी वह समाज में चल रहे अन्य व्यवसायों की निष्पक्ष और वस्तुपरक कसौटी का काम कर सकेगी। यह ऐसा 'प्रोफेशन' नहीं है, जिसका कोई 'मिशन' नहीं है। अच्छी पत्रकारिता में दोनों मिल कर एकाकार हो जाते हैं। बुरी पत्रकारिता के भी अपने कुछ 'मिशन' होते हैं—लेकिन वे 'मिशन'अपवित्र होते हैं और पत्रकारिता को 'प्रोफेशनल' नहीं रहने देते। हिन्दी पत्रकारिता इस समय जिस संकट से गुजर रही है, वह 'मिशन' और 'प्रोफेशन' के द्वन्द्व से नहीं, बल्कि ऐसी स्थितियों से पैदा हुआ है, जिनमें ये शब्द ही निरर्थक हो गये हैं।

इसका अर्थ यह नहीं है कि हिन्दी के सारे पत्रकार चोर-उचक्के हैं। बेशक कई उचक्के पत्रकार हैं और इनमें से कुछ महत्त्वपूर्ण जगहों पर हैं, लेकिन हिन्दी का आम पत्रकार ऐसा नहीं है। अब भी उसमें काफी आदर्शवादिता है तथा वह अपनी सीमाओं के बीच भी काफी कुछ कर दिखाने का माद्दा रखता है। इसमें तो संदेह ही नहीं है कि हिन्दी का आम पत्रकार कम से कम अंग्रेजी के आम पत्रकार से ज्यादा संवेदनशील और समझदार है। अनेक तो आपवादिक रूप से श्रेष्ठ हैं, लेकिन ज्यादातर जगहों पर जो लोग पत्रकारिता का नेतृत्व कर रहे हैं या निर्णायक पदों पर बैठे हुये हैं, वे या तो घटिया हैं या मूढ़। कई तो दोनों ही हैं। अतः वे हिन्दी

पत्रकारिता की सम्पूर्ण सम्भावनाओं को प्रकट होने से रोकते हैं। शिखर पर असुरक्षा है, जो अक्सर नीचेवालों के प्रति तानाशाही के रूप में प्रकट होती है। इससे हिन्दी के आम पत्रकार का मन बुझा-बुझा-सा रहता है। वे दिन हवा हो चुके हैं, जब लोग उप-सम्पादक से क्रमशः उन्नति करते हुये सम्पादक हो जाया करते थे। अब सम्पादक सीधे आसमान से टपकता है। यह एक ऐसे माहौल में ही सम्भव है, जिसमें गुणों का सम्मान बन्द हो चुका हो और हर चीज तिकड़म से तय होती हो। इस तरह हिन्दी भाषी समाज को लगभग सभी विसंगतियाँ हिन्दी पत्रकारिता में स्थान ले चुकी हैं, जबकि होना इसका उलटा चाहिए था : पत्रकारिता को समाज का मार्ग दर्शन करना चाहिए था। इस समस्या का समाधान कुछ धूर्त किस्म के लोग यह कहकर करने की कोशिश करते हैं कि आखिर पत्रकारिता समाज के भीतर ही होती है, अतः वह समाज के प्रभाव से मुक्त कैसे हो सकती है? बेशक समाज का ढाँचा पत्रकारिता को प्रभावित करता है, लेकिन वह किस चीज को प्रभावित नहीं करता? दूसरी ओर, क्या यह पत्रकारिता का भी कर्त्तव्य नहीं है कि वह समाज को प्रभावित करे? इस द्वन्द्वात्मकता में समाज के चालू मूल्य हावी होंगे या पत्रकारिता के प्रतिमान? जिस पत्रकारिता के पास बेहतर समाज का कोई स्वप्न नहीं है, वही यथास्थिति के आगे घुटने टेक कर हर्षित हो सकती है। दुर्भाग्यवश ऐसा हर्ष आज अनेक लोग दिखा रहे हैं। यह उन शिकारियों का हर्ष है, जिनकी बाँदें इस सम्भावना से खिली हुई हैं कि जंगल में आग लगी है, तो कलेवे के लिए काफी मात्रा में भुना हुआ माँस उपलब्ध होना निश्चित है।

है बनाम चाहिए

एक जमाने में दिल्ली में यह विज्ञापन अक्सर निगाहों से टकरा जाता था : ''इंडियन एक्सप्रेस--क्योंकि सच्चाई में हम सबका साझा है।'' जाहिर है किसी भी सामाचार पत्र के लिए इससे महत्त्वपूर्ण दावा कुछ और नहीं हो सकता कि वह सच्चाई--और सिर्फ सच्चाई--को उद्‌घाटित करता है। लेकिन ''इंडियन एक्सप्रेस'' का आशय शायद यह नहीं था कि भारत में सच्चाई का ठेकेदार एकमात्र वही है, कि दूसरे सब पत्र झूठे छापते हैं। अगर ऐसा होता, तो उनमें से बहुतों का प्रकाशन कभी का बन्द हो गया होता। सिर्फ झूठ छाप कर कोई भी समाचार पत्र जीवित नहीं रक सकता। सच्चाई तो यह है कि ''इन्डियन एक्सप्रेस'' और अन्य पत्रों में फर्क सच या झूठ का है भी नहीं। फर्क इस बात का है कि आप किसके साथ ''फ्लर्ट'' करते हैं। कोई सच के साथ ''फ्लर्ट'' करता है, कोई झूठ के साथ। शब्दावली के अन्तर के बावजूद लेकिन दोनों एक ही चीज हैं। कोई झूठ के साथ। शब्दावली के अन्तर के बावजूद लेकिन दोनों एक ही चीज हैं। दरअसल, यह ''फ्लर्टेशन'' ही व्यावसायिक पत्रकारिता का केन्द्रीय मूल्य है। वह सच्चाई, नैतिकता, आधुनिकता, कला, विज्ञान सभी के साथ ''फ्लर्ट'' कर सकती है--करती है, क्योंकि इसी के जरिये वह न केवल जिन्दा रह सकती है, बल्कि फल-फूल सकती है। इसीलिए पत्रकारिता का सच हमेशा आधा सच होता है--यदि वह पूरा सच उद्‌घाटित करने का संकल्प कर ले, तो यह तो वह व्यावसायिक नहीं रह जायेगी या फिर अपने अन्तर्विरोधों से भरभरा कर शायद ध्वस्त हो जायेगी।

सच्चाई के साथ ''फ्लर्टेशन'' का अर्थ क्या है? इसके कम-से-कम दो अर्थ हैं : (1) सच्चाई के कुछ खास पहलुओं पर जोर देना और (2) एक सच्चाई का बाकी सच्चाइयों से जो रिश्ता है, उसकी उपेक्षा करना। पत्रकारिता ये दोनों काम कैसे करती है, इसकी जाँच के लिए हम दो सामान्य-से उदाहरण लेते हैं--(1) भुखमरी से मौत और (2) भ्रष्टाचार। इन्हें हम इस तरह प्रतिनिधि खबर भी मान सकते हैं कि उनका सम्बन्ध समाज के सबसे निचले और सबसे ऊँचे वर्ग से है। भूख से वही मरता है जिसने अपना सब कुछ गँवा दिया हो। भुखमरी भूख से मौत नहीं, बल्कि दरिद्रता से मौत है। दूसरी तरफ भ्रष्ट वही होता है या हो सकता है जिसके पास

किसी-न-किसी किस्म की सत्ता हो। गरीब आदमी चोर या उचक्का हो सकता है, भ्रष्ट नहीं। पत्रकारिता इन दो सच्चाइयों के साथ कैसा सलूक करती है, यह देखना दिलचस्प होगा।

जब भी सूखा पड़ता है, भुखमरी की खबरें आने लगती हैं। बीसवीं शताब्दी के इस हिस्से में किसी व्यक्ति का भूख से मरना एक अत्यन्त असामान्य घटना मानी जानी चाहिए। संचार, सहानुभूति और परिवहन की इतनी तगड़ी अन्तर्राष्ट्रीय व्यवस्था के बावजूद कोई आदमी कई दिनों तक बिना खाये मर जाता है तो इसका मतलब है कि जीवित रहने के साधनों पर जिनका एकाधिकार है, वे अपने इस एकाधिकार को भंग नहीं करना चाहते। इसीलिए कोई भी सरकार भूख से मौत को स्वीकार करना नहीं चाहती। मन्त्री झट से घोषणा कर देते हैं कि हमारे यहाँ भूख से कोई नहीं मरा। लेकिन भुखमरी के समाचार छापने वाले पत्र ऐसे मन्त्रियों को चुनौती नहीं देते। वे जिस तटस्थता से भुखमरी की खबर छापते हैं, उसी तटस्थता से उसका खण्डन भी छाप देते हैं और इसमें उन्हें कुछ भी अपमानजनक प्रतीत नहीं होता। जिन पत्रों के साधन सीमित हैं, उनकी बेबसी तो समझ में आती है। लेकिन साधन सम्पन्न पत्रों में भी यह उत्साह क्यों नहीं होता कि जिस भुखमरी की खबर उन्होंने छापी थी, उसे तथ्यों और विवरणों से पुष्ट करें तथा अपने पाठकों को बताएँ कि मन्त्री महोदय झूठ बोल रहे हैं? क्या यह सिर्फ आलस्य का मामला है या एक वर्गीय मिली-भगत है? भुखमरी निश्चय ही किसी सुदूर देहाती इलाके में होती है और कोई भी बड़ा पत्रकार वहाँ जाना नहीं चाहता। फिर भुखमरी से मरनेवाला व्यक्ति कोई "आत्महत्या नोट" नहीं छोड़ जाता। अतः साक्ष्य जुटाना भी आसान नहीं होता। फिर भी आवश्यक परिश्रम किया जाये तो भुखमरी साबित करना उतना कठिन नहीं है। हाँ, यह जरूर है कि उससे पत्रकारिता को कोई आर्थिक फायदा नहीं होगा। वह आज के समाज में न तो उसकी बिक्री बढ़ा सकती है और न प्रतिष्ठा। अतः इस मामले में वह अक्सर चुप्पी लगा जाती है। इससे उसे कुछ नुकसान भी नहीं होता। लोग भूख से मरते रहते हैं, समाचार-पत्रों की आय बढ़ती जाती है।

कहा जा सकता है कि यह सच्चाई को छिपाना नहीं, बल्कि उसका दूर तक पीछा नहीं करता है। लेकिन किसी घटना का अर्थ क्या सिर्फ उस घटना में ही होता है? यदि जीवन महज एक घटना नहीं है—घटनाओं की शृंखला है, तो इस शृंखला की पहचान किये बिना क्या किसी घटना का तात्पर्य उद्घाटित किया जा सकता है? भुखमरी, ठण्ड या लू से मृत्यु निश्चय ही दुर्लभता या मौसम की खबरें नहीं हैं—ये मुख्यतः आर्थिक व्यवस्था की खबरें हैं और इन्हें इनकी तार्किक परिणति तक पहुँचाने का काम भले ही राजनीति और समाज व्यवस्था का हो, इनकी तार्किक पृष्ठभूमि उद्घाटित करने का काम तो पत्रकारिता का ही है। जब वह ऐसा नहीं करती होती है तो निश्चय ही कुछ और कर रही होती है, लेकिन वह दूसरा काम क्या सचमुच

इतना महत्त्वपूर्ण है कि उसे इस कीमत पर किया जाये?

लेकिन यह कीमत है क्या? भुखमरी की तफसील में न जा कर हम किस चीज को अव्यक्त रखते हैं? वह चीज है तीसरी दुनिया में विकास का चरित्र। यदि भुखमरी की एक घटना का भी विस्तार से और उसकी पूरी पृष्ठभूमि के साथ वर्णन कर दिया जाये, तो न केवल इस तथाकथित विकास का चरित्र स्पष्ट हो जायेगा, बल्कि यह भी सामने आ जायेगा कि लोगों के दुख दूर करने का जिम्मा जिनके पास है, वे ही ज्यादातर दुख पैदा कर रहे हैं। भुखमरी की छानबीन निश्चय ही इस बात की छानबीन नहीं होगी कि मरनेवाले आदमी तक अनाज क्यों नहीं पहुँच सका। वह इस बात की तहकीकात होगी कि वह आदमी अनाज तक क्यों नहीं पहुँच सका। यह सरकारी दावा शायद सही है कि भूख से कोई नहीं मरता। मृत्यु होती है लगातार भूखे रहने या बीच-बीच में अत्यन्त अपर्याप्त भोजन मिलने से होनेवाली बीमारियों से। अतः यह गरीबी की समस्या का ही एक रूप है—उसका सबसे गम्भीर, शोकपूर्ण रूप और यह बात इतनी साफ है कि किसी भी भुखमरी के इतिहास से इसे सत्यापित किया जा सकता है। और, गरीबी का इतिहास? उसकी इबारतें उस आधुनिक विकास में छिपी हैं, जिसकी शुरुआत ब्रिटिश साम्राज्यवाद से हुई थी, जिसे हाल तक गौरवपूर्ण भाषा में योजनाबद्ध विकास कहा जाता था। और अब जिसे उदारीकरण कहा जाता है। कहना न होगा कि गरीबी की पैदाइश से भुखमरी तक एक पूरा आख्यान है, जिसका इतिवृत्त हमारे सामने लगातार आते रहना चाहिए, ताकि हम उस प्रक्रिया को ठीक से समझ सकें, जो हमारे समाज में उत्पादन और वितरण की व्यवस्था को लगातार विकृत कर रही है। वस्तुतः तीसरी दुनिया में विकास सबसे बड़ी घटना है। अन्य सारी घटनाएँ इसी से पैदा हो रही हैं।

भुखमरी जिस शृंखला की आख़िरी कड़ी है, उसका सूत्रपात होता है भ्रष्टाचार से। सुरक्षा सौदों में कमीशन खोरी के उद्घाटन से भ्रष्टाचार राष्ट्रीय चर्चा का विषय बन गया था। फिर प्रतिभूति घोटाले के विवरणों ने काफी रोमांचक तथ्य उजागर किये। दिलचस्प है कि तब थोड़ा-बहुत राजनीतिक कोलाहल भी हुआ था, लेकिन इस बार लगभग सन्नाटा था। किन्तु आश्चर्य है कि जिस पर भी भ्रष्टाचार की समस्या का कोई समग्र विश्लेषण नहीं दिखाई पड़ता। बोफोर्स चर्चा का निष्कर्ष यही जान पड़ता है कि यदि बोफोर्स या अन्य सुरक्षा सौदों में घूस नहीं खाई गयी होती तो इस भ्रष्टाचार के नायक अन्यथा बेहद साफ-सुथरे थे। इसी तरह प्रतिभूति घोटाले पर जो कुछ छपा है, उससे लगता है कि हमारी बैंकिग व्यवस्था अन्यथा साफ-सुथरी है। यह एक ऐसा मिथक है, जो हमारी सामाजिक सड़न को छिपाये रखता है। सच तो यह है कि मध्य वर्ग के लोग भ्रष्टाचार के इतने अभ्यस्त हो गये हैं कि वह अब तभी दिखाई पड़ता है जब अत्यन्त विकट रूप ले ले। निश्चय ही यह विकटता एक सतत चलने वाली प्रक्रिया के उत्कर्ष का ही दूसरा नाम है। भ्रष्टाचार उस सत्ता का दुरुपयोग है, जो

किसी को दूसरों का जीवन सुखमय बनाने के लिए सौंपी गयी है। जब यह दुरुपयोग होता है, तो सबसे पहले वे काम प्रभावित होते हैं, जो सत्ता के उचित इस्तेमाल से ही सम्भव हैं। इन कामों की हमारे देश में क्या स्थिति है? निश्चय ही समाचारपत्रों से इनकी कुछ झाँकी मिलती है, लेकिन यह छानबीन अक्सर विलाप की शैली में होती है—कभी-कभी तो प्रलाप की शैली में भी। उससे यह पता नहीं चलता कि इसके लिए वास्तविक रूप से दोषी कौन है। फिर इस छानबीन का एक वर्गीय दायरा भी होता है। मध्य वर्गीय लोगों की सुविधा-असुविधा से सम्बन्धित समाचार तो फिर भी छपते रहते हैं, लेकिन भारतीय जीवन का जो तलछट है—और यह काफी बड़ा है, उसकी लगातार उपेक्षा की जाती है। उससे सम्बन्धित समाचार छपता भी है, तो उसके कार्य-कारण सम्बन्ध की उपेक्षा की जाती है। बोफोर्स की जितनी तहकीकात की गयी है, उसकी आधी ऊर्जा भी सामाजिक महत्त्व के मामलों की खोजबीन में खर्च नहीं की जाती। इसका एक कारण तो यह है कि भ्रष्टाचार के किस्से स्वभाव से ही मजेदार होते हैं, जबकि यह काम ज़रा नीरस है। यानी उनके लिये, जिनकी दिलचस्पी जन-जीवन में नहीं है। कभी-कभी तो ऐसा लगता है कि भ्रष्टाचार या दुराचार की कथाएँ परनिन्दा से मिलनेवाली तृप्ति का उत्पादन एवं वितरण है—उनका कोई रचनात्मक महत्त्व नहीं है। मसलन भ्रष्टाचार की सच्ची तकलीफ का अर्थ क्या है? उसका अर्थ यह है कि जो पैसा अवैध कमीशन या घूस के रूप में दिया गया, उसे ताजिब ढंग से खर्च होना चाहिए था। इस तरह देखने पर बोफोर्स का महत्त्व इन प्रश्नों के संदर्भ में ही है कि क्या हमारी सेना उन कामों के करने में सक्षम है जिनके लिए वह है? मसलन क्या हमारी सीमा के जितने बड़े हिस्से पर चीन ने अपना कब्जा कर रखा है, उसे वापस लेने में वह सक्षम है? इसी तरह बैंकिंग व्यवस्था की छानबीन का अर्थ यह होगा कि सरकारी बैंकों का जो लक्ष्य होना चाहिए, वह पूरा हो रहा है या नहीं। जिस तरह भुखमरी का एक संदर्भ है, उसी तरह भ्रष्टाचार का भी एक संदर्भ है। संदर्भहीन या संदर्भयुक्त ढंग से उसकी चर्चा उत्तेजना पैदा कर सकती है—समाज का निर्माण नहीं कर सकती।

तो सच्चाई यानी पूरी सच्चाई अगर पत्रकारित का मूल्य नहीं है, तो फिर उसके मूल्य क्या हैं? वस्तुतः व्यावसायिकता का कोई अपना मूल्य होता ही नहीं। उसका केन्द्रीय मूल्य तो व्यवसाय ही है। फलस्वरूप वह हर उस चीज को अपना सकती है, जो व्यावसायिक सफलता में मदद करती हो। अतः किसी व्यावसायिक उपक्रम से यह आशा करना ही व्यर्थ है कि वह किन्हीं मूल्यों की स्थापना या पोषण कर सकता है। वह उन्हीं मूल्यों को अपना मानता है जो किसी खास समय में समाज प्रभावशाली मूल्य होते हैं। पत्रकारिता जिस हद तक व्यवसाय है, उस हद तक वह समाज के वर्चस्वशाली वर्गों के साथ समझौता करके ही अपना काम कर सकती है। वह मूल्यों का उत्स नहीं होती, बल्कि समाज में जो मूल्य चल रहे हैं, उन्हीं में से कुछ को अपना

कर वह उनका व्यावसायिक दोहन करती है। विज्ञान का स्तम्भ बिक्री में मददगार हो सकता है तो वह विज्ञान छापेगी, पर राशिफल से मदद मिल सकती है, तो व्यक्ति पर सितारों का उसर बताने से भी उसे गुरेज नहीं होगा। अतः पत्रकारिता का सर्वश्रेष्ठ समय वह होता है जब समाज किसी रचनात्मक आन्दोलन की गिरफ्त में हो? मूल्य शून्य में नहीं पैदा होते। वे किसी-न-किसी आदर्श से जुड़े होते हैं। जब हमारे पास जीवन या समाज व्यवस्था का कुछ आदर्श होता है, तो हम उसके अनुरूप कुछ मूल्य बनाते हैं। आदर्श व्यक्तिगत नहीं होता—उसका एक बृहत्तर परिप्रेक्ष्य होता है। इसीलिए मूल्य भी निर्वैयक्तिक होते हैं। वे हमारी सामाजिक संस्कृति या सामाजिक प्रेरणा को व्यक्त करते हैं। आज पत्रकारिता के सामने क्या आदर्श है? वह किस तरह का समाज देखना चाहती है? पत्र-पत्रिकाओं के पन्ने उलटने पर इन प्रश्नों का कोई ठोस जवाब नहीं होता। जब आपके पास कोई स्वप्न नहीं होता, तो यथार्थ को कसने की कसौटी भी नहीं होती। इसका दिलचस्प उदाहरण चुनाव के दिनों में देखने में आता है। चुनाव एक तरह से सामाजिक-राजनीतिक मन्थन का समय होता है। इस मन्थन के दौरान पत्रकारिता की क्या भूमिका होती है? वह इस चर्चा से पूरी तरह बचना चाहती है कि चुनाव में किसकी जीत होनी चाहिए और किसकी हार। चलिये, जीत-हार की बात न भी की जाये, तो वह अपने पाठकों को यह तो बता ही सकती है कि कौन-सा उम्मीदवार किन मूल्यों की प्रतिनिधिता करता है तथा किसे वोट देने से क्या नतीजे निकलेंगे। लेकिन पत्रकारिता सामान्यतः यह भी नहीं करती। उसकी दिलचस्पी सिर्फ यह बताने में होती है कि चुनाव मैदान में किस उम्मीदवार की स्थिति कैसी है। वह समझ शुद्ध रूप से सत्ता-संघर्ष की यथास्थितिवादी समझ है, जिससे राजनीतिक विकास में कोई मदद नहीं मिलती। यही कारण है कि ज्यादातर पत्र-पत्रिकाओं में न तो किसी प्रकार की बहस का वातावरण है और न उनका अपना कोई मत है। देश की बुनियादी आवश्यकताएँ क्या हैं? उनकी पूर्ति किस प्रकार की जा सकती है? क्या विकास का कोई और तरीका भी हो सकता है? इन सवालों पर न तो व्यवस्थित विचार होता है और न कोई खास दिशा उभरती है। ''है'' और ''चाहिए'' के द्वंद्वात्मक सम्बन्ध को स्पष्ट करने की इच्छा के अभाव में ही यह करुण स्थिति सम्भव है।

''है'' का बढ़ता हुआ महत्त्व व्यावसायिक उद्देश्य से की जानेवाली मतगणनाओं से भी पता चलता है। यह आधुनिक पत्रकारिता का वैज्ञानिक या तकनीकी पहलू है। इससे सिर्फ यही नहीं पता चलता कि सरकार की तरह पत्र-पत्रिकाओं की नजर में भी लोग अब महज आँकड़ा होते जा रहे हैं, बल्कि इस बात का भी संकेत मिलता है कि जनमत के सांख्यिक प्रस्तुतीकरण के द्वारा किस तरह उसे अपने पक्ष में प्रभावित करने की कोशिश की जा सकती है। भारत जैसे देशों में चुनाव के पूर्व उम्मीदवारों की स्थिति या सत्तारूढ़ नेताओं की लोकप्रियता से सम्बन्धित आँकड़े

अक्सर पूर्वाग्रहस्त होते हैं। लेकिन यदि उनमें से कुछ खरे हों, तब भी जनमत गणनाओ के आयोजन से यह भ्रम नहीं होना चाहिए कि जनता के मत को सचमुच महत्त्व दिया जाने लगा है। एक अर्ध-निरक्षर, गरीब और विषमताग्रस्त समाज में "लोग क्या चाहते हैं" के बजाय "लोग क्या सोचते हैं" पर जोर दिया जाने लगे तो मानना चाहिए कि अपना मतलब साधने के लिए लोगों को बहाना बनाया जा रहा है। ऐसी मतगणनाएँ अक्सर महानगरों या बड़े नगरों में ही की जाती हैं। अतः देश के बहुसंख्य लोग, जो गाँव में रहते हैं, अपनी बात नहीं कह पाते। शहरी आबादी में भी लोगों की समस्याओं की प्राथमिकताएँ क्या हैं—यह जानने की कोशिश नहीं होती। वास्तविक महत्त्व के सवालों की उपेक्षा कर छद्म सवाल खड़े किये जाते हैं और लोगों की राय ली जाती है। इस तरह के सर्वेक्षण शासकों का हित तो साध सकते हैं—जनता का कोई भला नहीं करते। वस्तुतः तीसरी दुनिया में मुख्य समस्या जनमत जानने की नहीं, बल्कि जनमत बनाने की है। इसका मतलब यह नहीं कि निरक्षर लोग मूर्ख होते हैं, लेकिन यह जरूर है कि वे अपनी इच्छाओं को किस प्रकार की राजनीति में व्यक्त करें—यह नहीं जानते। जनसंचार माध्यम होने के कारण पत्रकारिता इस क्षेत्र में महत्वपूर्ण भूमिका निभा सकती थी, किन्तु उसे तो राजनेताओं, खिलाड़ियों और फिल्म स्टारों के घर आने-जाने से या ताक-झाँक करने से ही फुरसत नहीं है।

राष्ट्रीय महत्त्व के प्रश्नों से कन्नी काटने का जो गौरवपूर्ण दिखनेवाला बहाना पत्रकारिता ने ईजाद किया है, वह निष्पक्षता या तटस्थता। पत्रकारिता की दुनिया में निष्पक्ष होना बहुत सम्मानजनक माना जाता है। लेकिन निष्पक्षता किससे? राजनीतिक दलों से, सरकार से, विचारधारा से या किसी भी प्रकार के सामाजिक उद्देश्य से? दलों से निष्पक्षता तो समझ में आती है—इसके बिना कोई भी पत्र अपना प्रकृत कार्य नहीं कर सकता, लेकिन बाकी चीजों से आप तटस्थ कैसे रह सकते हैं? समाज में अगर कोई आन्दोलन चल रहा हो तो उससे आप अपनी आँखें कैसे बन्द कर सकते हैं? वही आन्दोलन, जिसके लिए अखबारों के पन्नों पर जगह नहीं होती, जब सफल हो जाता है या उसके संचालन सत्ता में पहुँच जाते हैं, तो अचानक महत्त्वपूर्ण हो उठता है। निष्पक्षता या तटस्थता का आदर्श रूप तो यह है कि हम सभी प्रकार के तार्किक या संगत दिखनेवाले विचारों को पत्र-पत्रिकाओं में स्थान दें, ताकि सामाजिक आत्मसंघर्ष आगे बढ़ सके और लोग सही और गलत के बीच चुनाव कर सकें। लेकिन इसके स्थान पर तटस्थता के सबसे घटिया रूप का वरण कर लिया जाता है। और सभी प्रकार के नये या विवादास्पद विचारों से छुट्टी पा ली जाती है। तटस्थता का यह झीना खोल भी अब जगह-जगह से बुरी तरह फट चला है और इन खिड़कियों से किसी के प्रचण्ड समर्थन या प्रचण्ड विरोध का व्यक्तिवादी झुकाव स्पष्ट दिखाई देने लगा है। जिस दिन लोग अपने अधिकारों के

प्रति सचमुच सचेत हो जायेंगे, उस दिन पत्रकारिता की यह निष्पक्षता सार्थक ढंग से भंग होगी और वह झूठे नायकों के स्थान पर अपने सच्चे नायकों को पहचानना शुरू कर देगी।

आदर्श पत्रकारिता के पक्ष में यह दलील दी जाती है कि पत्र पत्र होता है–कोई धार्मिक ग्रन्थ नहीं और पत्रकार भी पत्रकार होता है–कोई आन्दोलनकारी नहीं। इस दलील के अनुसार पत्रकार का काम सिर्फ तथ्यों को सामने रख देना है। इस तरह के विचार के पीछे शायद वैज्ञानिक वस्तुनिष्ठता का वर्क काम करता रहता है, जो अपने आप में एक और मिथक है। वैज्ञानिक भी तटस्थ नहीं होता : वह वस्तुनिष्ठ जरूर होता है। वस्तुतः मानवीय दुनिया में जो भी तथ्य होते हैं, उनका एक मूल्य संदर्भ अवश्य होता है। यहाँ हर घटना का एक अर्थ है। वह अर्थ इस बात में है कि आप उस घटना को किस तरह देखते हैं। यहाँ तक कि एक वस्तुनिष्ठ समाचार को यदि अलग-अलग ढंग से बताया जाये, तो वह समाचार नहीं रह जाता, प्रचार हो जाता है। उदाहरण के लिए सड़क दुर्घटनाओं के आँकड़ें दे कर यह साबित किया जा सकता है कि इस मामले में भारत अमेरिका से बेहतर है, लेकिन यदि हम पूरे तथ्य रखेंगे यानी यह भी बतायेंगे कि अमेरिका में कितनी गाड़ियाँ हैं और भारत में कितनी तथा वहाँ सड़कों की कुल लम्बाई कितनी है और हमारे यहाँ कितनी, तब पता चलेगा कि अमेरिका की तुलना में भारत में सड़क दुर्घटनाओं की तादाद कम होते हुये भी ज्यादा है। यह तो जोर-शोर से बताया जाता है कि भारत चीनी के उत्पादन में दुनिया में सबसे आगे निकल गया है, लेकिन यह छिपा कर रखा जाता है कि यह जिनसे आगे निकल गया है, उनकी आबादी क्या है और हमारी आबादी क्या है। इस तरह प्रतिव्यक्ति उत्पादन या उपलब्धि को सामने न ला कर राष्ट्रीय समृद्धि का भ्रम पैदा किया जाता है, जिससे यथा स्थिति का औचित्य साबित किया जा सके। तथ्य अपने आप में कोई सच्चाई नहीं होती–उसे अन्य तथ्यों के फ्रेम में रखकर ही हम सच्चाई का अनुमान कर सकते हैं और फिर कौन-से तथ्य प्रकाश्य हैं–यह चुनाव भी किसी न किसी मूल्य दृष्टि से अनुशासित होता है। अप्रासंगिक, असंबद्ध और अनुपयोगी तथ्यों को एक जगह सजा देना ही पत्रकारिता नहीं है। यह सच है कि दैनिक अपने समाचारों का चुनाव करने में बहुत स्वतंत्र नहीं होते (क्यों नहीं होते, इसकी छानबीन करेंगे, तो कुछ और करुण तथ्य सामने आयेंगे), लेकिन जिन समाचारों का वे चुनाव करते हैं और उन्हें जिस भाषा में लिखते हैं, उनकी तो कोई व्यवस्था हो ही सकती है। वस्तुतः समाचारपत्र की जरूरत ही इसलिए है कि हम दी हुई व्यवस्था में छिपी हुई अव्यवस्था को पहचान सकें और उसे व्यवस्था में बदल सकें।

जब मूल्यों या विचारों की दुनिया तात्कालिक राजनीतिक स्वार्थ से अनुशासित हो रही हो, तो फिर तथ्यों की पवित्रता कैसे सुरक्षित रह सकती है? पत्रकारिता की दुनिया का एक प्रिय मुहावरा रहा है कि तथ्यों के साथ आप कोई छेड़छाड़ नहीं कर

सकते, विचार आपके अपने हैं। लेकिन जब विचार किसी खास तरफ झुकने लगते हैं, तो वे तथ्यों को भी अपने साथ घसीट ले जाते हैं। भारतीय पत्रकारिता ने इस मामले में तो कमाल कर दिया है कि बहुत स्थूल तथ्यों—जैसे किसी नेता की सभा में कितने लोग आये या दंगों में कितने मरे या "रामभक्तों" की संख्या कितनी थी—के बारे में भी अब जमीन-आसमान का फर्क दिखाई देने लगा है। अभी तक रेडियो और टेलीविजन ही इस मामले में अविश्वसनीय थे, किन्तु अब पत्रकारिता भी इस अश्लील जुलूस में शामिल हो गयी है। तथ्य और कल्पना के बीच एक धूमिल-सा क्षेत्र तर्कसंगत अनुमान का होता है। इस क्षेत्र को धूमिलता का लाभ उठा कर बोफोर्स काण्ड की कैसी-कैसी स्वार्थपूर्ण व्याख्याएँ आ चुकी हैं, हम जानते हैं। यह भी वस्तुतः तथ्यों का तिरस्कार करनेवाली दृष्टि का ही एक नतीजा है। लेकिन यह इस ढंग की एकमात्र घटना नहीं है। सूचना देने की शक्ति के आपराधिक दुरुपयोग की घटनाएँ बढ़ती ही जा रही हैं। यह तो व्यावसायिकता भी नहीं है—पेशे की स्वतन्त्रता का घिनौना रूप है, जो समाज में जहर घोल सकता है और देश के आर्थिक आधार को भी चौपट कर सकता है।

पत्रकारित खबरों की सौदागरी नहीं है न उसका काम सत्ता के साथ शयन है। उसका काम जीवन की सच्चाइयों को सामने लाना और उनका विश्लेषण करना है। पत्रकार की सत्ता कोई स्वतंत्र सत्ता नहीं होती। उसे बहुत-सी सुविधाएँ और स्वतन्त्रताएँ इसीलिए मिलती हैं कि वह समाज का प्रतिनिधि है। सामाजिक हित के लिए की जानेवाली उसकी चोरी तक को प्रशंसा की निगाह से देखा जाता है। अतः सरकार की तरह उसके वास्तविक मालिक वे लोग ही होते हैं जिनका प्रतिनिधित्त करते हुये वह घटनास्थल पर जाता है या तथ्यों की सुरंग में प्रवेश करता है। लेकिन शायद प्रतिनिधित्व के विधान में ही कुछ ऐसा है कि वह शीघ्र ही भ्रष्ट करने लगता है। राजा या सामंत की सत्ता को चुनौती देते हुये लोकतन्त्र आया और लोकतन्त्र के अंग के रूप में पत्रकारिता का विकास हुआ। भारत में संसदीय लोकतन्त्र की स्थिति अच्छी नहीं है। तो फिर पत्रकारिता की नियति कुछ और कैसे हो सकती थी? लेकिन लोकतन्त्र की तरह पत्रकारिता भी कुछ मूल्यों के छद्म में ही अपना काम करती हैं यहाँ नाचना हो तब भी घूँघट रखना होता है। अतः जब तक पत्रकारिता रहेगी, तब तक उससे मूल्यों की माँग की जाती रहेगी। वस्तुतः यही तनाव पत्रकारिता को एक जीवन्त और लोकप्रिय माध्यम बनाये रखता है।

ऐतिहासिक दृष्टि से समकालीन पत्रकारिता का संकट एक ओर तो भारतीय मध्य वर्ग का संकट है और दूसरी ओर भारतीय पूँजी का। पश्चिम में मध्य वर्ग और निजी पूँजी, दोनों ने कुछ हद तक प्रगतिशील भूमिका निभाई है और अपने यहाँ के सामान्य जीवन को उन्नत तथा समृद्ध बनाया है, हालांकि उस समृद्धि की सबसे ज्यादा कीमत एशिया और अफ्रिका में फैले उसके उपनिवेशों को चुकानी पड़ी है।

संभवतः इस उन्नति और समृद्धि को देख कर हम भारतीयों को लगता है कि हम भी एक दिन उस लक्ष्य को छू लेंगे। लेकिन यह एक आत्मवंचना है। भारतीय मध्य वर्ग ने वैसी कोई क्रान्ति नहीं की है और न ही हमारी पूँजी का चरित्र राष्ट्रीय अर्थव्यवस्था के तीव्र विस्तार का है। दोनों ही कुछ ऐसी अद्भुत किस्म की रूढ़ियों, सीमाओं और वंचनाओं के शिकार हैं जिनके कारण स्वतन्त्र, स्वाभिमानी और गतिशील नागरिक के रूप में भारतीय व्यक्ति का विकास कुंठित हो रहा है। आधुनिकता को हमने विचार के स्तर पर नहीं, काफी हद तक उत्पादन के स्तर पर भी नहीं, बल्कि सिर्फ रहन-सहन के स्तर पर स्वीकार किया है, जो अपने आप में बहुत-सी विकृतियों के लिए जिम्मेदार है। इसके परिणामस्वरूप संसदीय जनतन्त्र प्रधानमन्त्री को तानाशाही के रूप में बदल जाता है और आर्थिक सुरक्षा व्यक्तित्व की स्वतन्त्रता को नष्ट कर देती है। इसकी व्यथा हमारी तमाम तरह की अभिव्यक्तियों में दिखाई पड़ती है। इनमें से एक पत्रकारिता भी है। पत्रकारिता के सुख-दुख तथा छल-छद्म मूलतः हमारे मूल्यविरत मध्य वर्ग के ही सुख-दुख और छल-छद्म हैं, जो उस पूँजी की छाया में एक तरह से अनिवार्य हैं, जिसमें समृद्धि और समानता का स्वप्न तो नहीं ही है, जिसमें किसी किस्म का राष्ट्रीय स्वाभिमान भी नहीं दिखाई देता। इस तरह की व्यवस्था एक तरह के आन्तरिक उपनिवेशवाद पर ही टिकी रह सकती है, जिसमें पत्र-पत्रिकाएँ बस उतनी ही लोकतान्त्रिक हैं, जितनी नये उपनिवेश को वैधता देनेवाली यह व्यवस्था संवेदना और विचार, दोनों का क्षय करनेवाली इस व्यवस्था के शिकार लोग जब चीजों की बागडोर सचमुच अपने हाथ में लेंगे, तो एक नये प्रकार की पत्रकारिता हमारे सामने आयेगी। अब यह हमारे हाथ में है कि हम उस दिन का इन्तजार करें या उसे जल्दी लाने की कोशिश।

लेकिन यह मानना कि जिस दिन जनता का शासन होगा, उसी दिन जनता की पत्रकारिता होगी, बुद्धिजीवी को भ्रष्ट होने का एक झूठा तर्क देना है। आधुनिक युग में मनोविज्ञान और समाजशास्त्र ने कुछ ऐसे तर्क सुलभ कर दिये हैं, जिनके आधार पर किसी भी नैतिक विच्युति को स्वाभाविक ठहराया जा सकता है या किसी भी नैतिक माँग को अवास्तविक साबित किया जा सकता है। इसी सुविधा का उपयोग करते हुये ऐसे पेशों या जीवन-शैलियों के पतन की संतोषजनक व्याख्या कर ली जाती है, जिनके केन्द्र में जीवन के उच्चतर मूल्य होने चाहिए। लेखक, शिक्षक, चिकित्सक, वैज्ञानिक, राजनीतिज्ञ, पत्रकार आदि इसी वर्ग के लोग हैं, जिनके कर्म के पीछे यदि कोई नैतिक प्रेरणा नहीं है, तो इसका वैज्ञानिक या मनोवैज्ञानिक स्पष्टीकरण आप चाहे जितना खोज लें, लेकिन ये अपने होने का मूलभूत तर्क ही खो बैठते हैं। उनसे हमेशा यह अपेक्षा की जाती है कि ये उन सामान्य मोहों और भयों से मुक्त रहेंगे, जो समाज के दूसरे वर्गों के लिए क्षम्य माने जाते हैं। राजनेता, अफसर या पत्रकार जितने भी भ्रष्ट हों, उनसे हमेशा यह माँग रहेगी कि वे जनहित

में काम करें। यह नैतिक दबाव ही उनके काम को एक तरह का सामाजिक औचित्य या नैतिक वैधता देता है। इसी से उन्हें शक्ति भी मिलती है। सामाजिक प्रतिनिधित्व के तर्क से काम करनेवाले इन पेशों के लोग अपनी इस शक्ति के नशें में आज प्रायः उन्मत्त हैं। पत्रकार कुछ ज्यादा ही, क्योंकि वह इस शक्ति-वलय में नया-नया शामिल हुआ है। लेकिन उसे यह भूलना नहीं चाहिए कि उसका सम्मान भले ही बढ़ा हो, लेकिन आदर कम हुआ है। अगर पत्रकारिता अपनी नैतिक प्रेरणाओं की उपेक्षा के इसी रास्ते पर चलती रही, तो भविष्य में पत्रकार से लोग डरेंगे जरूर—जैसे नेता या नौकरशाही से डरते हैं, लेकिन उसे अपना नहीं मानेंगे। कुछ से तो शायद नफरत भी करें।

राष्ट्रीयता का आयाम

सच कहा जाये तो राष्ट्रीयता भारत में आज एक छीजता हुआ मूल्य है। लेकिन सच यह भी है कि स्थिति जितनी करुण है उससे कहीं अधिक हमें प्रतीत होती है। इसका कारण यह है कि स्वाधीनता संघर्ष का युग बीते अभी ज्यादा समय नहीं हुआ है। तब देश भर में उत्कट राष्ट्रीयता का ज्वर ठाठें मार रहा था। व्यक्ति का जीवन गौण हो गया था, समाज और राष्ट्र के प्रश्न मूल्यवान हो गये थे। वह युग अब भी हमें इतना करीब लगता है, क्योंकि उस युग के बहुत-से नायक आज भी हमारे बीच मौजूद हैं। यह स्वातंत्र्योत्तर भारत की बदली हुई तस्वीर का ही द्योतक है कि स्वतन्त्रता के जो सेनानी उन दिनों राष्ट्रीय स्वाधीनता के लिए संघर्ष कर रहे थे, वे ही अब पेन्शन और मुफ्त रेल यात्रा के लिए लड़ रहे हैं। स्पष्टतः यह स्वतन्त्रता संघर्ष के युग का विपर्यय है। फिर भी हमारे बीच स्वतन्त्रता सेनानियों की उपस्थिति इस बात का जीवन्त प्रमाण है कि निकट अतीत में ही यहाँ एक महान संघर्ष सम्पन्न हुआ था, जिसमें लाखों लोगों ने हिस्सा लिया था। वह माहौल आज कहीं दिखाई नहीं पड़ता है। राष्ट्रीय निर्माण की मूल प्रतिज्ञा धूमिल पड़ चुकी है। पिछले एक दशक में चीजों को देखने का नजरिया बड़ी तेजी से बदला है। चारों तरफ स्वार्थपरता और अवसरवाद की भयानक सड़ाँध है। ऐसे माहौल में राष्ट्रीयता के लिए कहाँ जगह हो सकती है? यही कारण है कि उस युग की किसी स्मृति, किसी प्रतीक या किसी घटना से हमारा सामना होता है, तो हम चौंधिया जाते हैं और मौजूदा अन्धेरा हमें और ज्यादा घना लगने लगता है।

विडम्बना यह है कि जिस गति से राष्ट्रीयता की भावना विरल होती जा रही है, उसी तीव्रता से राष्ट्रीय एकता का सवाल विभिन्न मन्चों से उठाया जाने लगा है। लेकिन इसमें चकित होनेवाली कोई बात नहीं है। यह एक सीदा-सादा गणित है। बात यह है कि जब एक प्रेरक मूल्य के रूप में राष्ट्रीयता को समाज के बाहर कर दिया जाता है या दूसरे, गौण मूल्य उस पर हावी हो जाते हैं, तब राष्ट्र के अन्दर दरारें पड़ने लगती हैं। राष्ट्र का सिर्फ एक सुनिश्चित भूगोल ही नहीं होता। उनकी एक सुस्पष्ट तथा गतिशील आर्थिक-राजनीतिक व्यवस्था भी होती है। ऐसी व्यवस्था हम पिछले 43 सालों में विकसित नहीं कर सके हैं। उपराष्ट्रीयताओं का प्रश्न भी नये सिरे से

सिर उठा रहा है। देश की राजनीतिक व्यवस्था संघतावादी हो—इसकी बेचैनी चारों तरफ देखी जा रही है, हालांकि संघवादी राजनीति का कोई वास्तविक विकास नहीं हो रहा है। सिर्फ क्षेत्रीय दलों के गठबन्धन को संघवाद नहीं कहा जा सकता। क्षेत्रिय विषमता का सवाल आज हमारे सामने एक प्रमुख सवाल है। जाहिर है कि जिस संविधान के तहत हमने स्वतंत्र भारत की यात्रा शुरू की थी, वह कई महत्वपूर्ण मामलों में अधूरा साबिज हुआ है। यहाँ तक कि भाषा का निर्णायक प्रश्न भी अनसुलझा पड़ा है। जिसका नतीजा यह है कि एक विदेशी भाषा ही आज भी राष्ट्र को राजनीतिक रूप से जोड़े हुये हैं। सबसे बड़ी बात यह है कि राजनीतिक तन्त्र में वह संवेदनशीलता नहीं रही जिसके कारण व्यवस्था अपने आप जन अपेक्षाओं के साँचें में ढ़लती जाती है। इस संवेदनशीलता के अभाव में लोकतन्त्र कुछ गिरोहों द्वारा सत्ता पर कब्जा करने का एक कानूनी औजार हो गया है। हमारे शासकों की वैधता इसके अलावा क्या रह गयी है कि उनका निर्वाचन वोट से हुआ है और यह ऐसा वोट है जिसकी पवित्रता हर आम चुनाव के बाद थोड़ी और संदिग्ध हो जाती है।

इन प्रक्रियाओं के कारण राष्ट्र के अन्दर एक तरह की कसमसाहट पैदा हो जाना लाजिमी है, लेकिन शासक वर्ग इस कसमसाहट को समझने की कोशिश नहीं कर रहा है। यह राष्ट्रीयता की क्षीण होती जा रही है प्रेरणा का ही नतीजा है कि आज देश में राष्ट्रीय एकता का नारा तो बहुत जोर-शोर से लगाया जा रहा है, लेकिन इस बात की समझ कम दिखाई पड़ती है कि राष्ट्रीय एकता को अचानक खतरा हो गया है तो उसके वास्तविक कारण क्या हैं। सेना या पुलिस के बल पर किसी भी राष्ट्र को बहुत दिनों तक ऐक्यबद्ध नहीं रखा जा सकता। अन्ततः तो राष्ट्र जन इच्छा पर ही टिका हुआ होता है। जब इसकी बेकदरी होती है, तभी एक राष्ट्र के अन्दर कई राष्ट्र सिर उठाने लगते हैं। चूँकि भारत विभाजन अब भी हमारे लिए एक दुःस्वप्न है और बहुत-से भारतीयों के मन में पाकिस्तान के अस्तित्व की वैधता अब भी संदिग्ध है, इसलिए देश के एक बार और टूटने की आशंका लोगों को सिहरा देती है। देश का शासक वर्ग इसका पूरा फायदा उठा रहा है। वह बार-बार जिस संकट का जिक्र करता है, व्यवहार में उसे और गहरा करते जाने की हठपूर्ण कोशिश करता है। उसने पंजाब की समस्या को लगातार बिगाड़ा है। सिर्फ एक बार यानी पंजाब समझौते के जरिये उसने कुछ सदिच्छा का परिचय दिया था, किन्तु वह सदिच्छा कुछ महीने भी नहीं टिक सकी। आतंकवाद की समस्या को पूरी तरह समझे बिना तथा उससे निपटने की साधारण कोशिश किये बगैर ही लोगों को यह समझाया जा रहा है कि आतंकवाद तो रहेगा—हमें उसके साथ रहना सीखना होगा। लेकिन क्या सांप्रदायिकता की समस्या भी उतनी ही स्थायी नहीं हो चुकी है? क्या जातिवाद का जमाना जल्द ही लदने जा रहा है? क्या क्षेत्रिय संकीर्णताएँ आजकल में अपनी मौत मरने जा रही हैं? राष्ट्रीय एकता के मार्ग में कौन-सी बाधा है जिसके साथ रहना हमें

नहीं सीखना होगा।

लेकिन इसका मतलब यह नहीं कि लोगों के मन में किसी विधि से राष्ट्रीय भावना भर दी जाये तो देश की सारी समस्याएँ पलक झपकते समाप्त हो जायेंगी। यह एक असम्भव बात है। राष्ट्रीयता का एक निर्गुण स्वरूप होता है, एक सगुण स्वरूप। निर्गुण स्वरूप का निरर्थक जाप राष्ट्र के अन्दर भावनात्मक उमस ही पैदा कर सकता है। राष्ट्र अगर कोई अमूर्त चीज नहीं है, तो फिर राष्ट्रीयता भी कोई अमूर्त भावना नहीं हो सकती। उसकी एक ठोस शक्ल होती है, जिसमें हमारे जीवन के आर्थिक, सामाजिक, राजनीतिक और सांस्कृतिक पहलू तीव्रता से जगमगाते हैं। वस्तुतः स्वतन्त्रता संग्राम के दौर में भी राष्ट्रीयता की अवधारणा इतनी निर्गुण नहीं थी। उसके प्रारम्भिक चरण में ही डॉ. दादाभाई नौरोजी और रमेशचन्द्र दत्त जैसे लोगों ने भारत की गरीबी का सवाल जोरदार ढंग से उठाया था। उस समय कांग्रेस के प्रस्ताव पढ़ जाइये, भारत में उन दिनों बढ़ती हुई गरीबी, ऋणग्रस्तता, महँगाई, टैक्सों का बोझ, शिक्षा की कमी, जन स्वास्थ्य की उपेक्षा, पुलिस जुल्म आदि की तस्वीरें एकदम साफ हो जायेंगी। लेकिन आज जन समस्याओं की चर्चा किये बगैर यह आशा की जाती है कि लोग राष्ट्रीय भावना से ओतप्रोत हो जायेंगे। यह एक बाँझ आशा है। जनमानस में राष्ट्रीयता की सुप्त भावना जगाने के लिए यह जरूरी है कि राष्ट्रीय व्यवस्था का ऐसा स्वप्न लोगों के सामने रखा जाये जो सभी में उत्साह और उमंग का संचार कर सके।

राष्ट्रीयता का केन्द्रीय तत्त्व है अपने राष्ट्र पर गर्व। यह गर्व अपनी राष्ट्रीय परम्परा की गहरी पहचान तथा राष्ट्रीय अस्मिता के साथ आत्मीय तादात्म्य से उपजता है। जिसने राष्ट्र को जाना ही नहीं, उसके अन्दर राष्ट्रीय स्वाभिमान कैसे पैदा हो सकता है? राष्ट्रीय परम्परा और आधुनिकता में कोई वास्तविक अन्तर्विरोध नहीं है। सच्ची आधुनिकता परम्परा के अन्तर्संघर्ष से ही उपलब्ध होती है। इसके स्थान पर आज हम चारों ओर एक छद्म, नकलची और गैरतात्विक आधुनिकता का सैलाब देखते हैं। भाजपा का हिन्दूवाद इसी सैलाब की एक रुग्ण लहर है। वह देश की सारी समस्याओं को मुस्लिम विरोध से जोड़ देती है और हिन्दू मन में कहीं गहरी बसी मुस्लिम ग्रन्थि को मजबूत करती है। राष्ट्र निर्माण की अधूरी एवं विकृत कोशिशों के कारण आज अधिकांश भारतीय एक विकट और दुःसाध्य आत्महीनता के शिकार हो रहे हैं। जब राष्ट्र पर सच्चा गर्व न हो, तब राष्ट्रीय दर्प पैदा करने के झूठे उपायों का सहारा लेना जरूरी होता है। श्रीलंका में सैनिक हस्तक्षेप इसी बीमार इच्छा की अभिव्यक्ति था। यह हमारे राष्ट्रीय स्वप्न के विपर्यय का ही एक और प्रतीक है कि हमारे साथ ही राष्ट्र निर्माण की यात्रा शुरू करनेवाला चीन आज महाशक्ति बन चुका है, किन्तु भारत दक्षिण एशिया में मिनी महाशक्ति बनने की ही इच्छा से ही प्रमुदित हुआ जा रहा है।

यही वह संदर्भ है जिसमें हमारी पत्रकारिता को काम करना पड़ रहा है। सवाल यह है कि क्या उसने एक आत्महीन होती हुई जाति की समस्याओं को समझने और उसका विश्लेषण करने की कोशिश की है? यदि हम अपने को व्यावसायिक पत्रकारिता तक ही सीमित रखें, जिसे आज पत्रकारिता की मुख्य धारा कहा जा सकता है, तो स्थिति बहुत आशापूर्ण नहीं प्रतीत होती। पत्रकारिता ने ऐसा कोई विवेक पैदा नहीं किया, जिससे वह पतनशील संस्कृति के समानान्तर एक मजबूत दीवार की तरह खड़ी रह सके। यह बात खास तौर से इसलिए हैरत में डालने वाली है कि आजादी के पहले हमारी पत्रकारिता की भूमिका बहुत ही गौरवपूर्ण थी। उसने राष्ट्रीय मुक्ति संग्राम में किसी से कम भूमिका नहीं निभाई थी। लेकिन आजादी के बाद जैसे राजनीति ने स्वतन्त्रता आन्दोलन को स्थगित कर दिया, उसी तरह पत्रकारिता ने भी मान लिया कि उसके लिए आलोचनात्मक विवेक अब बेकार की चीज हो चुका है। नव प्राप्त स्वाधीनता के कोहरे में सब कुछ इस तरह खो गया जैसे वह वहाँ था ही नहीं। यह सच है कि उसके बाद राष्ट्र कई बार मोहभंग की अवस्था से गुजरा और उसके साथ-साथ पत्रकारिता भी, लेकिन यह भी सच है कि मोटे तौर पर पत्रकारिता भी उसी राष्ट्रहंता अभियान का एक अंग है जो समाज में विभिन्न स्तरों पर छिड़ा हुआ है। इसके निश्चय ही कुछ चमकदार अपवाद हैं, लेकिन बस इस नियम की पुष्टि के लिए कि मनुष्य का विवेक कभी पूरी तरह समाप्त नहीं होता।

स्वातन्त्र्योत्तर पत्रकारिता में राष्ट्रीयता का स्तर कमजोर होने के कारण क्या उस पूँजी के चरित्र का बदलना है जो उसके पीछे काम करती है? एक तरह से, हाँ। स्वतन्त्रता आन्दोलन के दौरान उभरता हुआ भारतीय पूँजीवाद देशभक्त था, क्योंकि उसे विदेशी पूँजी के साथ कठिन प्रतिद्वन्द्विता का सामना करना पड़ रहा था। फिर उस पूँजी पर राष्ट्रवादी लेखकों, बौद्धिकों, संगठनों और आम माहौल का दबाव भी था। लेकिन आजादी के बाद भारतीय पूँजीवाद का कोई स्वतंत्र तथा राष्ट्रीय व्यक्तित्व विकसित न हो सका। उसने न तो देश के व्यापक उपयोगीकरण के लिए कोई बेचैनी दिखाई और न देशी टेक्नोलॉजी के विकास का कोई विशेष उपाय किया। वह अपने विकास के लिए एक तरह से आन्तरिक उपनिवेशवाद पर निर्भर था, जिसमें देश के पिछड़े अंचलों का शोषण होता है और थोड़-से उन्नत अंचलों के विशेष लोग आधुनिक सुविधाओं का लाभ उठाते हैं। इसीलिए विदेश उपनिवेशवाद से सहयोग करने के लिए वह बराबर उत्सुक रहा, जिसके दरवाजे अब कुछ ज्यादा ही खोल दिये गये हैं। चूँकि यह औद्योगिक व्यवस्था हर स्तर पर एक परजीवी मध्य वर्ग पैदा कर रही थी, इसलिए उसने पत्रकारिता को भी मध्य वर्ग केन्द्रित बना दिया जिसके सरोकार बहुत सीमित थे। इस बीच इस मध्य वर्ग का चरित्र भी काफी बदल चुका था। उसकी पहले वाली प्रगतिशील भूमिका छीजने लगी थी। पश्चिम में मध्य वर्ग

ने कई मायने में प्रगतिशील भूमिका निभाई हैं, लेकिन भारत का मध्यवर्ग आज मूलतः समाजद्रोही है : वह अभी तक सामाजिक नवजागरण भी नहीं पैदा कर पाया है। यही कारण है कि उसकी पत्रकारिता के सरोकार भी बहुत सीमित हैं। उसमें आम जनता की आशाएँ पर्याप्त रूप से प्रतिबिंबित नहीं होती। शक तो इसमें भी है कि वह व्यापक भारतीय समाज को पहचानता भी है या नहीं।

राष्ट्र की समझ कितनी संकीर्ण हो गयी है, इसका एक प्रमाण यह है कि अक्सर पार्टी या सरकार को ही राष्ट्र मान लिया जाता है। पार्टी, सरकार और देश तीनों गड्डमड्ड नजर आते हैं। पार्टी की समस्याएँ ही सरकार की समस्याएँ हैं। सरकार की समस्याएँ राष्ट्र की समस्याएँ हैं। इस समझ के कारण पत्रकारिता ने राष्ट्रीय जीवन की प्रमुख चुनौतियों की तरफ ध्यान देने की जरूरत नहीं समझी है। जिसे विपक्ष की पत्रकारिता कहते हैं, उसकी एक क्षीण धारा जरूर प्रवाहित हुई है, किन्तु अनेकबार ऐसा प्रतीत होता है कि जिस तरह विपक्ष के कुछ दलों और नेताओं का उद्देश्य सिर्फ सत्ता पर किसी तरह कब्जा करना है, उसी तरह यह पत्रकारिता भी किसी बड़े और राष्ट्रीय लक्ष्य से नहीं, बल्कि संकीर्ण राजनीतिक हितों से परिचालित हो रही है। वह सत्ता परिवर्तन को राष्ट्रीय परिवर्तन का प्रतिबिम्ब मान कर चलती है। यही वजह है कि समाज में जहाँ-जहाँ स्वतः स्फूर्त आन्दोलन हो रहे हैं, उसकी ओर दोनों की ही निगाह नहीं जाती—न राजनीति की और न पत्रकारिता की। राष्ट्रीय लक्ष्यों की खोज, राष्ट्र निर्माण की समस्याओं की पहचान और एक राष्ट्र के रूप में आगे बढ़ने का संकल्प दोनों में ही कम दिखाई देता है। लेकिन कुछ पत्र-पत्रिकाओं में नेता की चापलूसी का जो उन्माद दिखाई पड़ता रहा है, वह तो एकदम अश्लील है। यह इस बात का भी प्रमाण है कि राष्ट्रीय स्वाभिमान की तो बात ही छोड़िये, नागरिक स्वाभिमान भी हमें रक्षा करने योग्य नहीं लगता।

महत्त्वपूर्ण राष्ट्रीय प्रश्नों पर भी पत्रकारिता किस तरह उस शोरगुल में शामिल हो सकती है जो राजनीति पैदा करती है, उसका एक दुःखद नमूना है सीमा के सवाल पर चीन के साथ भारत की बातचीत शुरू होने का तुमुल स्वागत। यह सच है कि संवाद के सिवाय इस समस्या का कोई समाधान नहीं है, लेकिन यह संवाद शुरू करने का क्या कोई शालीन तरीका नहीं हो सकता था? 1962 में भारत के साथ चीन की अनावश्यक मुठभेड़ हुई थी, जो अब भी हमारी स्मृति में एक जख्म की तरह है। अब अगर उस कटुता को समाप्त कर चीन भारत से संवाद करने के लिए इच्छुक है, तो यह अच्छी बात है, लेकिन क्या वह उस दुर्भाग्यपूर्ण घटना के लिए एक बार भी, मद्धम स्वर में ही सही, खेद प्रकट नहीं कर सकता था? हमारे पत्रकार बार-बार बता रहे हैं कि चीन भी भारत से सम्बन्ध सुधारने का इच्छुक है। वह इच्छुक होगा, लेकिन क्या उसकी कोई ठोस अभिव्यक्ति नहीं होनी चाहिए थी या आहत भारत इसकी माँग नहीं कर सकता था? जिस घटना ने पूरे देश को झकझोर दिया था, उस पर खेद

प्रकाश का एक शब्द कहे बगैर चीन ने हमारे प्रधानमन्त्री को अपने यहाँ आमन्त्रित किया और वे हँसी-खुसी चले भी गये और इस पर कई सप्ताह तक पत्रकारिता की दुनिया में हंगामा मचा रहा—यह उस जातीय स्मृति-भ्रंश का ही परिचायक है, जिसका शिकार हमारी पत्रकारिता भी हुई है।

पत्रकारिता की दुनिया में राष्ट्रीयता के मूल्यों की क्या स्थिति है, यह समझने के लिए हम कुछ घटनाओं और तथ्यों का कोलाज बनाते हैं। जिस दिन स्वर्ण मन्दिर पर "ऑपरेशन ब्लू स्टार" हुआ, उस दिन कुछ समाचारपत्रों के दफ्तरों में मिठाई बाँटी गयी थी। अधिकांश समाचारपत्र अब भी मुसलमानों को राष्ट्रद्रोही नहीं तो विजातीय मान कर चलते हैं और उनकी दुनिया की खबर नहीं देते। अभी हाल तक आम लोगों को मुसलिम पर्वों—परम्पराओं का ज्ञान होता था, किन्तु अब पत्रकारिता इन सबके बारे में बताना जरूरी नहीं समझती। उत्तर-पूर्व की जीवन स्थितियों में बिल्कुल दिलचस्पी नहीं ली जाती। दक्षिण भारत के पत्र तो फिर भी उत्तर भारत की राजनीति में अपनी रुचि दिखलाते हैं, लेकिन उत्तर भारत के लिए दक्षिण भारत तब तक महत्त्वपूर्ण नहीं होता जब तक वहाँ चुनाव या सरकार बनने-बिगड़ने जैसी घटना न हो। शहर में मामूली-सी घटना भी हो तो उसका विस्तार से जिक्र होता है, जबकि गाँवों की हालत क्या है—यह नहीं बताया जाता। देश में कई जगह किसान आन्दोलन चल रहे हैं, लेकिन उनकी खबर नहीं दी जाती। इसी प्रकार आदिवासी समूहों के आन्दोलन के प्रति उपेक्षा भाव बरता जाता है। यहाँ तक कि विदेशों में बसे भारतीयों की भी खोज-खबर नहीं ली जाती। हाँ, पाकिस्तान के प्रति एक तरह का द्वेष भाव जरूर लगातार दिखाया जाता है, मानों अपनी देशभक्ति प्रमाणित करने का यह एक अचूक नुस्खा हो। यह सच है कि पाकिस्तान के अनेक शासकों ने बार-बार भारत के प्रति दुर्भावना का परिचय दिया है, लेकिन उसको राजनीति का परदाफाश करते हुये पाकिस्तानी जनता को भारतीय जनता का मित्र बनाने की कोशिश नहीं की जाती। उलटे पाकिस्तान के खिलाफ सरकारी प्रचार का हिस्सा बनने में पत्रकारिता आनन्द का अनुभव करती है। पश्चिमोत्तर राज्यों में अलगाववाद और आतंकवाद को पाकिस्तान का समर्थन है, किन्तु क्या इसी से वहाँ मानव अधिकारों की गम्भीर अवहेलनाएँ हमारी राष्ट्रीय चिन्ता का अंग नहीं होना चाहिए?

इसमें संदेह नहीं कि बीसवीं शताब्दी के अन्तिम दशक में राष्ट्रीयता उस तरह उत्कट नहीं हो सकती जिस तरह उसके पूर्वार्ध में रही। यह क्षेत्रीय एवं अन्तर्राष्ट्रीय सहयोग तथा अन्तर्निर्भरता का युग है। किन्तु एक समय जो यह कल्पना की जा रही थी कि शीघ्र ही राष्ट्रीयता की दीवारें कमजोर हो जायेंगी और एक विश्व मानव का आविर्भाव होगा, वह भी निर्मूल साबित हुई। जब तक दुनिया में आर्थिक या अन्य किसी भी प्रकार की गैरबराबरी रहेगी, राष्ट्रीय हितों का दबाव बना रहेगा। वैसे एक विषमता रहित विश्व में भी राष्ट्रीय पहचान, राष्ट्रीय स्वाभिमान और राष्ट्रप्रेम के लिए

कफी जगह रहेगी। सच्ची राष्ट्रीयता वह नहीं है जो युद्ध के समय व्यक्त होती है—उस वक्त तो वह आत्मरक्षा का आदिम संवेग बन जाती है। सच्ची राष्ट्रीयता वह है जो शान्ति के समय व्यक्त होती है। खास तौर से तीसरी दुनिया के देशों में राष्ट्रीयता को गहरी औदर उद्‌दाम लहरों की जरूरत है, ताकि वहाँ राष्ट्र निर्माण का अधूरा काम पूरा हो सके। समाज और पत्रकारिता को अपने लक्ष्यों को पुनर्परिभाषित करते वक्त इस सहज सच्चाई को नजर ओट नहीं करना चाहिए।

यह हिन्दू कहाँ छिपा था

हिन्दी पत्रकारिता की ऊपर चमचमाती, लेकिन भीतर से बसियाती और कहीं-कहीं गन्धाती भी, नदी में पिछले कुछ समय से साम्प्रदायिकता का जो ज्वार आया है, वह कुछ हद तक चकित करनेवाला है। यह ज्वार हिन्दी पत्रकारिता की बुनियादी दीक्षा और संस्कार के विरुद्ध है। हिन्दुत्व का उन्मेष हिन्दी पत्रकारिता के लिए अनजान नहीं है। प्रारम्भिक वर्षों में तो अधिकांश पत्रों के नाम तक हिन्दू और जातिमूलक हुआ करते थे। लेकिन वह हिन्दू पत्रकारिता थी, हिन्दूवादी पत्रकारिता नहीं तब का पत्रकार अक्सर हिन्दू समाज को कठघरे में खड़ा किया करता था और इस प्रश्न से लगातार टकराता रहता था कि हिन्दू समाज की यह अधोगति क्यों हुई। इस तरह की हिन्दू पत्रकारिता को शायद आज भी जरूरत है, हालांकि आज सिर्फ हिन्दू समाज से सरोकार रखना एक तरह की संकीर्णता ही होगी तथा मौजूदा सांप्रदायिक विभाजन को शायद मजबूत भी करेगी। ''सरिता'' नामक मासिक पत्रिका यही काम व्यावसायिक सफलता के साथ कर रही है, जबकि उसके पीछे कोई स्वस्थ लक्ष्य नहीं है और तौर-तरीके भी बहुत भोंड़े हैं। फिर भी ''सरिता'' एक औसत हिन्दू को कुछ हद तक उद्धबुद्ध ही करती है। वह उन बेड़ियों को पहचानना सीखता है, जो हिन्दू समाज के आधुनिकीकरण की राह में जबर्दस्त रोड़े हैं।

लेकिन ऐसा लगता है कि हिन्दूवादी पत्रकारिता ने उन सारे प्रश्नों का उत्तर पा लिया है, जो प्रश्न अब तक के हिन्दू पत्रकारों को परेशान किया करते थे। वह उत्तर यह है कि हिन्दुओं की मुख्य समस्या यह है कि भारत में मुसलमानों की दामाद की तरह खातिर क्यों की जा रही है? बाबरी मस्जिद अपनी जगह पर खड़ी रहती, तो हिन्दू समाज का सिर दुनिया के सामने झुका रहता। स्पष्ट है कि हिन्दू पत्रकारिता स्व-अभिमुख थी, जबकि हिन्दूवादी पत्रकारिता पर–अभिमुख है। यह पत्रकारिता मुसलमान को ''पर'' मान कर चलती है। मुसलमान या मुस्लिम शासन पहले की हिन्दू पत्रकारिता के लिए भी ''पर'' ही था, लेकिन परकीय के अर्थ में–शत्रु के स्तर पर नहीं। वह भी भारतीय मुसलमानों को भारत के स्वाभाविक बाशिंदों के रूप में नहीं देखती थी, पर उनको अवांछनीय भी नहीं मानती थी और उनकी उपस्थिति को हिन्दू जाति का एकमात्र बाधा के रूप में तो नहीं देखती थी।

इसके विपरीत हिन्दूवादी पत्रकारिता इस 'पर' को भारतीय समाज के एकमात्र अन्तर्विरोध के रूप में देखती है और उस पर विजय पाने का एकमात्र हिन्दू स्वप्न बनाना चाहती है। संक्षेप में कहें तो वह आत्म-शोध की पत्रकारिता थी, यह प्रतिशोध की पत्रकारिता है। यह एक विराट विपर्यय है जिसकी तत्त्व-मीमांसा सिर्फ भारतीय जनता पार्टी के राम अभियान को केन्द्र में रखकर नहीं की जा सकती।

हिन्दू पत्रकारिता हिन्दी पत्रकारिता का दीक्षा—काल था, तो आधुनिक और सेकुलर पत्रकारिता उसका संस्कार काल। यह स्वतन्त्रता संघर्ष के दिनों में विकसित हुआ। वैसे तो 1857 के पहले स्वतन्त्रता युद्ध में ही हिन्दू-मुसलमान राजनीतिक रूप से नजदीक आ चुके थे, किन्तु स्वतन्त्रता आन्दोलन के दौरान खासकर महात्मा गांधी के नेतृत्व में उनकी राजनीतिक निकटता और ज्यादा बढ़ी तथा उन्होंने न केवल यह महसूस किया कि उनके हितों में कोई वास्तविक अन्तर्विरोध नहीं है, बल्कि यह भी कि वे साझा लड़ाई से ही स्वतन्त्रता संघर्ष के लक्ष्यों को प्राप्त कर सकते हैं। हिन्दू पत्रकारिता की तरह स्वतन्त्रता आन्दोलन के उषाकाल में ही हिन्दू राजनीति का उदय हुआ, जिसके सबसे बड़े प्रवक्ता बाल गंगाधर तिलक माने जा सकते हैं। यह धारा महात्मा गांधी के उत्कर्ष काल में काफी हद तक दब-सी गयी, फिर भी इसका क्षीण प्रवाह बराबर बना रहा।

मुख्य धारा हिन्दू-मुसलमान एकता और सौहार्द की थी। साहित्य और पत्रकारिता में भी यह पूरी तरह प्रतिबिंबित हुई। यह अकारण नहीं है कि स्वतंत्रता आंदोलन के दिनों के सबसे बड़े लेखक प्रेमचंद हिन्दू-मुसलमान एकता के सबसे बड़े पक्षधर थे। साम्प्रदायिकता के खिलाफ उन्होंने अनेक महत्त्वपूर्ण रचनाएँ कीं, जो आज भी प्रेरित करती हैं। उन्होंने दुर्गादास को कहानी लिखो, तो कर्बला नाटक भी लिखा। 'ईदगाह' उनको सर्वश्रेष्ठ काहनियों में है। पत्रकारिता में इस धारा का सर्वश्रेष्ठ उन्नगन गणेश शंकर विद्यार्थी ने किया। उस युग का शायद ही कोई उल्लेखनीय पत्रकार हो, जिसने सांद्रायिकता के खिलाफ और हिन्दू-मुसलमान एकता के पक्ष में काम न किया हो। यहाँ तक कि मुस्लिम साम्प्रदायिकता को सबसे बड़ी जीत यानी पाकिस्तान के निर्माण के बाद भी उस युग को पत्रकारिता में मुसलमान समुदाय के प्रति कोई निकटता नहीं दिखाई पड़ती। माना यही जाता रहा कि विभाजन के लिए कांग्रेसी नेतृत्व भी कम जिम्मेदार नहीं था।

इतनी लम्बी और सशक्त परम्परा के बावजूद आखिर क्या वजह है कि हिन्दी पत्रकारिता सांप्रदायिकता के उस भँवर में चकरघिन्नी खा रही है, जो उसके स्वभाव के भी विरूद्ध है? बाबरी मस्जिद के इतने विरोधी और युद्धोन्मादी राम के इतने प्रेमी कहाँ छिपे पड़े थे? यह तो हो नहीं सकता कि इतनी बड़ी घटना अचानक हो जाये। निश्चय ह इसकी एक लम्बी पृष्ठभूमि होनी चाहिए। इसका कुछ सामाजिक-आर्थिक आधार होना चाहिए। सांप्रदायिकता का यह विस्फोट ज्यादातर गंगा-जमुना के मैदान

में हुआ है, हालांकि दिल्ली भी इससे अछूती नहीं रही है। यह वह इलाका नहीं है, जहाँ भाजपा या आर. एस. एस. का गहरा प्रभाव हो। यह क्षेत्र किसान आन्दोलन और समाजवादी आन्दोलन का क्षेत्र रहा है। इसने हिन्दी प्रदेश के सांस्कृतिक उभार का नेतृत्व किया है। हिन्दी के जिन पत्रकारों का नाम हम आदर से याद करते हैं, उन्होंने इसी क्षेत्र में काम किया था। पराड़कर जी ने बनारस में काम किया। गणेश शंकर विद्यार्थी कानपुर के थे। रामवृक्ष बेनीपुरी और शान्तिप्रिय द्विवेदी बिहार के थे। चाँद, हंस, माधुरी, सरस्वती आदि इसी क्षेत्र की वर्चस्वशाली पत्रिकाएँ थीं। फिर इस जमीन से वह हिन्दू कैसे पैदा हो गया, जो सांप्रदायिकता की तीखी छुरी ले कर चलने वालों को रामभक्त लिखने लगा और मस्जिद तोड़ने का अधिकार माँगनेवालों को कार सेवक। लालकृष्ण अडवाणी और अशोक सिंहल जैसे आतंकवादी रातों-रात उसके हीरो कैसे हो गये?

इसलिए हो गये, क्योंकि इस हिन्दी क्षेत्र का पिछले 40 वर्षों में भयानक सांस्कृतिक दरिद्रीकरण हुआ है। देश का शायद ही कोई और इलाका हो, जहाँ की परम्परा इतनी सत्वहीन हो गयी हो तथा जहाँ आधुनिक विचारों का इतना कम प्रभाव हो। अव्वल तो इस अंचल में आर्यसमाज के अलावा (और उसका असर भी कानपुर से पूरब नहीं गया) सामाजिक सुधार का कोई आन्दोलन नहीं हुआ। यहाँ नवजागरण की जो भी हवा बही, वह गांधी युग में । लेकिन आजादी के बाद गांधीवाद यहीं सबसे तेजी से सड़ने लगा। अंग्रेजों ने 1857 से सबक लेकर इस क्षेत्र के उपयोगीकरण में कम-से-कम दिलचस्पी ली। आजादी के बाद भी यही सिलसिला बना रहा। परिणामस्वरूप जो अंचल पहले से विकसित थे, वे और विकसित हुये। जो पिछड़े थे, वे और पिछड़े—उत्तर भारत के पिछड़ेपन का एक बड़ा कारण कांग्रेस की यह अर्थनीति है। शिक्षा और साक्षरता के क्षेत्र में भी यही कहानी दुहराई गयी। उत्तर प्रदेश, बिहार, राजस्थान आदि प्रतिव्यक्ति आय, साक्षरता आदि की दृष्टि से देश में सबसे नीचे है। ऊपर से अपसंस्कृति की मार फलस्वरूप इस अंचल का व्यक्ति लगातार आस्थाविहीन होता गया। वह आधुनिक नहीं बन पाया, पर परम्परानिष्ठ भी नहीं रह गया। वह सच्चे अर्थों में ''सांस्कृतिक लुंपेन'' हो गया।

इस लुंपेन समाजशास्त्र में साम्प्रदायिकता का प्रवेश सर्वाधिक आसान था। जिस जिन्दगी में आत्मगौरव के लिए कोई जगह नहीं रह गयी थी, वहाँ राम मन्दिर के सवाल ने गर्व की नयी गुंजाइश पैदा कर दी। किसी रचनात्मक उपलब्धि द्वारा अपना माथा ऊँचा नहीं उठाया जा सकता, तो कुछ विध्वंस करके यह काम आसानी से किया जा सकता था। इस अंचल का व्यक्ति बाहर जहाँ भी जाता है, तुच्छ माना जाता है। लेकिन बाबरी मस्जिद का सवाल ऐसा था, जिस पर वह अपनी गली में शेर हो सकता था। इसका कुछ सम्बन्ध भारत की सामग्रिक आत्महीनता से भी है। भारतीय आदमी आज इस स्थिति में नहीं है कि वह विश्व बिरादरी में सिर उठा कर

खड़ा हो सके। चीन ने उसे सीमा पर दबाया है तो जापान और पश्चिम देशों ने उद्योग-धन्धे के मोर्चे पर। पाकिस्तान तक पंजाब और कश्मीर में दबाता रहा है। ऐसी स्थिति में यह आत्मरिक्त हिन्दू किसे दबाये? उसने अपने परम्परागत विरोधी मुसलमान को चुना–उस मुसलमान को, जिससे वह एक हजार साल तक जूझता रहा और जिसे पराजित नहीं कर सका, जिसके मध्य वर्ग ने स्वतंत्र भारत में उसके साथ रहना पसन्द नहीं किया और जो अपना अलग वतन बना कर पाकिस्तान चला गया। उत्तर भार के मौजूदा सांप्रदायिक उभार का रहस्य–कथा का यह सबसे महत्त्वपूर्ण हिस्सा है।

समाज की इस मनोदशा का प्रतिबिम्ब हिन्दी पत्रकारिता में नहीं होता, तो कहाँ होता? पहले यह सम्भव नहीं था, क्योंकि पत्रकारिता में ऐसे लोग ही आते थे, जिनकी कुछ मानसिक तैयारी होती थी। वे पढ़े-लिखे होते थे। उनकी कुछ आस्थायें, कुछ मूल्य-केन्द्र होते थे। लेकिन इधर हिन्दी पत्रकारिता में ऐसे लोगों का एक बड़ा रेला आया है, जिनकी कोई वैचारिक पीठिका नहीं है। वह अपनी समस्त सांस्कृतिक दरिद्रता लेकर अक्षरों की इस दुनिया में आया है। वह किसी भी चीज को फैशन की तरह अपना सकता है। आरक्षण के खिलाफ आत्मदाह को भी और सांप्रदायिकता को भी। निश्चय की यह एक क्रूर बयान है, लेकिन स्थिति भी तो कम क्रूर नहीं है। आत्मदाह और सांप्रदायिक आक्रमकता वस्तुतः एक ही सिक्के के दो पहलू थे। एक में आक्रामकता असहाय होकर अपनी ओर मुड़ती है, दूसरे में कमजोर अल्पसंख्यकों की तरफ। जिस समूह का एक व्यक्ति आत्माभिव्यक्ति के लिए ये रास्ते चुनता है, उसी समूह का दूसरा व्यक्ति न्यूजप्रिंट पर इन घटनाओं पर माथा पीटने के बजाय उन्हें ''ग्लैमराइज'' करता है।

हिन्दी पत्रकारिता की इस साम्प्रदायिक प्रेत-कथा का एक क्षेपक भी है। वह है–व्यावसायिकता। वैसे तो व्यावसायिकता के मूल्य हमारी पूरी पत्रकारित को ही विकृत कर रहे हैं, लेकिन उत्तर भारत में जिन स्थानीय दैनिकों का तीव्र विकास हुआ है, वे तो खुदरा दुकानदार की मानसिकता से ग्रस्त दिखाई देते हैं। उनके पन्नों पर साम्प्रदायिकता का जितना जहर बिखरा पड़ा है, उतना उनके मालिकों के मन में शायद नहीं है। अगर सचमुच है, तो मानना पड़ेगा कि बीमारी खतरनाक हदों को छू रही है। लेकिन शायद ऐसा है नहीं। चूँकि हिन्दी प्रदेश का सामाजिक माहौल ऐसा है, जिसमें सांप्रदायिकता बिक सकती है, अतः वे सांप्रदायिकता को मनोयोगपूर्वक बेच रहे हैं। ''राम भक्तों'' को मृत्यु-संख्या का बढ़ा-चढ़ा कर वर्णन वस्तुतः उनके सरकुलेशन–युद्ध का ही हिस्सा था। कुछ-कुछ उसी तरह जैसे ऑपरेशन ब्लू स्टार और दिल्ली के दंगों के दौरान दिल्ली के कुछ दैनिक सिख-विरोध की प्रतिद्वंद्विता कर रहे थे। इस प्रक्रिया का एक दूसरा उदाहरण है रंगीन पत्र-पत्रिकाओं में यौनोत्तेजक सामग्री और तस्वीरों की बाढ़। पत्रकारिता की इस रंगीनी को देख कर

कोई इस फेर में न पड़े कि भारतीय जीवन भी उतना ही रंगीन हुआ है।

इस संदर्भ में दो और परिघटनाओं का जिक्र जरूरी प्रतीत होता है। सांप्रदायिकता के इस विस्फोट का सम्बन्ध कहीं न कहीं सवर्णवादी उभार या प्रतिक्रिया से जरूर है। इसी की एक अपरिष्कृत अभिव्यक्ति यह है कि मंडल मण्डल को दबाने के लिए आया। चूँकि पिछड़ी जातियों और दलितों का राजनीतिक नेतृत्व मुसलमानों को अपना सहयात्री मान कर चल रहा था, अतः मुस्लिम-द्वेष को सवर्णवाद ने अपना एक प्रमुख मुद्दा बना लिया और मध्य युग की कटु स्मृतियों को पुनर्जीवित करने की कोशिश की। वैसे भी हिन्दूवाद की सांस्कृतिक राजनीति को शुरू से ही हिन्दू समाज के वंचितों को कोई खास फिक्र नहीं थी। अब राजनीतिक स्तर पर इनके लिए जगह बनाने की कोशिश की जा रही है, तो सवर्णवाद के दायरे के भीतर ही, जिसके नतीजे में यह राजनीति गम्भीर अन्तर्द्वन्द्वों का शिकार हो गयी है। गुजरात में भाजपा की दरार इसी का एक विस्फोट है। दूसरी परिघटना आधुनिकता से विद्रोह है। सांप्रदायिकता यद्यपि स्वयं एक आधुनिक परिघटना है, लेकिन सिर्फ समकालीनता के स्तर पर। वस्तुतः यह आधुनिकता के रचनात्मक मूल्यों के विरूद्ध है। यही कारण है कि हिन्दूवादी पत्रकारिता अपनी टेक्नोलॉजी में तो आधुनिक होना चाहती है, किन्तु अपनी वैचारिकता और मूल्यों के स्तर पर नहीं। यहाँ अभी भी सामन्ती और आधुनिक-पूर्व मूल्य हावी हैं। तर्क और लोकतान्त्रिक के लिए कोई स्थान नहीं है। कहने की जरूरत नहीं कि साम्प्रदायिकता की राजनीति भी ऐसी ही है। वह जीवन और समाज की नयी चुनौतियों को सरलीकृत मध्युगीन फार्मूलों से देखती है और विकास तथा प्रगति के सच्चे मूल्यों को स्वीकर नहीं करना चाहती।

स्पष्ट है कि स्थिति बहुत ही पेचीदा है। यह एक गम्भीर राजनीतिक-सामाजिक समस्या है, जिसका समाधान सिर्फ पत्रकारिता के अन्तर्संघर्ष से नहीं निकाला जा सकता। राजनीतिक और सामाजिक स्तर पर सांप्रदायिकता पर काबू पाया जा सका, तभी हिन्दी पत्रकारिता भी कुछ संयमित हो सकेगी। लेकिन इसका अर्थ यह नहीं है कि पत्रकारिता अपनी ओर से कुछ संघर्ष नहीं करेगी। यह तो उसका धर्म है, जो उसे निभाना ही है और जिसकी कीमत चुकाने के लिए जागरूक पत्रकारों को सदैव तैयार रहना चाहिए। कुछ ने यह कीमत चुकायी भी है। कहा जा सकता है कि पत्रकारिता का यह संघर्ष तभी मजबूत और फलप्रद होगा, जब यह एक व्यापक संघर्ष का हिस्सा होगा। इस संदर्भ में यह चेतावनी जरूरी प्रतीत होती है कि यह संघर्ष सिर्फ सांप्रदायिकता विरोधी अभियान तक सीमित रह कर नहीं किया जा सकता। इसके साथ ही ठोस सकारात्मक राजनीतिक—आर्थिक—सामाजिक कार्यक्रम अपनाने होंगे। सांप्रदायिकता का मौजूदा विरोध एक नकारात्मक कार्रवाई प्रतीत होती है। हर जगह काँटे से काँटा नहीं निकलता। कुछ जगहों पर फूल भी बिछाने पड़ते हैं। चुनौती यह है कि फूलों की यह खेती कैसे हो।

स्त्रियों का दुश्मन कौन है

स्त्रियों को अगर लगता है कि समाचारपत्रों ने उनके खिलाफ कोई सामूहिक षडयंत्र कर रखा है, तो उन्हें यह भ्रम अपने क्रुद्ध दिमाग से निकाल देना चाहिए। इसका मतलब यह नहीं है कि समाचारपत्र किसी स्त्री विरोधी षडयंत्र का माध्यम नहीं है। यह भी नहीं कहा जा सकता है कि उन्होंने इस माध्यमता के खिलाफ कोई उल्लेखनीय आत्मसंघर्ष किया है। बात सिर्फ इतनी-सी है कि समाचारपत्रों के माध्यम से ही वही सामाजिक—सांस्कृतिक शक्तियाँ काम करती हैं, जो उस व्यापक समाज में, समाचार पत्र जिसका एक महत्त्वपूर्ण अवयव है एक वर्गीय एकता है, जो समाचारपत्र और उसके बाहर स्थित समाज के मौजूदा शक्ति सन्तुलन को "बिगड़ने" नहीं देती। यह वर्गीय एकता ही वस्तुतः उस स्त्री की दुश्मन है जो अपनी परम्परा प्राप्त स्थितियों से सन्तुष्ट नहीं है। ऐसा नहीं है कि वह असंतुष्ट स्त्री इस रहस्य को समझती नहीं है। समझाती है तभी उसे समाज के साथ जिस मुठभेड़ की आशंका बराबर बनी रहती है, वही मुठभेड़ उसे समाचार-पत्रों के दफ्तरों में भी अपनी प्रतीक्षा करती दिखाई देती है। यह अकारण नहीं कि सम्पादक के नाम जो नाम-पते के साथ या गुमनाम चिट्ठयाँ आती हैं, उनमें स्त्रियों के पत्र पाँच प्रतिशत से ज्यादा नहीं होते। लेकिन यह समग्र स्थिति नहीं है क्योंकि इस पाँच प्रतिशत या उससे कम में वे चिट्ठियाँ ज्यादा होती हैं जिनमें स्त्री के प्रति अवज्ञा दिखाने वाली किसी समाचार या टिप्पणी का विरोध होता है, तो इसका संकेत यही है कि इस व्यापक सांस्कृतिक षडयंत्र का प्रतिवाद करने की इच्छा भी अब मुखर हो रही है। अखबारों का कुछ लेखन स्वयं ऐसी इच्छा प्रदर्शित करता है। यह हस्तक्षेप चाहे इसीलिए स्वीकार किया जाता हो, ताकि मुख्य धारा की विश्वसनीयता बनी रहे, पर इससे भी वह बेचैनी सामने आती ही है, जो समाज में धीरे-धीरे अपनी जगह बना रही है।

स्त्री को उसका स्थान देने के संघर्ष और व्यावसायिक संवाद माध्यमों का रिश्ता कितना जटिल है, इसका एक दिलचस्प उदाहरण हमारे समाज की वस्तुस्थिति के बारे में काफी कुछ बताता है। पिछले दिनों "कामसूत्र" के विज्ञापन पर जो शोरगुल मचा था, उससे ऐसा प्रतीत होता था कि संभोग जैसी निजी क्रिया के व्यवसायीकरण को लेकर चिन्ता का एक नया स्तर पैदा हुआ है। लेकिन वास्तविकता यह है कि वेश्या

बाजार के संगठित व्यवसाय के रूप में इसका दूसरा और कहीं ज्यादा अमानवीय रूप इधर काफी ज्यादा फैला है, जिसके प्रति कोई सरोकार दिखाई नहीं पड़ता। अब जब समाचारपत्रों के माध्यम से यह संदेश फैलाया जाता है कि सामाजिक हित में इतना ही काफी है कि वेश्याएँ या उनके ग्राहक नागरिक एड्स के वाहक न बनें और इसके लिए उसी कंडोम का गौरवगान किया जाता है जिसका व्यावसायिक काव्याभास "कामसूत्र" का विज्ञापन है, तो ऐसा लगता है कि बहुत सीमित उपयोगितावाद ने हमारे चेतना तन्त्र को डँस लिया है। स्पष्ट है कि जो समाज व्यापक वेश्या तन्त्र के प्रति निर्विकार रह सकता है, वह अगर सभ्य सम्भोग की अन्तरंगता को विज्ञापनी व्यावसायिकता में तब्दील होते देख कर उत्तेजित हो उठता है, तो इसमें स्वार्थ या पाखण्ड का तत्त्व कुछ कम नहीं है। इस तत्त्व का बचाव यह कह कर नहीं किया जा सकता कि वेश्यावृत्ति तो एक आदिम बुराई है और समाचारपत्र एक आधुनिक घटना, जिससे यह उम्मीद नहीं की जाती कि वह इस अश्लीलता को प्रोत्साहित या सहन करेगा। तनिक-सा गौर करते ही यह स्पष्ट हो जायेगा कि जहाँ तक स्त्री का ताल्लुक है, तथा कथित आदिम और तथाकथित आधुनिक दृष्टियों में कोई बुनियादी फर्क नहीं है। साथ ही यह भी कि संगठित वेश्यातन्त्र के जन्म के पीछे जो व्यावसायिक दबाव थे, वही "कामसूत्र" के विवादास्पद विज्ञापन के पीछे भी है। और अफसोस के साथ कहना पड़ता है कि यही व्यावसायिकता कहीं-न-कहीं समाचारपत्र उद्योग की भी प्राणवायु है।

जब हम समाचारपत्रों को कटघरे में खड़ा करने के उत्साह से भरे होते हैं, तो शायद यह मान कर चलते हैं कि समाचारपत्र जो चाहे वह करने के लिए स्वतंत्र है। वस्तुतः अपने मौजूदा स्वरूप में वे कुछ भी करने के लिए स्वतंत्र नहीं हैं—सिवाय उन चीजों के, जिनका समवेत नाम यथास्थिति है। यह मानना गलत होगा कि समाचारपत्र स्त्रियों की दुःस्थिति के प्रति खासतौर से संवदेनहीन हैं। यह दावा करना उन्हें अतिरिक्त सक्रियता का प्रमाणपत्र देना होगा। सच तो यह है कि वे स्त्रियों के प्रति भी बस उतने ही उदासीन या निस्संवेदन हैं जितने पुरूषों के प्रति। यदि समाचारपत्रों में स्त्रियों की वास्तविक स्थिति या उनके संघर्ष की कोई तस्वीर नहीं दिखाई देती, तो क्या पुरुषों के संघर्ष की दिखाई देती है? स्त्री की वेदना यदि अखबारों के पन्नों पर नहीं उभरती, तो क्या पुरुषों की वेदनाओं को उनमें स्थान मिलता है? अखबार पुरुषों की खबरों से भरे पड़े होते हैं, तो इसलिए नहीं कि उन्हें पुरुषों से बहुत लगाव है, बल्कि इसलिए कि पुरूष ही उस दुनिया के कार्यकर्त्ता हैं, जिसकी गतिविधियों को समाचार की मान्यता मिली हुई है। स्पष्ट है कि समाचारपत्रों के पन्नों से स्त्री अगर गुम है, तो इसीलिए कि उसे सार्वजनिक जीवन से बाहर रखा गया है। फिर भी स्त्रियों के साथ चूँकि बहुत कुछ ऐसा होता रहता है जिससे हमारी यथास्थितिवादी चेतना को भी धक्का पहुँचता है, अतः स्त्रियों को अखबार में लाना

जरूरी हो जाता है। लेकिन अगर आप गौर करें तो पायेंगे कि वे स्त्रियों की खबरें नहीं हैं। वे भी पुरूषों की खबरें हैं—उन पुरूषों की खबरें, जिन्होंने स्त्रियों के साथ कुछ अमान्य आचरण किया है। मसलन बलात्कार वह हैं जो पुरूष ने किया है। स्त्री के साथ जो हुआ है, उसके लिए कोई नाम तक नहीं है, इससे पता चलता है कि घटनाओं का बयान करनेवाली हमारी शब्दावली तक कितनी नाकाफी है।

प्रश्न उठता है, तो फिर स्त्रियों की खबरें क्या हो सकती हैं? ये खबरें वही हो सकती हैं जिसके केन्द्र में स्त्री यानी उसकी स्थिति, उसकी समस्याएँ और उसकी सक्रियता। स्त्री की ऐसी सक्रियता कम है जो समाचार बन सके। यह एक ऐसा पहलू है, जिस पर स्त्रियों को गहराई से विचार करना चाहिए। पुरुष सत्ता के लिए संघर्ष कर रहे हैं अथवा उसका दुरूपयोग कर रहे हैं, इसलिए वे खबरों में आ जाते हैं। इस संघर्ष में स्त्री नहीं के बराबर है और जितनी है चर्चा का विषय बनती ही है। लेकिन सीमित होने के बावजूद स्त्री के अपने संघर्ष समाचारपत्रों में प्रतिबिम्बित नहीं होते, तो इसका कारण यह यथास्थितिवादी आग्रह है कि स्त्रियाँ मौजूद सत्ता सन्तुलन को छेड़ कर जैसे कुछ अनैतिक काम कर रही हैं। इस मामले में उनकी हैसियत आदिवासियों या हरिजनों से भी गई-गुजरी है। हरिजनों या आदिवासियों के छुटपुट संघर्षों को भी कई बार उत्साह पूर्वक समाचार का विषय बनाया जाता है, हालाँकि अक्सर इसके पीछे कोई प्रगतिशील संकल्प नहीं, सिर्फ सनसनी फैलाने की इच्छा होती है, लेकिन इस स्तर पर भी स्त्रियों के संघर्ष की उपेक्षा की जाती है तो इसका एक मुख्य कारण व्यावसायिक भय ही है, क्योंकि आदिवासियों के संघर्ष की सूचना देने से पाठक वर्ग के नाराज होने का खतरा नहीं होता, जबकि स्त्री संघर्ष को उसकी पूरी अहमियत के साथ प्रस्तुत किया जाये, तो पाठकों यानी ग्राहकों की भावनाओं को चोट पहुँच सकती है। समाचारपत्र आता घर में ही है, जहाँ स्त्री और पुरूष दोनों रहते हैं, लेकिन घर का वर्ग चरित्र ही यह तय करता है कि अखबार का वर्ग चरित्र क्या होगा।

रह गयी स्त्री की समस्यायें, तो यह भी ज्यादातर कोई घटना नहीं, बल्कि एक निरन्तर जारी रहनेवाली प्रक्रिया है। यदि स्त्री को लगातार वासनाकुल निगाहों का सामना करना पड़ता है अथवा अपने घर, दफ्तर या कारखाने में लगातार स्त्री होने का दण्ड भोगना पड़ता है, तो क्या यह बात समाचारपत्र में लिखने लायक है—उस समाचारपत्र में, जो स्वयं इस प्रक्रिया से पूरी तरह बरी नहीं है? कौन-सा अपराध संवाददाता इन छोटी-छोटी, किन्तु गम्भीर घटनाओं की दैनिक सूची बना सकता है? यदि स्त्री के सभी मौलिक अधिकार, जैसे अभिव्यक्ति की स्वतन्त्रता या जहाँ इच्छा हो वहाँ जाने का अधिकार, हमेशा निलंबित रहते हैं, तो समाचारपत्रों में किस-किसका उल्लेख किया जाये? निश्चय ही बहुत सारी खबरें इसलिए खबरें नहीं हैं कि वे हमारी जीवन चर्या का अंग हो चुकी हैं और एक आम भारतीय को उनमें कुछ भी असंगत

या अस्वाभाविक नजर नहीं आता। यही आम भारतीय दृष्टि समाचारपत्र को भी संचालित करती है, अतः हमें चकित नहीं होना चाहिए कि स्त्रियों के साथ समाचार पत्र भी वही सलूक कर रहे हैं, जो बाकी समाज। यहाँ हम उस पुरूष आग्रह को पहचान सकते हैं, जो स्त्री की स्वाधीनता के पक्ष में सबसे बड़ी बाधा है। इसका एक रूप व्यावसायिक है, जिसकी झाँकी हम देख चुके हैं। दूसरा रूप स्त्री की अवमानना का नजरिया है, जिसे हम चाहें तो पुरूषवाद कह सकते हैं। इसके बावजूद अगर यह सच जान पड़ता है कि यह समाचारपत्र की अतिरिक्त सक्रियता यानी सेंसरशिप का हिस्सा नहीं है, तो इसका कारण यही है कि स्त्री की यह अवमानना उस पूरी मानव अवमानना का ही अंग है, जिसके कारण हमारे समाचारपत्र बासी, यान्त्रिक और समाज से असम्पृक्त जान पड़ते हैं। यह सम्भव नहीं है कि समाज के प्रति एक संवेदनशील दृष्टि अपनाई जाये और स्त्री की मौजूदा नियति की ओर नजर न जाये। वस्तुतःयह पुरूषवाद कोई अलग या विशिष्ट आग्रह नहीं है। यह यथास्थिति के भीतर यथास्थिति का एक और घेरा है। जब यथास्थिति पर स्वस्थ चोट पड़ेगी, तब वह उसके किसी एक घेरे तक सीमित नहीं रह सकती। इस स्तर पर हम कह सकते हैं कि समाचारपत्र एक निर्मम उद्योग है और उसकी निर्ममता निजी पूँजी पर आधारित उस औद्योगिक सभ्यता से ही निःसृत होती है जिसका वह वाहक और मुखपत्र है। समाचारपत्र चूँकि स्वयं भी एक उद्योग के रूप में चलाया जाता है, अतः उसके तन्त्र के मूल में भी वही औद्योगिक मूल्य होते हैं जिनका वह कभी-कभी विरोध करता दिखाई पड़ता है। ध्यान देने की बात है कि समाचारपत्रों में प्रकाशित ''कामसूत्र''—के विज्ञापन के प्रति सामाजिक असंतोष मुख्यतः समाचारपत्रों के माध्यम से व्यक्त हुआ।

इस औद्योगिकता के मूल्य भारत में वही नहीं हैं जो पश्चिम के औद्योगिक रूप से विकसित समाजों में। यद्यपि मौलिक चरित्र के स्तर पर ज्यादा फर्क नहीं है, लेकिन वहाँ के उद्योगवाद ने सामाजिक जीवन में अनेक क्रान्तिकारी परिवर्तन किये हैं तथा स्त्री को काफी स्वतन्त्रता तथा अनेक नये विकल्प दिये हैं। इससे वहाँ स्त्री-पुरुष के रिश्तों में कितना स्वस्थ परिवर्तन हुआ, नहीं कहा जा सकता, क्योंकि स्त्री के साथ बढ़ती हुई हिंसा वहाँ के सामाजिक जीवन का एक घिनौना सच है और उनकी सामाजिक संरचना की कुछ मूलभूत कमजोरियों पर प्रकाश डालता है। इसके बावजूद यह भी सच है कि वहाँ स्त्री की आवाज को दबा कर नहीं रखा जा सकता। जज थॉमस का मामला इसका एक कौतुकपूर्ण दृष्टांत है। यह एक ऐसा समाज प्रतीत होता है जिसमें स्त्री का दमन है तो इस दमन के प्रति उतनी ही सजगता भी है। इसके विपरीत हम आधुनिकता की एक बाधा-दौड़ में शामिल हैं। इसका कारण यह है कि हमारा औद्योगिक तन्त्र देश की एक बहुत छोटी आबादी द्वारा संचालित है तथा उसके द्वारा उत्पन्न बाजार के सदस्यों की संख्या भी बहुत सीमित है। साथ

ही इस औद्योगिक तन्त्र ने हमारे सामाजिक जीवन की जड़ताओं को कोई गहरा आघात नहीं पहुँचाया है—बल्कि उनमें से बहुतों के साथ समझौता किया है। हमारी औद्योगिक प्रगति मानों कोई विमुक्तिकारी आर्थिक गतिविधि नहीं, बल्कि अमीर होने का सिर्फ एक षडयंत्र है जिसका हमारे सभ्यतागत मूल्यों से कोई सम्बन्ध नहीं है। नई आर्थिक नीतियाँ एक तरह की विमुक्ति का एहसास देती हैं, लेकिन चूँकि इस विमुक्ति में लोग शामिल नहीं हैं—इसका आयोजन सिर्फ उनके जीवन को नियंत्रित करने वाले राजनीतिक और आर्थिक माफिया द्वारा किया जा रहा है, अतः यह औद्योगिकता को जनसाधारण से और भी ज्यादा विमुख करेगा।

प्रश्न उठता है कि हमारे समाचारपत्रों का इस परिदृश्य से क्या सम्बन्ध है? यह सम्बन्ध बहुत ही भयावह और मारक है। चूँकि समाचारपत्रों ने भी इस सीमित अर्थवाद के तर्क को स्वीकार कर लिया है, अतः वे भी अपना आर्थिक और सामाजिक आधार व्यापक नहीं बनाना चाहते। मसलन सामान्य जनता की क्रय शक्ति और साक्षरता बढ़ती, तो समाचारपत्रों का प्रसार भी बढ़ता। लेकिन कितने समाचारपत्रों ने इस सवाल को अभियान के स्तर पर उठाया है? यह बात हिन्दी समाचारपत्रों के बारे में ज्यादा सच है तो इसीलिए कि हिन्दी प्रदेश इस सीमित उद्योगवाद की दृष्टि से भी ज्यादा वंचित और रुग्ण है। कोई और वजह नहीं कि हिन्दी भाषी लोगों की इतनी बड़ी आबादी के बावजूद हिन्दी पत्रों की प्रसार संख्या इतनी कम हैं। चूँकि इस औद्योगिकता को एक खुला हुआ, उन्मुक्त और भागीदार समाज नहीं चाहिए, अतः वह एक बन्द अन्धेरी गली में चहलकदमी करते रहने को बाध्य है। इस गली में स्त्री मुक्ति तो छोड़िये, किसी भी प्रकार की मुक्ति के लिए क्या जगह हो सकती है?

समाचारपत्रों के फीचर पृष्ठों पर जिस आदर्श स्त्री की तस्वीर उकेरी जाती है, उससे प्रबुद्ध तथा प्रगतिशील लोग अक्सर विरक्त होते हैं। उन्हें लगता है कि यह स्त्री को बरगलाने का ही एक तरीका है। इन शिक्षाओं के माध्यम से उसे एक सुशील, आज्ञाकारिणी और संकुचित दृष्टि गृहिणी बनाने की पूरी कोशिश की जाती है। उन्हें बताया जाता है कि सुन्दरता की साधना, सुस्वादु व्यंजन बनाने की कला, सिलाई-बुनाई के हुनर आदि के लिए ही उनका जन्म हुआ है। इन लेखों में स्त्री के स्वतंत्र तथा मौलिक व्यक्तित्व के विकास की जरूरत पर प्रकाश नहीं डाला जाता, बल्कि इसे निरुत्साहित किया जाता है। लेकिन अगर हम समाचारपत्रों को यथास्थितिवादी भूमिका पर गौर करें तो यह भी उतना ही स्वाभाविक नजर आयेगा। जिस तरह समाचारपत्र आर्थिक या सामाजिक क्षेत्र में कोई दूरगामी या बुनियादी परिवर्तन का सुझाव नहीं देते हुये भी लगभग सभी समस्याओं का समाधान पेश करते रहते हैं, उसी तरह स्त्री-पुरुष सम्बन्धों के स्तर पर भी वे किसी नये और बेहतर सन्तुलन के लिए संघर्ष नहीं करते, बल्कि मौजूदा सन्तुलन को ही ज्यादा सहनीय और सफल

बनाने का प्रयास करते रहते हैं। मौजूदा ढाँचे को जैसी स्त्रियाँ चाहिए वैसी स्त्रियाँ पैदा करने को विशाल सांस्कृतिक मुहिम में अपनी यह भूमिका वे बड़ी निष्ठा के साथ निभाते हैं।

तो क्या स्त्री की नियति बदलने में जनसंचार माध्यमों की ओर से हमें बिल्कुल निराश हो जाना चाहिए? क्या यह मान लेना चाहिए कि समाचारपत्र स्त्री की उपेक्षा या स्त्री-विरोध के लिए अभिशप्त हैं, अतः कुछ किया नहीं जा सकता? इस टिप्पणी से यदि यह निष्कर्ष निकलता है, तो यह पूरी तरह तार्किक नहीं होगा। विश्लेषण की वास्तविक शिक्षा यह है कि समाचारपत्र चूँकि एक व्यापक फ्रेम का अंग है, अतः समाचारपत्रों पर दबाव पैदा करने के लिए आवश्यक होगा कि इस व्यापक फ्रेम पर भी दबाव पैदा किया जाये। यथास्थिति की खूबी ही यह है कि वह कभी भी पूरी तरह यथास्थिति नहीं होती। उसमें परिवर्तन के बीज भी छिपे होते हैं। यह परिवर्तन स्वस्थ भी हो सकता है और विकृत भी। उपभोक्तावाद और हिंसा की आँधी चीजों को बिगाड़ने का काम करेंगे। साथ ही स्त्री अधिकार की चेतना सामाचारपत्रों को कुछ स्वस्थ और सन्तुलित बनायेगी। उल्लेखनीय है कि उधर एक ओर समाचारपत्रों में स्त्री-सौन्दर्य का फूहड़ व्यावसायिक इस्तेमाल की प्रवृत्ति बढ़ी है तो दूसरी ओर स्त्री संघर्ष की कुछ प्रतिध्वनियाँ भी सुनाई पड़ने लगी हैं। जाहिर है, भीतर और बाहर दोनों प्रकार के दबाव काम कर रहे हैं। बाहर का दबाव जितना बढ़ेगा, समाचारपत्रों को उतने ही संयम से काम करना होगा। यह व्यावसायिकता न बन जाये, इसके लिए जरूरी है कि समाचारपत्रों की अपनी दुनिया में भी आत्मसंघर्ष तेज किया जाये।

वस्तुतः पत्रकारिता एक विचित्र किस्म की ट्रेजेडी है। यह जितना उद्योग है, उतना ही एक नैतिक कर्म भी। यह उन व्यवसायों में है, जिनके भीतर एक नैतिक तनाव हमेशा काम करता रहता है। यह नैतिक तनाव ही पत्रकारिता को एक रचनात्मक माध्यम बनाता है। पूँजी की तरफ से पत्रकारिता भले ही मूलतः एक उद्योग हो, लेकिन उसमें काम करनेवाले सभी लोग औद्योगिक मूल्यों से संचालित होने को बाध्य नहीं है। अतः वे प्रतिक्रियावादी सोच को समाचारपत्रों में व्यक्त होने से अपनी सीमा में भरसक रोक सकते हैं। रोकते भी हैं। वस्तुतः इसी रास्ते से एक बीमार समाज में स्वस्थ जीवन के लिए अवकाश निमित्त होता है। कहने की जरूरत नहीं कि इस प्रक्रिया में समाचारपत्र उद्योग का आन्तरिक ढाँचा भी बदलता है। किसी भी पत्रकार का यह एक बुनियादी दायित्व है और जब वह अपने इस दायित्व का पालन नहीं करता, तो वह समाज के साथ विश्वासघात करता है। जब वह अपने इस विश्वासघात को पहचानेगा, तब यह भी देख सकेगा कि वह सिर्फ स्त्री के प्रति ही संवेदनहीन नहीं था, बल्कि उस पूरे दृश्यपट के प्रति संवेदनहीन था, जो स्त्री को एक दूसरे दर्जे की चीज मानती है।

अखबार, मालिक और सम्पादक

अखबार एक विचित्र चीज है। वह निकाला जाता है समाज के लिये, किन्तु जिस पूँजी के बल पर वह काम करता है, उस पर न समाज का प्रत्यक्ष नियन्त्रण है, न समाज के प्रति उसकी कोई निर्दिष्ट जिम्मेदारी होती है। वस्तुतः आज के संदर्भ में तो समाज की शब्दावली भी लगभग निरर्थक हो गयी है। लोग समाज की नहीं, बाजार की बात करते हैं। सिर्फ मालिक और प्रबन्धक ही नहीं, बल्कि पाठक भी। जब कोई नया अखबार निकलता है, तो यह नहीं कहा जाता कि उसे समाज में मान्यता मिल रही है या पाठक वर्ग स्वीकार कर रहा है, बल्कि यह कि उसने बाजार पकड़ लिया है। स्पष्ट है कि समाज बाजार में बदल रहा है। लेकिन अखबार का बाजार चूँकि अखबार का ही बाजार होता है—शैम्पू या सिगरेट का नहीं, इसलिए शब्दावली में परिवर्तन के बावजूद यह वस्तुतः समाज ही है, जो बाजार के रूप में आचरण करता है। अखबार बिकता है और खरीदा जाता है—क्योंकि वह मुफ्त बाँटा नहीं जा सकता, लेकिन अखबार पढ़नेवाले और अखबार निकालनेवाले के सम्बन्ध उपभोक्ता और उत्पादक के सम्बन्ध नहीं होते, वे सम्बन्ध समाज के व्यापक फ्रेम में ही परिभाषित होते हैं। समाज से व्यावसायिकता का रिश्ता द्वंद्वात्मक है, क्योंकि व्यावसायिकता को टिके रहने के लिए समाज चाहिए। लेकिन समाज का प्रतिशोध करके ही वह सम्भव है। यह द्वंद्वात्मकता अखबार में सबसे ज्यादा प्रकट होती है, क्योंकि अखबार सामाजिकता को ही अपना व्यवसाय बनाता है। स्पष्टतः यह द्वंद्वात्मक रिश्ता अखबार पैदा नहीं करता, बल्कि समाज में होता है। अखबार इस द्वंद्वात्मकता से निरपेक्ष नहीं रह सकता : वह या तो इसे तीव्र करेगा या कमजोर। अखबर व्यवसाय है, इसलिए वह अपने वर्ग का ही साथ देता है। लेकिन दुनिया में कोई समाज ऐसा नहीं है, जो पूरी तरह बाजार बदल गया हो। इसलिए आधुनिक से आधुनिक समाज में भी बाजार बनाम समाज का द्वंद्व बना रहता है। यह द्वंद्व उन समाजों में ज्यादा विकट होता है, जहाँ बाजार में अभी-अभी आक्रामकता आयी है। ऐसे समाज में "कामसूत्र" के विज्ञापन तहलका-सा मचा देते हैं। लोगों को यह देख कर धक्का लगता है कि कन्डोम का विज्ञापन परिवार नियोजन के लिए नहीं, बल्कि सम्भोग के आनन्द को एक बाजार मूल्य के रूप में प्रस्तुत करने के लिए किया जा रहा है।

यह सम्भोग का व्यवसायीकरण है। लेकिन अखबार इसे रोक नहीं सकता। सिर्फ इसलिए नहीं कि यह विज्ञापन है, जिससे आय होती है, बल्कि इसलिए कि आधुनिक पूँजी का तर्क व्यावसायिकता का कारण और परिणाम दोनों हैं। जो पूँजी अखबर को चला रही है, वह व्यवसायीकरण के इस माहौल में ही सुरक्षित रह सकती है। व्यावसायिकता यदि समाज में हावी हो रही है, तो पत्रकारिता भी उसी का प्रसार करेगी।

लेकिन पत्रकारिता सिर्फ "कामसूत्र" का विज्ञापन नहीं छाप रही है। वह इस विज्ञापन की आलोचना भी छाप रही है। यह कोई रहस्यमय या धूर्त आचरण नहीं है। सीधी-सी बात यह है कि यह आलोचना उसी वर्ग से आ रही है जिस वर्ग के लिए "कामसूत्र" का उत्पादन किया जा रहा है। अतः उसकी संवेदनशीलता की उपेक्षा नहीं की जा सकती। वस्तुतः यह उपेक्षा नहीं करके ही अखबार उस वर्ग में अपनी प्रमाणिकता बनाये रख सकता है और व्यावसायिकता के तन्त्र की दैनिक रक्षा कर सकता है। जो "कामसूत्र" का आलोचक है, वह हो सकता है "कोहनूर" का इस्तेमाल करता हो। यह भी नहीं, तो वह वीडियोकोन की वाशिंग मशीन या केल्विनेटर के फ्रिज या एल. एम. एल. वेस्पा का इस्तेमाल करता ही होगा या नहीं करता होगा, तो करना चाहता होगा। यह एक पूरा वर्ग है और इस वर्ग का प्रतिनिधित्व कर रहे अखबार को उसकी पसन्द-नापसंदगी दोनों का खयाल रखना होता है। "कामसूत्र" के बारे में आदिवासियों के क्या विचार हैं या भिक्षुकों के क्या विचार हैं, यह अखबार के लिए महत्वपूर्ण नहीं है, क्योंकि यह वह वर्ग नहीं जो अखबार का भोक्ता है। स्पष्ट है कि अखबार अपने को पूरे समाज के प्रति जिम्मेदार नहीं मानता : सिर्फ उस हिस्से के प्रति जिम्मेदार मानता है जिससे वह सीधे मुखातिब है।

फिर आन्ध्र प्रदेश या त्रिपुरा में भुखमरी से होनेवाली मौतों की रिपोर्ट दिल्ली के अखबारों में क्यों छापी जाती है? इससिले में याद रखना होगा कि ये रिपोर्टें भुखमरी से होने वाली कुल मौतों के एक हिस्से की ही कहानी कहती हैं—और वह भी पूरी कहानी नहीं। साथ ही उन परिस्थितियों की पूरी छानबीन भी नहीं की जाती, जिनमें ये मौतें अवश्यंभावी हैं। ठण्ड या लू से होने वाली मौतें तो और भी ज्यादा नामालूम ढंग से छापी जाती हैं, मानों वे अभाव और कुपोषण की कथा न हो कर मौसम का हाल हों। दिलचस्पी के इस सीमित दायरे के बावजूद साधारण जन के दुःखों की कहानियाँ अखबारों के पन्नों पर जगह पाती हैं, तो इसीलिए कि कोई भी अखबार अपने समाज के यथार्थ से पूरी तरह कट कर नहीं चल सकता। अखबार का व्यापार पूँजी के लिए भले ही चलता हो, लेकिन यह व्यापार सिर्फ झूठ छाप कर या सच्चाई की पूरी उपेक्षा कर नहीं हो सकता। यह अखबार निकालने वाले लोगों की समझ और संवेदना की राजनीतिक-बौद्धिक जरूरत तो है ही, व्यावसायिक स्वार्थ

भी है, क्योंकि अखबार पढ़ने वाला भी अपने समाज के इन पहलुओं के बारे में जानना चाहता है। यहीं अखबार एक निरा व्यावसायिक उत्पाद नहीं रह जाता बल्कि यह कहना चाहिए कि उसकी व्यावसायिकता का दायरा इतना बड़ा है कि ऐसे मानव दुःख भी उसकी परिधि में आते हैं, जिनसे उनका हृदय आन्दोलित नहीं होता।

कौतूहल अखबार का प्राणतत्त्व है। वह दिन अखबार के लिए सबसे बुरा दिन होगा जब मनुष्य की सारी समस्याओं का समाधान हो चुका होगा। तब अखबार क्या बताने के लिए छपा करेगा? शायद कौतूहल तब भी बचेगा, लेकिन उसके रूप सिर्फ रचनात्मक होंगे। आज का अखबार जिस कौतूहल पर टिका हुआ है, वह मुख्यतः नकारात्मक कौतूहल है। गड़बड़ी कहाँ है? बेईमानी कहाँ है? असामान्य आचरण कहाँ हो रहा है? वस्तुतः अखबार जब समाज की विकृतियों या सरकार की कुकृतियों को सामने लाता है, तो वह हमारे इस शैतानी कौतूहल को ही शान्त करता है। यह पड़ोसी के बेडरूम में झाँकने की तरह है, जिसका लक्ष्य अधिक जानना नहीं, बल्कि कुछ ऐसा जानना है जिससे हम अपने को ज्यादा नैतिक कह सकें। अखबार मानव दुःख को दूर करने का उद्योग नहीं करता, बल्कि अपने कच्चे माल की तरह उसका इस्तेमाल करता है। यह इसलिए व्यावहारिक है, क्योंकि अच्छाई और बुराई, दोनों में मनुष्य का निहित स्वार्थ होता है। हम अच्छा बनना चाहते हैं, तो परनिन्दा में भी हमें कम रस नहीं मिलता। अखबार इस परनिन्दा रस को महाकाव्यात्मक सीरियल का रूप दे देता है।

चूँकि मानव दुःख से अखबार का रिश्ता मुख्यतः व्यावसायिक है, इसलिए अखबार से यह उम्मीद करना गलत होगा कि वह समाज के दुःखों का निदान करेगा या उनके लिए अभियान भी चलायेगा। अखबार क्रान्ति करने के लिए या स्वस्थ सामाजिक परिवर्तन के लिए नहीं निकाले जाते। जो समाज को बदलना अपने जीवन का लक्ष्य मानते हैं, ऐसे प्रतिबद्ध व्यक्ति व्यावसायिक पत्रकारिता में प्रवेश तो कर सकते हैं और कुछ सीमाओं के अन्दर काम भी करते रह सकते हैं, क्योंकि उनके पास अच्छी शैली है या किसी खास विषय पर उनकी पकड़ अच्छी है, लेकिन वे अखबार की शर्तें नहीं तय कर सकते। यही कारण है कि कोई सम्पादक अपनी निजी निष्ठा के कारण अपने लेखन में बाजार की संस्कृति का प्रबल विरोध कर सकता है, लेकिन उसका अखबार बाजार की ताकतों को प्रोत्साहित ही करेगा तथा अपने आन्तरिक अर्थशास्त्र को भी बाजार की ताकतों के अधीन रखेगा। सामान्यतः इसके कारण मनःस्थिति में नहीं, बल्कि उन भौतिक परिस्थितियों में खोजे जाने चाहिए, जिनके बीच से अखबार पैदा होता है और अपनी भौतिक उपस्थिति बनाये रखता है।

अखबार सामान्यतः यथास्थिति के साथ होता है, क्योंकि यथास्थिति ही किसी भी आन्दोलित समाज में सबसे बड़ी सामाजिक ताकता होती है। लेकिन वह

प्रगतिशील भूमिका भी निभा सकता है, बशर्ते समाज में प्रगतिशील ताकतों को प्रभावशाली उपस्थिति हो। स्वाधीनता संघर्ष में हमारे अखबारों की प्रगतिशील भूमिका का कारण यही है। एक और उदाहरण लें। नई आर्थिक नीतियों के खिलाफ अखबारों में आजकल काफी कुछ छप रहा है। इसलिए नहीं कि अखबार वस्तुतः इस विषय पर प्रामाणित बहस आयोजित करना चाहते हैं और सत्य का संधान करना चाहते हैं, बल्कि इसलिए कि अखबारों में और अखबारों के लिए लिखनेवालों में ऐसे अनेक लोग हैं जो खुले बाजार के अर्थशास्त्र को पसन्द नहीं करते। चूँकि यह दर्शन अभी हाल तक भारत के शासक वर्ग का भी दर्शन रहा है, इसलिए इस विचार की सम्माननीयता अभी तक बची हुई है। लेकिन शायद ही कोई अखबार हो, जिसकी सम्पादकीय टिप्पणियों में इन नीतियों का पूरा विरोध किया गया हो। इसका कारण यह है कि पत्र में क्या-क्या छपेगा, यह भले ही समाज में मौजूद विभिन्न ताकतों के अन्तःसंघर्ष से तय होता हो, लेकिन पत्र की सम्पादकीय नीति क्या होगी, यह प्रत्यक्ष या अप्रत्यक्ष रूप से उसका मालिक ही तय करता है। अक्सर मालिक को सक्रिय रूप से यह नहीं करना पड़ता। सम्पादक स्वयं यह भाँपने की कोशिश करता रहता है कि उससे अपेक्षा क्या की जाती है। अक्सर तो सम्पादक के चुनाव में ही यह संदेश निहित रहता है। जब कोई चुनाव गलत सिद्ध हो जाता है या सम्पादक अपनी भूमिका को नये सिरे से सीखने में असमर्थ रहता है, तो उसके हटने की पृष्ठभूमि तैयार हो जाती है।

सम्पादक आज एक मरती हुई संस्था है, क्योंकि अखबार में लगी हुई पूँजी का आकार बढ़ता जा रहा है और वह बौद्धिक कृति की अपेक्षा शुद्ध व्यावसायिक उत्पाद ज्यादा होता जा रहा है। आधुनिक सम्पादक मूलतः समाज और पूँजी के बीच का सेतु है। जैसे-जैसे समाज का क्षय हो रहा है और पूँजी की पकड़ बढ़ रही है, यह सेतु कमजोर पड़ने या भरभरा का टूट जाने को बाध्य है। केवल वर्मा ने कभी सम्पादक को कण्डोम कहा था, जिसे एक बार इस्तेमाल के बाद फेंक दिया जाता है। यह अरूण शौरी जैसे लोगों के लिए सटीक हो सकता है, लेकिन सम्पादक वस्तुतः कण्डोम नहीं, लूप है। वह समाज के सारे आक्रमण को स्वयं झेलता है और मालिक को सुरक्षित रखता है। जैसे-जैसे समाज की आक्रामकता कम होगी या पत्रकारिता जोखिमरहित कर्म होती जायेगी, इस लूप की जरूरत कम होती जायेगी। जैसे लूप का कोई व्यक्तित्व नहीं होता—उपयोगिता होती है, वैसे ही सम्पादक की पूछ उसकी उपयोगिता के अनुसार होगी। व्यक्तित्व एक गम्भीर बाधा है, अतः सम्पादक भी व्यक्तित्वहीन होने में ही सुरक्षा अनुभव करेगा। ब्रिटेन का एक प्रतिष्ठित साप्ताहिक तो सम्पादक का नाम भी नहीं छापता।

आज के भारत में सम्पादक पर दो तरफ से हमला हो रहा है। कम पूँजीवाले अखबार में सम्पादक की जरूरत ही महसूस नहीं की जाती। इस स्तर पर पत्रकारिता

एक टुटपुँजिया कर्म है, अतः उसके नेतृत्व के लिए किसी पढ़े-लिखे, बौद्धिक व्यक्ति को दरकार नहीं है। यह काम स्वयं मालिक भी कर सकता है। मालिक को एक और चीज प्रलुब्ध करती है। वह है पत्रकारिता से पैदा होनेवाली सामाजिक ताकत। पैसे के साथ मिल कर यह ताकत एक भयानक सम्मोहन बन जाती है, जिसका परित्याग आसान नहीं है। अधिक पूँजी वाले अखबार सम्पादक का अवमूल्यन दूसरी तरफ से आता है। यह एक अत्याधुनिक तन्त्र होता है, जिसमें सम्पादकेतर कर्म ज्यादा निर्णायक अहमियत रखते हैं। जैसे-जैसे विपणन, विज्ञापन तथा राजनीतिक सम्पर्क का महत्त्व बढ़ता है, सम्पादक का कद छोटा होता जाता है। इस स्थिति का मुकाबला करने के लिए सम्पादक स्वयं इस व्यावसायिक तन्त्र में प्रवेश करने का जोखिम उठाता है और अपने को प्रबन्धकों के नित्य फैलते हुये जुलूस में आगे से आगे रखने का प्रयास करता है।

कुछ सम्पादक अपने राजनीतिक सम्पर्क के कारण प्रभावशाली होने का यत्न करते हैं। स्पष्टतः इनका उत्थान-पतन इनके राजनीतिक महत्त्व के साथ जुड़ा होता है। इनमें से कुछ पत्रकारिता का इस्तेमाल सीढ़ी की तरह करते हैं और उपयुक्त अवसर पर सीधे राजनीति में चले जाते हैं। ऐसे सम्पादक जब तक पत्रकारिता में रहते हैं, पत्रकारिता और राजनीति दोनों को प्रदूषित करते हैं, क्योंकि महत्त्वाकांक्षा का जो तार दोनों को जोड़ता है, उसके पीछे कोई मूल्य नहीं होता—सिर्फ घटिया स्वार्थ होते हैं। ऐसे सम्पादक समाज के लिए कम खतरनाक होते हैं, क्योंकि इन्हें बहुत जल्द पहचान लिया जाता है, जिससे इनकी पत्रकारीय ताकत घटती जाती है। उस सम्पादक की भूमिका पत्रकारिता के लिए ज्यादा विचारणीय है, जो अखबार के प्रतिष्ठान का अंग बन जाता है या बना दिया जाता है। वह व्यवसायिकता और पत्रकारिता के द्वंद्व का समाहार पूरी तरह व्यावसायिकता के पक्ष में कर सकता है। अखबार पैसा कमाने के लिए या अन्य कारणों से निकाला जाता है, लेकिन उसमें जो पत्रकार काम करते हैं, वे सभी पैसा कमाने के लिए इस पेशे में नहीं आते। जीविका उन्हें जरूर चाहिए, किन्तु उनके लिए कुछ अन्य मूल्य भी महत्त्वपूर्ण होते हैं। जब सम्पादक प्रतिष्ठान का प्रतिनिधि होता है—उसका अंग नहीं, तब वह मूल्यों का सम्मान कर सकता है, क्योंकि वह पत्रकार भी होता है। लेकिन अपने प्रतिष्ठान का अंग बनते ही उसकी प्राथमिकताएँ बदल जाती हैं।

फिर भी सम्पादक रहेगा, क्योंकि यह विशेषज्ञ किस्म का कर्म है। अखबार का मालिक, मालिक होने के नाते अपने को सम्पादक कह सकता है, लेकिन जरूरी नहीं कि वह सम्पादकी कर भी सके। कुछ मालिक ऐसे हो सकते हैं। लेकिन उनके उत्तराधिकारी? सम्पादन की अयोग्यता के बावजूद जब कोई मालिक सम्पादक बनने का निर्णय करता है, तो वह सम्पादक नाम की संस्था को सिर्फ छितरा देता है। उसे बाध्य हो कर अपनी सत्ता का विखण्डीकरण करना पड़ता है। ऐसे पत्र में एक नहीं,

कई सम्पादक हो जाते हैं। हर सम्पादक अपनी जगह पर कमजोर होता है और सिर्फ मालिक की शक्ति बढ़ाता है। सम्पादक-मालिक सामान्य मालिक की तुलना में कहीं ज्यादा शक्तिशाली होता है, क्योंकि उसने अखबार की सत्ता का विकेन्द्रीकरण नहीं, विखण्डीकरण किया है, जिससे हर पाया स्वतः कमजोर हो जाता है। लेकिन यह जरूरी नहीं कि हर जगह इरादा गलत ही हो। एक बड़े आधुनिक अखबार में सम्पादकीय सत्ता विकेन्द्रित होने को बाध्य है। लेकिन तब प्रत्येक उपसत्ता को सम्मान की निगाह से देखा जायेगा। विखण्डीकरण में उपसत्ताएँ अनिवार्यतः चापलूस और प्रतिद्वंद्वी हो जाती हैं।

सम्पादक और मालिक का सम्बन्ध क्या होना चाहिए, यह प्रश्न आज के समाज में निरर्थक हो चुका है। जिस तरह आदर्श सम्पादक नहीं पाये जाते, उसी तरह आदर्श मालिक भी नहीं पाये जाते। एक जमाना था, जब शिवप्रसाद गुप्त ने अपने ही अखबार में अपने विचार विज्ञापन का स्थान खरीद कर छपवाये थे, क्योंकि सम्पादक पराड़कर उन्हें लेख के रूप में छापने के लिए सहमत नहीं थे। यह रिश्ता एक ऐसे समाज में ही हो सकता था, जिसमें सबकी भूमिकाएँ सुपरिभाषित थीं। अब भूमिकाएँ गड्मड्ड होती जा रही हैं।

सच पूछा जाये तो मालिक को ही अखबार का सम्पादक होना चाहिए, जो यह कहने के बराबर है कि सम्पादक को ही अखबार का मालिक होना चाहिए। लेकिन तब सम्पादक ही क्यों? क्या अखबार में काम करने वाले अन्य लोग रोबोट हैं? अतः यह कहना ज्यादा तार्किक होगा कि अखबार में काम करने वाले सभी लोगों को अखबार का मालिक होना चाहिए। अखबार का भौतिक पक्ष एक व्यक्ति के नियन्त्रण में हो और आत्मिक पक्ष दूसरे व्यक्ति के नियन्त्रण में—यह स्थिति न केवल अस्वाभाविक है, बल्कि अनुचित भी। इससे अनेक तरह के तनाव पैदा होते हैं। कोई भी अखबर एक पूर्ण अवयव होता है या उसे होना चाहिए। कोई एक व्यक्ति इतना शक्तिशाली हो कि वह अखबार से सम्बन्धित सारे काम कर सके—रिपोर्टिंग भी कर ले, उसका विश्लेषण भी कर ले, अखबार को छाप भी ले, विज्ञापन भी ले आये, तो यह सर्वश्रेष्ठ स्थित होगी। अखबार में यह असम्भव है, इसलिए श्रम विभाजन आवश्यक हो जाता है। लेकिन जो होता है, वह श्रम विभाजन नहीं है। यह श्रम का नियोजन है। अतः न केवल मालिक और सम्पादक के बीच, बल्कि सम्पादक और उसके सहकर्मियों के बीच भी लोकतान्त्रिक रिश्ता नहीं होता। इसलिए हर अखबार एक अलोकतांत्रिक अखबार है। शायद आदर्श से आदर्श स्थितियों में भी एक बड़े अखबार को लोकतान्त्रिक ढंग से निकालना एक कठिन साधन है।

बड़े अखबारों में सम्पादक तो मालिक हो नहीं पाता, सम्पादकीय स्टाफ भी मालिक नहीं हो पाता। मालिक ही उन सबकी नियुक्ति करता है यानी उन्हें नौकर

रखता है। मौजूदा कानून नियुक्त लोगों के भौतिक अधिकारों की चिन्ता करता है। आत्मिक अधिकारों को मालिक की मर्जी पर छोड़ देता है। श्रम कानून पत्रकार की रक्षा कर सकते हैं, पत्रकारिता की नहीं। भौतिकता आत्मिकता को नियन्त्रित करती है, इस तर्क से यह लगभग सर्वमान्य हो चुका है कि अखबार की नीतियाँ मालिक ही तय करेगा। यह तर्क अखबर की आजादी को अखबार मालिक की आजादी में तब्दील कर देता है। अखबार (प्रेस) की आजादी पर इतनी चर्चा होती है, लेकिन इस आजादी का दायरा कितना सिकुड़ चुका है, इस पर चिन्ता प्रकट नहीं की जाती। पत्रकारों के सम्मान की रक्षा के लिए अक्सर यह दावा किया जाता है कि मालिक को सिर्फ नीतियाँ तय करने का अधिकार है तथा उसे सम्पादक के दैनदिन कामों में हस्तक्षेप नहीं करना चाहिए। लेकिन यह कोई सैद्धान्तिक स्थापना नहीं है—सिर्फ प्रबन्ध शैली की बात है।

जो प्रबन्ध शैली हम जानते हैं, उसके अनुसार मालिक को हर विज्ञापन के प्रमुख से ही बातचीत करनी चाहिए तथा विभाग की आन्तरिक कार्यप्रणाली विभाग प्रमुख पर छोड़ देनी चाहिए। लेकिन कोई मालिक अगर अपने को इतना सक्षम मानता है कि वह प्रत्येक विभाग के प्रत्येक आदमी का स्वयं मूल्यांकन कर सके तथा उसे उसका काम बता सके, तो यह काम उसे क्यों नहीं करना चाहिए? यह तर्क जरूर किया जा सकता है कि प्रबन्ध की यह शैली अखबार का—या किसी भी संगठन का—सत्यानाश कर देगी। लेकिन क्या पता। सम्पादक की तानाशाही के दृष्टान्त भी कम नहीं हैं। फिर जो लोग इस तर्क को मानते हैं कि अखबार का मालिक ही उसके भौतिक क्षय के लिए उत्तरदायी है, उन्हें यह तर्क भी स्वीकार करना होगा कि वह अखबार का सत्यानाश करने के लिए भी स्वतंत्र है। कहा जा सकता है कि किसी को भी दूसरों की जिन्दगी से खेलने का अधिकार नहीं है। लेकिन क्या मौजूदा व्यवस्था ने जीवन के प्रायः सभी क्षेत्रों में कुछ लोगों को यह अधिकार नहीं दिये हुये हैं?

स्पष्ट है कि अखबार को एक स्वस्थ इकाई होना है तो उसके भौतिक और आत्मिक पक्षों में स्वस्थ समन्वय का प्रयत्न करना होगा। लेकिन यह काम तब तक हो नहीं सकता, जब तक व्यावसायिकता मात्र के कुछ प्रतिमान न निश्चित किये जायें। जब तक व्यावसायिकता के नियम अखबार के उत्पादन पर लागू होंगे, तब तक उसके कुछ पहलुओं के क्षय को कोई रोक नहीं सकता। अखबार में व्यावसायिकता के दुर्गुण हमें साफ-साफ दिखाई पड़ते हैं, क्योंकि वह हमारी आत्मिक स्वतन्त्रता को तुरन्त और सीधे आहत करती है। कपड़े या साबुन का उत्पादन करने वाला यह काम परोक्ष तरीकों से करता है। वस्तुतः विषमता और दायित्वहीनता के नियम उद्योग के अन्य क्षेत्रों में स्वीकृति पाने के बाद ही अखबार की दुनिया में प्रवेश करते हैं। अतः जब तक व्यावसायिकता मात्र को लोकतान्त्रिक तथा उत्तरदायी नहीं बनाया जायेगा,

तब तक अखबार की दुनिया अराजक ही रहेगी। किसी भी समाज में व्यावसायिकता के नियम अलग-अलग चीजों के लिए अलग-अलग नहीं हो सकते। सवाल यह है कि किसी भी उत्पादन में पूँजी की निर्णायक भूमिका क्यों हो—उसमें काम करनेवालों तथा उसका उपभोग करनेवालों की आवाज भी उतनी ही निर्णायक क्यों न हो? समाज व्यवसाय के लिए है या व्यवसाय समाज के लिए यानी उसकी उचित आवश्यकताओं की पूर्ति के लिये? जब सवाल को इस तरह रखा जायेगा, तभी सभी सवालों के उचित उत्तर मिल सकेंगे।

हिन्दी पत्रकारिता के तीन संकट

जिसे मैं हिन्दी पत्रकारिता का पहला और बुनियादी संकट कहना चाहता हूँ, वह यथार्थ का संकट है। यह संकट वस्तुतः भारत की पूरी पत्रकारिता के ही संकट का अंग है। अंग्रेजी की पत्रकारिता इस संकट की उपेक्षा कर सकती है, क्योंकि एक स्तर पर वह स्वयं इस संकट का कारण और माध्यम है अंग्रेजी भारत में पहले साम्राज्यवाद की भाषा थी और अब आन्तरिक उपनिवेशवाद की भाषा है। पक्षकारिता का अंग होने के नाते अंग्रेजी पत्रकारिता को भी उस व्यवस्था के असली चेहरे पर कुछ प्रकाश डालते रहना पड़ता है। जिसके कारण देश के साधारण लोगों का जीवन कठिनतर होता जा रहा है, लेकिन कुछ अपवादों को छोड़कर वह आम तौर पर इस व्यवस्था की ही शय्या-संगिनी है। अतः इस व्यवस्था का जीवन-मरण उसके अपने जीवन-मरण से जुड़ा हुआ है। की पत्रकारिता के लिए यथार्थ का यह संकट उसके स्वस्थ विकास, सम्यक प्रसार तथा सम्पूर्ण भविष्य का संकट है। इसकी उपेक्षा कर वह अपना सर्वनाश ही कर सकती है। लोक भाषाओं के अनेक पत्रकारों में अंग्रेजी पत्रकारों की तरह रहने और काम करने की हवस पैदा हुई है, लेकिन हम सौभाग्यशाली हैं कि यह बिरादरी अभी अल्पसंख्यक ही है। अतः उम्मीद की जा सकती है कि हिन्दी के ज्यादातर पत्रकार इस संकट को पहचानेंगे और अपने कर्त्तव्य के बारे में विचार करेंगे।

साहित्य में यथार्थ से संबन्धित बहसें बहुत हुई हैं--इतनी ज्यादा कि यथार्थ तक पहुँच पाना ही मुश्किल हो गया है। पत्रकारिता में यथार्थ पर कम विचार हुआ है, क्योंकि यह स्वतः प्रमाणित माना जाता है कि पत्रकारिता तो यथार्थ का ही आख्यान है। लेकिन जब रघुबीर सहाय को जो एक अच्छे लेखक थे और उतने ही अच्छे पत्रकार भी, जोर दे कर यह कहना पड़ता है कि यथार्थ यथास्थिति नहीं, तो साफ है कि पत्रकारिता जिस यथार्थ को व्यक्त करती है, वह निरी यथास्थिति भी हो सकती है। दुर्भाग्य से ऐसा है भी आज कुछ ज्यादा ही। आजादी के बाद हिन्दी पत्रकारिता की यथार्थ चेतना पहली बार 1977 में जाग्रत हुई थी, हालांकि तब भी उसने इतिवृत्तों में ही ज्यादा दिलचस्पी ली थी--उनके पीछे काम कर रही लोकतन्त्र के ह्रास की प्रक्रियाओं से कम। यदि इन प्रक्रियाओं को समझने की कोशिश उसने

की होती, तो आज वह देख पाती कि जिस तरह आपातकाल कांग्रेस की राजनीति के सारहीन हो जाने का एक बिन्दु था, उसीतरह आज विपक्ष की राजनीति भी पूरी तरह नष्ट हो चुकी है। यह राजनीतिक विकल्पहीनता का कठिन समय है। भारत की पूरी राजनीति व्यवस्था देश की समस्याओं का समाधान करने में विफल सिद्ध हुई है, अतः अप्रासंगिक हो चुकी है। वह अब केवल आर्थिक गुलामी और सामाजिक कलह ही पैदा कर सकती है।

विडम्बना यह है कि देश की जनता इस बात को अच्छी तरह महसूस कर रही है, किन्तु हिन्दी पत्रकारिता अब भी इस टूटते तिलिस्म के सड़ियल इन्द्रधनुष में उलझी हुई है। पत्रकारिता जब यथार्थ से मुठभेड़ करती है, तब उसमें नई जान आती है और पाठक के साथ उसका भावनात्मक रिश्ता बनता है। 1977 में ऐसा ही रिश्ता बना था क्योंकि उस वक्त पत्रकार और लोग लगभग एक ही 'धरातल पर तब तक की राजनीति की नग्नता और भंगुरता से साक्षात्कार कर रहे थे। जिसे हिन्दी पत्रकारिता की नई धारा कहा जाता है, वह उसी रोमांचपूर्ण दौर की देन है। उस दौर में पत्रकारिता को न केवल नई आँखें मिलीं, बल्कि उसकी काया का भी विस्तार हुआ। यह धारा लगभग एक दशक तक जीवित रही—क्षीण से क्षीणतर होते हुये। आज फिर पत्रकारिता को एक नया मोड़ लेने की जरूरत है, ताकि यथार्थ से उसका टूटता हुआ रिश्ता पुनः जुड़ सके। यह सच है कि इस जरूरी काम को अन्जाम देने के लिए 1977 में पत्रकारिता को जो दो उपकरण उपलब्ध थे, वे आज नहीं हैं। कम-से-कम उस रूप में तो नहीं ही हैं। तब जनता में एक अभूतपूर्व उत्साह और जागरण था। नई राजनीति का औजार एक नया दल भी था, जो हालांकि पुराने दलों को मिलाकर बना था। आज जनता में घोर हताशा तथा लक्ष्यहीनता है। नये राजनीतिक उपकरण छोटे हैं और बिखरे हुये हैं। लेकिन ऐसी स्थिति में पत्रकारिता की जिम्मेदारी और बढ़ जाती है कि यह यथार्थ से मुठभेड़ करे और इस मुठभेड़ को खबरों तथा विश्लेषण के माध्यम से पाठकों तक पहुँचायें। जब तक पत्रकारिता अपने इस दायित्व से पलायन करती रहेगी, वह इसी तरह निस्तेज और अविश्वसनीय बनी रहेगी। हो सकता है उसकी ताकत बढ़े, लेकिन यह उस भ्रष्ट ताकत का ही हिस्सा होगी जिसके कारण देश का साधारण आदमी निरूपाय और साधनहीन अनुभव करता है।

हिन्दी पत्रकारिता की लोकतान्त्रिक शक्ति ही यही है कि वह साधारण लोगों से सीधे जुड़ी हुई है। अंग्रेजी पत्रकारिता का बुनियादी तादात्म्य सत्ता प्रतिष्ठान से है। यह प्रतिष्ठान इधर और मजबूत हुआ है। यहाँ तक कि पिछड़ों और दलितों के नाम पर राजनीति करने वालों को भी अपने बीच जगह दे कर—यद्यपि उतनी ही जगह और वैसी ही जगह, जिससे सत्ता का चरित्र भी न बदले और यह भी न लेंगे कि उसका सामाजिक आधार बहुत संकुचित है, इस सत्ता प्रतिष्ठान ने अपने को

लगभग अजेय बना लिया है। अंग्रेजी पत्रकारिता इस प्रतिष्ठान की—समवेत रूप से नहीं, बल्कि कभी इस अंग को कभी उस अंग को—आलोचना करते हुये भी सुखी और द्वंद्वहीन रह सकती है, क्योंकि उसका वर्गीय आधार मजबूत ही हो रहा है। लेकिन हिन्दी पत्रकारिता का जो सामाजिक आधार है, वह आज पहले से कहीं ज्यादा भविष्यहीन है। न केवल उसे बाजार की क्रूर शक्तियों के भरोसे छोड़ दिया गया है, बल्कि उससे राजनीतिक दलों की दूरी और बढ़ गयी है। समाज का परम्परागत ताना-बाना पूरी तरह छिन्न-भिन्न हो रहा है तथा नये मानवीय रिश्ते नहीं बन रहे हैं। राज्य न केवल कजोर सिद्ध हो रहा है, बल्कि उसने अपने आपको कमजोर मान भी लिया है। उसकी शक्ति अब केवल कमजोर लोगों के लिए है।

क्या हिन्दी पत्रकारिता इस यथार्थ को पहचान रही है? क्या वह उनकी वाणी बनने के लिए उत्सुक है, जिनकी राजनीतिक मूकता हमारे लोकतन्त्र को ऊर्जाहीन बना रही है? क्या वह समाज में कोई नई बहस छेड़ने में सक्षम है? जहाँ यह बहसें जारी हैं, क्या वह उनकी ओर दृष्टिपात करने का साहस करेगी? हिन्दी क्षेत्र देश के सबसे गरीब इलाकों में है। नये माहौल में यह गरीबी और बढ़ सकती है। क्या हिन्दी पत्रकारिता इस गरीबी की छानबीन नहीं करेगी? क्या वह स्वायत्तता के उन आन्दोलनों की अपरिहार्यता और कमजोरियों को रेखांकित नहीं करेगी जो एक राष्ट्रवादी फलक का ही अंग है? क्या हिन्दी पत्रकारिता व्यावसायिकता के उन मूल्यों का ही अनुकरण करेगी जिनके कारण हम न केवल एक गम्भीर सांस्कृतिक संकट के सम्मुखीन हैं, बल्कि हमारा भौतिक जीवन भी तहस-नहस हो रहा है?

जाहिर है आदर्श का संकट इसी से पैदा होता है। यदि आप यथार्थ से सही मुठभेड़ नहीं कर सकते, तो आप के आदर्श भी सार रहित होंगे। स्थिति उलटी भी हो सकती है। यदि आपके आदर्श वास्तविक और जनोन्मुख हैं, तो आप यथार्थ से उचित मुठभेड़ भी कर सकेंगे। खेद के साथ कहना पड़ता है कि आजादी के बाद हिन्दी पत्रकारिता की दुनिया आम तौर पर एक आदर्शविहीन दुनिया रही है। यही कारण है कि जब हमें अपने नायकों की खोज करनी होती है, तो स्वाधीनता संघर्ष की परतें उधेड़नी पड़ती हैं। कुछ लोगों की शिकायत है कि हिन्दी में सम्पादक नाम की संस्था विलुप्त होती जा रही है। सच यह है कि नवजागरण और स्वाधीनता संघर्ष का दौर समाप्त हो जाने के बाद यह संस्था कभी खड़ी ही नहीं हुई। कुछ अच्छे संपादक जरूर हुये हैं, लेकिन वे व्यक्ति थे या हैं, किसी संस्था या परम्परा का अंग नहीं। यह परिद्रता हिन्दी पत्रकारिता की वैचारिक दरिद्रता की ही अभिव्यक्ति है जहाँ विचारों की इतनी कमी हो, वहाँ किसी तरह के आदर्श की आशा नहीं की जा सकती। यही कारण है कि हिन्दी पत्रकारिता का संसार इतना कम प्रेरणास्पद है। न केवल पाठकों के लिये, बल्कि उनके लिए भी, जो इस संसार के ज्यादा अन्तरंग सदस्य हैं।

यह सच है कि आज की दुनिया आदर्शविहीन दुनिया है। तीसरी दुनिया में

यह आदर्शहीनता मुख्यतः पश्चिम की औद्योगिक दुनिया से आई है। वहाँ आदर्श अपनी भूमिका अदा कर चुके हैं और अब उनका काम शायद बिना आदर्शों के भी चल सकता है--हालाँकि कुछ मामलों में यह असम्भव दिखता है, जैसे नीग्रो समस्या और स्त्री-पुरुष को बराबरी। लेकिन गरीब और अविकसित मुल्कों के लिए आदर्शहीनता खतरे की घण्टी है। किसी देश या समाज का निर्माण क्षुद्र स्वार्थों के आधार पर नहीं हो सकता। लेकिन आज चारों तरफ उन्हीं का बोलबाला दिखाई पड़ता है। इससे न केवल हमारे राष्ट्र निर्माण की अधूरी प्रक्रिया खटाई में पड़ी हुई है, बल्कि हम सामाजिक और सांस्कृतिक स्तर पर आत्मरिक्त होते जा रहे हैं। हमारी परम्परागत कसौटियाँ संदिग्ध हो चुकी हैं, किन्तु नई कसौटियों का उदय अभी बाकी है। सामाजिक उन्नति के नाम पर पिछड़ावाद या दलितवाद, हिन्दु पुनरूत्थान आदि की जो कसौटियाँ लोकप्रिय की जा रही हैं, वे और भी भयावह हैं, क्योंकि वे न केवल खतरनाक ढंग से इकहरी हैं, बल्कि उनके पीछे कोई बड़ा स्वप्न नहीं है। यह और भी खेद की बात है कि हिन्दी पत्रकारिता या तो खुद इन कसौटियों का शिकार हुई है या उसने इनका प्रत्याख्यान किया है तो उसके पीछे भी कोई बड़ा सामाजिक कार्यक्रम नहीं है। एक इकहरेपन का जवाब दूसरा इकहरापन नहीं हो सकता।

हिन्दी पत्रकारिता को प्रासंगिक होना है और अपने पाठकों से सच्चा भावनात्मक रिश्ता कायम करना है, तो उसे विचारों और आदर्शों की रचनात्मक प्रक्रिया से गुजरना ही होगा। 1977 में बात दूसरी थी। तब तथ्य भी आदर्श थे। आज तथ्य किसी आदर्श की सृष्टि नहीं कर पाते। लेकिन आदर्शों की तरफ बढ़ने के लिय यह जरूरी होगा कि हिन्दी का पत्रकार अपने से कमजोर लोगों की तरफ देखे। उनकी समस्याओं को सामने लाये और उन पर मनन करे। आज हिन्दी के पत्रकार की निगाह ऊपर की ओर है। वह जल्द-से-जल्द अपने लिए सारी सुख-सुविधाओं की व्यवस्था कर लेना चाहता है। यह प्रवृत्ति उसका नैतिक क्षरण करती है। इससे उबर कर ही वह एक पत्रकार के रूप में अपनी वास्तविक जिम्मेदारियों का निर्वाह कर सकता है। इससे उसकी पत्रकारिता में न केवल गहराई आयेगी, बल्कि उसका विस्तार भी होगा।

अब हम विस्तार के संकट की चर्चा करने को बाध्य हैं। पिछले दो दशकों में हिन्दी पत्रकारिता का अभूतपूर्व विस्तार हुआ है। न केवल अनेक नये पत्र सामने आये हैं, बल्कि स्थापित पत्रों के संस्करण भी तेजी से बढ़े हैं। आज हिन्दी भाषी क्षेत्र के कई शहर हैं, जहाँ से चार-पाँच दैनिकों के संस्करण निकल रहे हैं। प्रसार संख्या के मामाले में उन्होंने अंग्रेजी पत्र को बहुत पीछे छोड़ दिया है। लेकिन आम तौर पर ये पत्र कैसे हैं? हाल ही में प्रेस इंस्टीट्यूट ऑफ इंडिया द्वारा आयोजित एक बहस में इस पर उचित ही शोक प्रकट किया गया कि जिस मात्रा में परिमाण बढ़ा है, उस मात्रा में गुणवत्ता नहीं बढ़ी है। पेशेवर उत्कृष्टता का घोर अभाव है। स्तर की कोई

चिन्ता नहीं है। समाचार संकलन पर खर्च अत्यन्त कृपण है। उचित वेतन नहीं दिया जाता। यहाँ तक कि नियुक्ति पत्र भी एक दुर्लभ दस्तावेज है। अयोग्य मालिक भी सम्पादक के बगैर काम चला रहे हैं। निश्चय ही हिन्दी पत्रकारिता का यह विस्तार खौफ़नाक है। यह एक राक्षसी विस्तार है, जिसके जबड़ों में पत्रकारिता का कोई मूल्य सुरक्षित नहीं है।

लेकिन इसके लिए जिम्मेदार कौन है? जब हम इस जटिल प्रश्न पर विचार करेंगे, तभी हिन्दी क्षेत्र के उस भौतिक और सांस्कृतिक संकट से रू-ब-रू हो सकेंगे, जिसके कारण यह विराट क्षेत्र धूसर प्रतीत होता है। निश्चय ही पत्रकारिता के एक-दो संस्थान इस अंधेरी रात में तारों की तरह चमक रहे हैं, लेकिन उनके प्रतिमानों का कोई संक्रामक असर दिखाई नहीं पड़ता। इसके कारण गहरे होने चाहिए। इस अंचल में पूँजी निर्माण की गति बहुत धीमी है। फलस्वरूप औद्योगिक समाज के मूल्य स्थापित नहीं हो पाये हैं। सामाजिक जागरूकता का स्तर बहुत उन्नत नहीं है। अतः घटिया पत्र भी सम्माननीय माने जाते हैं। सम्पादकों या सहायक संपादकों की जरूरत महसूस नहीं की जाती, क्योंकि विचार से इन पत्रों को कुछ लेना-देना नहीं है। कुछ समाचार और कुछ प्रचार ही इनकी पत्रकारिता का आदि-अन्त हैं। मुझे इस बात से ज्यादा तकलीफ नहीं होती कि इन पत्रों में वेतन कम मिलता है। एक निर्धन समाज अपने पत्रकारों की कितनी खातिर कर सकता है? लेकिन यह गरीबी सिर्फ सामूहिक गरीबी की अभिव्यक्ति नहीं है। यह एक तरह का शोषण है। आय में उचित हिस्सा न देने का षड्यन्त्र। कुछ मामलों में यह मजबूरी भी हो सकती है, जैसे बहुत-से छोटे किसान अपने मजदूरों को न्यूनतम मजदूरी देने में असमर्थ हैं। लेकिन बड़े किसानों को कैसे माफ किया जा सकता है? खेद का विषय है कि पत्रकार संगठनों ने भी इन समस्याओं की ओर अपेक्षित ध्यान नहीं दिया है।

प्रश्न किया जा सकता है कि आजादी के पहले तो इस प्रदेश की स्थिति और भी करुण थी। तब ऐसे मनस्वी और स्वाभिमानी पत्रकार कैसे पैदा हुये, जिन्होंने न केवल स्वतंत्रता संघर्ष का बौद्धिक नेतृत्व किया, बल्कि हिन्दी भाषी समाज को एक नई चेतना भी दी? ध्यान देने की बात है कि उस समय के अधिकांश लेखक उतने ही सक्षम पत्रकार भी थे। निश्चय ही इसका प्रमुख श्रेय नवजागरण को है। उसने हिन्दी भाषी समाज का व्यक्तित्व ही बदल दिया था। श्रेय स्वतन्त्रता संघर्ष का भी है, जिसके कारण कमजोर आत्माओं में भी अद्भुत शौर्य का विस्फोट हुआ था। इससे पता चलता है कि भौतिक स्थितयाँ हमेशा निर्णायक नहीं होतीं। चेतना की दिशा का भी उतना ही निर्णायक प्रभाव पड़ सकता है। आज यह हिन्दी क्षेत्र भौतिक स्तर पर पहले से बेहतर स्थिति में होने के बावजूद जागरण के स्तर पर विपन्न है। इससे यह भी पता चलता है कि यह भौतिक विकास कितना रुग्ण और विघटनकारी है।

विकास के इस चरित्र के कारण बुद्धिजीवी वर्ग समाज से लगभग पूरी तरह कट चुका है। नवजागरण की प्रक्रिया कभी की ठप हो चुकी है। उलटे प्रतिक्रियावाद का जोर है। ऐसे माहौल में स्वस्थ और जीवनकामी पत्रकारिता का विकास कैसे सम्भव है?

तथ्यों की इसी पहचान से हम इस घटना की व्याख्या कर सकते हैं कि पिछले बरसों में हिन्दी की कई सम्मानित पत्रिकाओं की अकाल मृत्यु हुई और साप्ताहिक समाचारपत्रों का जो प्रयोग बड़ी धूमधाम से शुरू हुआ था, वह मरणासन्न है। स्पष्ट है कि हिन्दी में विश्लेषण और विचार की पत्रकारिता लगभग असंभव होती जा रही है। इसका अर्थ बहुत भयावह है। दैनिक पत्रों की माँग बढ़ रही है, किन्तु सप्ताह भर की घटनाओं का सामाजिक विश्लेषण करने वाले पत्र बाजार से बाहर हो रहे हैं। अर्थात् लोगों में जानकारी की भूख तो बढ़ी है, किन्तु इस जानकारी का जो विश्लेषण उनके सामने परोसा जा रहा है, उससे सन्तोष नहीं होता। खबर सच्ची है, पर उसका जो अर्थ बताया जा रहा है, वह झूठा है। कहना न होगा कि यह यथार्थ और संकट का ही नतीजा है। झूठे और कपटी आदर्शों की चाकरी के कारण यथार्थ के साथ बलात्कार किया जा रहा है। जो यथार्थ की माँग नहीं बन पाई है। जो आदर्श की माँग है, वह आदर्श की माँग है, उसका कोई प्रतिबिम्ब प्रस्तुतीकृत यथार्थ में दिखाई नहीं देता। फलस्वरूप विस्तार बाधित होता है। इसी तर्क से हम यह समझ सकते हैं कि हिन्दी क्षेत्र में दैनिकों का जो भी विस्तार सम्भव हुआ है, वह उससे कहीं बहुत कम है जो हो सकता था। इसी तर्क से हम यह भी समझ सकते हैं कि यदि हिन्दी दैनिकों ने आम पाठकों के बीच अपना विश्वास अर्जित नहीं किया, तो उनका विस्तार भी जल्द ही संकट का शिकार हो सकता है—हालांकि यह प्रक्रिया धीमी होगी, क्योंकि बुरा-से-बुरा दैनिक भी कुछ जरूरी कार्य तो सम्पादित करता ही है।

समस्या को समग्र सन्दर्भ में रख कर हम इन तीनों संकट—यथार्थ का संकट, आदर्श का संकट और विस्तार का संकट—का एक केन्द्रिय कथानक तलाश कर सकते हैं। हिन्दी पत्रकारिता का स्तर वहीं सबसे ज्यादा नीचा है, जहाँ उसके सामने चुनौतियाँ सबसे जयादा हैं। जहाँ हिन्दी पत्रकारिता उन्नत जान पड़ती है, वहाँ वह अंग्रेजी प्रतिष्ठान का जूठन है और उससे यह माँग की जा रही है कि वह अपने को द्वितीय श्रेणी का नागरिक ही माने। निश्चय ही यह हिन्दी पत्रकारिता के व्यापक संकट का ही एक अंग है। जाहिर है इतने बड़े संकट का कोई समाधान सिर्फ पत्रकारिता की अपनी दुनिया से नहीं निकल सकता। व्यापक समाज का संकट दूर होगा, तभी पत्रकारिता अपने अच्छे दिनों की उम्मीद कर सकती है। इस बीच यह पत्रकारिता पर है कि वह इस व्यापक संकट से संघर्ष करने में अपना योगदान करती है या उसे और बढ़ाने में।

बाजार, पत्रकारिता और हिन्दी

यह मानकर चलना गलत है कि बाजार निरंकुश ही होता है। पूँजीवादी बाजार उन्नीसवीं शताब्दी में भी था, लेकिन तब क्या ऐसी फिल्में बन सकती थीं जिनमें पूर्ण नग्नता हो या ऐसे पत्र निकल सकते थे जो अश्लीलता की हदों को छूनेवाले विज्ञापन छापते हों? स्पष्ट है कि बाजार एक निश्चित सामाजिक संरचना में ही काम करता है। बाजार आज जो काम अमेरिका में कर रहा है, वह यूरोप के अनेक देशों में नहीं कर सकता और भारत तथा पाकिस्तान में तो नहीं ही। यह सच है कि बाजार हमेशा मनुष्य की निम्नतर इच्छाओं से खेलने का प्रयास करता है, ताकि वह अधिक से अधिक मुनाफा कमा सके, लेकिन इसमें उसे सफलता तभी मिलती है जब समाज इसे स्वीकार करे। इसलिए हिन्दी पत्रकारिता के मौजूदा स्वरूप पर विचार करते समय हमें यह नहीं भुलाना चाहिए कि हिन्दी भाषी समाज की इस समय स्थिति क्या है। क्या उसके किसी प्रकार की प्रतिरोध क्षमता बची हुई है या उसने अपने को बाजार के हवाले कर दिया है?

दरअसल, हिन्दी भाषी क्षेत्र अभी भी ठीक से बाजार बने ही नहीं हैं। यह भी एक कारण है कि हिन्दी क्षेत्र की अपनी पत्रकारिता का विकास होने में काफी समय लगा है। 1980 के दशक तक राजस्थान में *राजस्थान पत्रिका* और मध्य प्रदेश में *नई दुनिया* ही दो प्रमुख जाने-माने पत्र थे। उत्तर प्रदेश में आज का जो भी विकास हुआ था, उसका कारण एक परिवार विशेष का राष्ट्रीय आन्दोलन और हिन्दी के साथ लगाव था। स्वतंत्रता प्राप्ति के बाद *आज* ने पराभव ही देखा। गणेश शंकर विद्यार्थी का *प्रताप* तो बन्दी ही हो गया। बिहार में *आर्यावर्त* और *प्रदीप* ने राष्ट्रीय आन्दोलन में उल्लेखनीय भूमिका निभाई थी, लेकिन बाद में उन्होंने भी बुझना ही स्वीकार कर लिया। यह हिन्दी क्षेत्र के आर्थिक अविकास का एक भयावह परिणाम था कि उसकी अपनी पत्रकारिता का तेजी से विकास नहीं हो सका। आजादी के बाद के वर्षों में जिन पत्रों की व्यावसायिक धाक बनी , वे मूलतः दिल्ली और मुंबई से निकलने वाले पत्र थे और अपने अंग्रेजी संस्थानों में दूसरे दर्जे के नागरिक।

लेकिन इससे भी ज्यादा चिन्ताजनक तथ्य है हिन्दी क्षेत्र का सांस्कृतिक दैन्य। हिन्दी पत्रकारिता का अतीत बहुत ही शानदार है, लेकिन वह मुख्यतः विचारों की

पत्रकारिता थी। व्यावसायिक सफलता की किसी भी कसौटी पर उसे सफल नहीं कहा जा सकता। फिर भी वह सम्भव हुई, तो इसीलिए कि गरीब हिन्दी क्षेत्रों में ऐसे अनेक धनी-मानी व्यक्ति थे जिनका सामाजिक अनुराग उच्चकोटि का था। वे विद्वान और विचारशील व्यक्तियों का सम्मान करते थे। महावीर प्रसाद द्विवेदी और विष्णु राव पराड़कर को जो सम्मान अपने मालिकों से मिला, आज का पत्रकार उसकी कल्पना भी नहीं कर सकता। निराला सेठ महादेव प्रसाद के कर्मचारी नहीं, बल्कि बौद्धिक नेता थे। पश्चिमी दुनिया में जब तक यह स्थिति रही, वहाँ भी पत्रकारिता का स्तर काफी ऊँचा रहा। मर्डोकवाद ने आज उसका कबाड़ा किया हुआ है, क्योंकि पश्चिमी समाज को अब विचारकों की ज्यादा जरूरत नहीं गयी है। हिन्दी क्षेत्र में यह दुर्घटना स्वतन्त्रता प्राप्ति के तत्काल बाद हो चुकी थी। धनी-मानी लोगों के सामाजिक सरोकार क्षीण होने लगे थे। उदीयमान विद्वान, विचारक और लेखक पत्रकारिता की बीहड़ राह पर चलने के बजाय रेडियो और विश्वविद्यालयों की दुनिया में अच्छा वेतन और सुरक्षा खोजने लगे थे। साक्षरता की कमी और क्रय शक्ति का अभाव अपना मरघट अलग से बना रहे थे। ऐसी स्थिति में हिन्दी पत्रकारिता में दैन्य न आता, तो क्या होता? कृपया उन पुलों के नाम बताएँ जो रघुवीर सहाय और राजेन्द्र माथुर को विद्यार्थी और पराड़कर से जोड़ते हों।

अच्छी पत्रकारिता राष्ट्रीय ही नहीं, अन्तर्राष्ट्रीय भी होती है। यही कारण है कि 1950 के पहले की पत्रकारिता में यह जानने की तीव्र इच्छा दिखाई पड़ती है कि विदेशों में क्या हो रहा है। *सरस्वती* और *नया समाज* के प्रायः प्रत्येक अंक में बाकी दुनिया की कुछ न कुछ जानकारी जरूर होती थी। लेकिन यह ज्यादातर यात्रा वृत्तान्तों और टिप्पणियों के स्तर पर था। हिन्दी पत्रकारिता के पास कभी इतना पैसा नहीं रहा कि वह विदेश में अपने संवाददाता रख सके। आज उसका एक हिस्सा समृद्ध दिखाई पड़ रहा है, फिर भी यह विचार किसी समाचार पत्र संस्थान में उठता तक नहीं। लेकिन यह भी एक मिथक ही है कि पहले की हिन्दी पत्रकारिता में देश के भीतर सबकी खबर लेने की तमन्ना थी। उस जमाने के पन्ने उठा कर देख लीजिये, दक्षिण और पश्चिम भारत तथा उत्तर-पूर्व के बिम्ब देखने को तरस जाइयेगा। यही कारण है कि हिन्दी क्षेत्र के लोग बहुत समय तक दक्षिण के चारों राज्यों के लोगों को मद्रासी ही मानते रहे और उन्हें भनक भी नहीं थी कि उत्तर-पूर्व भारत में अभी भी मातृसत्ताक समाज हैं। क्या यही स्थिति कमोबेश आज भी नहीं है? तब इसके कारण आर्थिक थे। आज के कारण क्या हैं? हिन्दी पत्रों के संवाददाता चिकमगलूर या बेल्लारी तभी जाते हैं जब वहाँ से प्रधान मन्त्री पद का कोई उम्मीदवार चुनाव लड़ रहा हो और बेंगलूर और कलकत्ता तब जब वहाँ क्रिकेट मैच हो रहे हों या किसी बड़ी पार्टी का अधिवेशन होने वाला हो। पूरे भारत को हिन्दी पत्रों के नक्शे पर आना अभी भी बाकी है।

यह कहना उचित नहीं है कि हिन्दी पत्रों से राष्ट्र बोध खत्म हो रहा है। दुर्भाग्य से अभी भी यह स्थिति नहीं है कि हमारे अखबार अपने शहर और राज्य में गहरी दिलचस्पी ले सकें। *नई दुनिया* को जरूर इन्दौर से प्यार है। अपने क्षेत्र से लगाव न होने के कारण ही हिन्दी पत्र अपने अनिवार्य व्यावसायिक हितों की खातिर भी यह सवाल नहीं उठा पाये कि हमारा राज्य बीमारू परिवार का सदस्य क्यों है। हिन्दी क्षेत्रों में साक्षरता और क्रय शक्ति बढ़ती, तो हिन्दी पत्रों की प्रसार संख्या बढ़ती, उन्हें ज्यादा विज्ञापन मिलते और पत्रकारों को उचित वेतन देना भी सम्भव हो पाता। आज कोई हिन्दी पत्र ऐसा क्यों नहीं है जिसकी प्रसार संख्या एक करोड़ हो, जब कि सभी हिन्दी प्रदेशों की आबादी कई करोड़ है और उत्तर प्रदेश की आबादी 13 करोड़ है? सच यही है कि हिन्दी पत्रों का ज्यादातर सम्पादकीय स्थान ऊलजलूल राष्ट्रीय राजनीति की फिजूल चर्चा से भरा रहता है। स्वाभाविक रूप से इस चर्चा में विवेक कम मिलता है। यही कारण है कि 1992 के आसपास बहुत-से हिन्दी पत्र हिन्दू पत्र हो गये और अब तो इससे राज्य सभा का रास्ता भी निकल आया है। ज्यादातर को इस बात से पहचाना जासकता है कि वह राज्य स्तर के किस नेता का विरोधी या समर्थक है। कुछ का अवसरवाद सभी सत्तारूढ़ नेताओं और दलों के लिए स्थान निकाल लेता है तो इसीलिए कि राज्य स्तर के पत्रों की अर्थव्यवस्था में राज्य सरकार के विज्ञापनों की निर्णायक भूमिका रही है और दुर्भाग्य से अब भी है। यह क्षेत्रीय पत्रों को वस्तुपरक होने से रोकता है।

अखबार का मालिक ही उसका संपादक हो, इसमें कोई बुराई नहीं है। यह इस आदर्श स्थिति का दूसरा पहलू है कि पत्रकार ही अखबार के स्वामी हों। ऐसा कहीं नहीं लिखा है कि जिसके पास धन होगा, उसके पास बुद्धि नहीं होगी। सवाल यह है कि धन कैसा है और बुद्धि कैसी है। सवाल यह भी है कि पत्र मालिक अच्छा सम्पादक है या नहीं। यदि नहीं है, तो उसे सम्पादक होने के प्रलोभन से बचना चाहिए लेकिन वह ऐसा तभी कर पायेगा जब पत्रकारिता उसका उद्देश्य हो। यदि वह पैसा कमाने के लिये, रुतबा बढ़ाने के लिए और सांस्कृतिक समारोह में मुख्य अतिथि बनने के लिए पत्र निकाल रहा है, तो वह कोई पेशेवर सम्पादक क्यों रखेगा? दूसरी ओर, व्यावसायिक सफलता जैसे-जैसे पत्रकारीय अन्तर्वस्तु के बजाय विपणन कला पर निर्भर मान ली गयी है या बना दी गयी है, वैसे-वैसे सम्पादन कर्म करनेवालों का दर्जा और वेतन मैनजरों की तुलना में कम होता गया है।

यहाँ एक और मौलिक समस्या की तरफ इशारा करना जरूरी है। भारत के सफल वर्ग ने अपनी सन्तानें अंग्रेजी शिक्षा-दीक्षा को भेंट कर दी हैं। इसलिए हिन्दी पत्रों से उत्कृष्टता की कोई खास माँग नहीं है। आज जो सिर्फ हिन्दी अखबार पढ़ता है, ज्यादा सम्भावना है कि वह निश्चय ही पिछड़ा हुआ आदमी होगा। यह दिलचस्प है कि हिन्दी क्षेत्रों में एक भी अंग्रेजी अखबार व्यावसायिक रूप से सफल नहीं है।

जिस दिन हिन्दी क्षेत्रों का विकास हो जायेगा—यानी वह जिसे आजकल विकास कहा जाता है, उस दिन हिन्दी पत्रों को अपने पाठक खोजने के लिए जासूस छोड़ने होंगे। इसका मतलब यह नहीं है कि हमारे अंग्रेजी पत्र बहुत उत्कृष्ट हैं। वे कूड़े को स्वादिष्ट बनाना जानते हैं। इसके बावजूद उनमें जितना बौद्धिक उत्पादन होता है, उसका एक चौथाई भी हिन्दी पत्रों में दिखाई नहीं पड़ता। यह हिन्दी क्षेत्र के वैचारिक दैन्य की एक और अभिव्यक्ति है। जाहिर है, अंग्रेजी के सड़े-गले स्तम्भकारों के स्तम्भ हिन्दी पत्रों में सिर्फ इसलिए थोक के भाव नहीं छप रहे हैं कि उनमें से ज्यादातर टके के भाव मिलते हैं। स्पष्ट है कि हिन्दी पत्रकारिता का भविष्य हिन्दी के भविष्य से भी जुड़ा हुआ है।

जहाँ तक खबरों के जिलाकरण का सवाल है, यह पगडण्डी भी अंग्रेजी और अन्य भारतीय भाषाओं से ही आयी है। इसके पीछे निश्चय ही विपणन की नयी रणनीतियाँ हैं। बाजार वह हर काम करेगा, जिससे थोड़ा लगा कर ज्यादा पाया जा सके। अर्थशास्त्र के लिहाज से यह अनुचित भी नहीं है और इसमें क्या शक है कि पत्रकारिता इस समय साहित्य की एक विधा न रह कर औद्योगिक अभिक्रम का एक अंग हो गयी है। लेकिन जिलाकरण का वास्तविक उत्स कहीं और है। हमारे यहाँ अभी तक वैसे पत्रों का विकास नहीं हो पाया है जिन्हें काउन्टी पपेर कहते हैं। यह स्थिति भी बताती है कि जिला स्तर पर भी हमारे यहाँ समाज में रुचि लेने वाले धनी-मानी व्यक्तियों और सिर्फ जीवट से अखबार चलाने वाले पत्रकारों का कैसा उत्कट अभाव है। जिस तरह क्षेत्रीय पत्रों ने राष्ट्रीय माने जानेवाले अखबारों के प्रादेशिक संस्करणों को 'लौट के बुद्धू घर को आये' मुहावरे का अर्थ समझने के लिए बाध्य कर दिया है, उसी तरह हमारे जिला स्तरीय पत्र, जिनकी वाकई जरूरत है, क्योंकि हमारे कई जिलों की आबादी कई देशों से ज्यादा है, खबरों के अस्वस्थ जिलाकरण की शवयात्रा निकाल सकते हैं।

पत्रकारिता का सबसे बड़ा दुर्भाग्य यह है कि उसके स्वामित्व का कोई लोकतान्त्रिक स्वरूप विकसित नहीं हो पाया है। पत्रकारिता को लोकतन्त्र का रक्षक माना जाता है, पर उसका अपना आन्तरिक ढ़ाँचा स्वामित्व और प्रबन्ध दोनों स्तरों पर लोकतान्त्रिक नहीं है। अतः वह पूँजीवाद के सामन्य हितों की रक्षा करने को बाध्य है। दरअसल, पश्चिम में पत्रकारिता का विकास पूँजीवाद के समानान्तर हुआ—उसके मित्र के रूप में और उसके आलोचक के रूप में भी। आज मित्रवाला रूप आलोचक पर चढ़ बैठा है। इसमें जरा भी संदेह नहीं कि पत्रकारिता के स्वामित्व का कोई लोकवादी स्वरूप विकसित नहीं हुआ, तो पत्रकारिता भी लोकवादी नहीं हो सकती। यदि हमें पूँजीवाद को ही चलाना है तो उस परसामाजिक अंकुशों की कोई ठोस व्यवस्था विकसित करनी ही होगी। इस सन्दर्भ में पत्रकारिता का अर्थशास्त्र भी विचारीय है, क्योंकि यही एक उत्पाद है जो अपने लागत मूल्य से बहुत कम पर

बिकता है। फलस्वरूप सामाचार उसे कहते हैं जो विज्ञापनों से बची हुई जगह पर छापा जाता है। विज्ञापनों पर मौजूदा निर्भरता पत्रकारिता को कभी स्वायत्त नहीं होने देगी। यह स्थिति अंग्रेजी के अनुकूल है, क्योंकि उनके वर्ग स्वार्थ इससे मेल खाते हैं। लेकिन हिन्दी गेहूँ में घुन की तरह पीसी जा रही है।

फिर भी जहाँ तक विचारधारा का सवाल है, अंग्रेजी और हिन्दी में फर्क जरूर नजर आता है। अंग्रेजी का कोई भी पत्र उदारीकरण का विरोधी नहीं है, बल्कि कुछ तो शिकायत करते हैं कि उदारीकरण की रेल पैसेंजर गाड़ी की रफ्तार से क्यों चल रही है। लेकिन हिन्दी पत्रों में उदारीकरण और भूमण्डलीकरण का जो विरोध दिखाई पड़ता है, उससे बहुत उत्साहित होने की जरूरत नहीं है। इसका एक कारण तो यह है कि हिन्दी पत्र अभी इतने सम्पन्न नहीं हुये हैं कि विश्व पूँजी के साथ अपने हितों को तदाकार कर सकें और दूसरा यह कि उनमें काम करनेवाले ज्यादातर पत्रकारों का भौतिक जीवन विपन्न है तथा उन्हें पूँजी के नंगे नाच से डर लगता है। इसका एक प्रमाण यह है कि उदारीकरण के ज्यादातर विरोधी यह नहीं बताते कि हमारे देश की अर्थनीति क्या होनी चाहिए। दरअसल, हमारे ज्यादातर अखबारों के पन्नों पर कोई स्वस्थ बहस दिखाई नहीं पड़ती। वे बौद्धिक दैन्य के स्तूप हैं। यही दृष्टिहीनता यदि खबरों की खोज और उनके चयन में दिखायी देती है, तो इसे संसार का आठवाँ आश्चर्य क्यों माना जाना चाहिए?

आज हम जिस अभूतपूर्व स्थिति के शिकार हैं, उसे पत्रकार शिरोमणि बाबूराव विष्णु पराड़कर ने 1925 में ही पहचान लिया था। भविष्य की पत्रकारिता पर टिप्पणी करते हुये उन्होंने तब हिन्दी साहित्य सम्मेलन के वृन्दावन अधिवेशन के अध्यक्ष पद से कहा : 'पत्र सर्वांग सुन्दर होंगे। आकार बड़े होंगे, छपाई अच्छी होगी, मनोहर, मनोरंजक और ज्ञानवर्धक चित्रों से सुसज्जित होंगे, लेखों में विविधता होगी, कल्पकता होगी, गम्भीर गवेषण की झलक होगी और मनोहारिणी शक्ति भी होगी। ग्राहकों की संख्या लाखों में गिनी जायेगी। यह सब होगा, पर पत्र प्राणहीन होंगे। पत्रों की नीति देशभक्त, धर्मभक्त, अथवा मानवता के उपासक महाप्राण सम्पादकों की नीति न होगी—इन गुणों से सम्पन्न लेखक विकृत-मस्तिष्क समझे जायेंगे, सम्पादक की कुरसी तक उनकी पहुँच भी न होगी। वेतनभोगी सम्पादक मालिक का काम करेंगे। वे हम लोगों से अच्छे होंगे। पर आज भी हमें जो स्वतन्त्रता प्राप्त है, वह उन्हें न होगी। वस्तुतः पत्रों के जीवन में यही समय बहुमूल्य है। इंग्लैण्ड और अमेरीका के पत्रों ने इन्हीं दिनों अच्छा काम किया था, जब उनके आकार छोटे थे, समाचार कम होते थे, ग्राहक थोड़े थे, पर सम्पादक की लेखनी में ओज था और प्राण था। इन देशों की इस उन्नति के बहुत कुछ कारण ये ही सम्पादक थे, जिनसे धनी घृणा करते थे, शासक क्रुद्ध रहा करते थे और जो हमारे ही जैसे, एक पैर जेल में रख कर धर्मबुद्धि से पत्र सम्पादित किया करते थे। उनके परिश्रम से और कष्ट से

पत्रों की उन्नति हुई, पर उनके वंश का लोप हो गया। अब संचालक और व्यवस्थापक सर्वेसर्वा हैं, सम्पादक कुछ नहीं है। इस इतिहास से हमें उपदेश ग्रहण करना चाहिए। समय रहते सावधान हो जाना चाहिए और इस अवसर का ऐसा सदुपयोग करना चाहिए कि भावी पीढ़ियाँ प्रेम के साथ हमारा स्मरण करें।'

पराड़कर जी, हम प्रेम ही नहीं, आदर के साथ आपका स्मरण करते हैं। पर एक बात में आपसे मेरी असहमति है। मैं नहीं मानता कि हमारी यह दुर्दशा अनिवार्य थी। आपके बाद की पीढ़ियों ने उचित संघर्ष किया होता, तो आज स्थिति भिन्न होती। भविष्य में क्या होगा, यह इस बात पर निर्भर है कि हमारी आज की पीढ़ी क्या करती हे।

53, एक्सप्रेस अपार्टमेन्ट्स
चिल्ला रेगुलेटर
दिल्ली-110096

निजी बनाम सार्वजनिक

किसी के निजी जीवन में दखल देने का मीडिया को कितना अधिकार है? यह इस बात पर निर्भर है कि निजी जीवन का चरित्र क्या है? यह इस पर भी निर्भर है कि वह निजी जीवन किसका है। उदाहरण के लिए यदि कोई पत्रकार राष्ट्रपति या प्रधानमंत्री की जीवन शैली का चित्रण करता है—उनके व्यक्तिगत जीवन में झाँकने के लिए नहीं, बल्कि यह दिखाने के लिए कि एक गरीब देश का राष्ट्रपति या प्रधानमंत्री कितनी ऐयाशी में जीता है, तो यह उसके निजी जीवन में मीडिया का हस्तक्षेप नहीं है। यह उसके निजी जीवन का सार्वजनिक पक्ष है, जिसकी चर्चा जनहित में जरूरी है। इसी तरह, यदि मीडिया किसी गरीब आदमी के जीवन कष्टों का चित्रण करता है, तो वह उसके निजी जीवन में प्रवेश नहीं करता, बल्कि नागरिकों और नीति निर्माताओं के सामने देश के आर्थिक जीवन का एक जरूरी पक्ष रखता है।

सामान्यतः किसी व्यक्ति के निजी जीवन में मीडिया की दिलचस्पी नहीं होनी चाहिए और न ही होती है। हर आदमी को अपना जीवन अपने ढंग से जीने का अधिकार है। यह उसकी निजता का सम्मान है। ठसका मतलब यह नहीं है कि वह अपने निजी जीवन में कुछ भी कर सकता है। यह तभी सम्भव है, जब वह अकेला रहता हो। लेकिन ज्यादातर लोगों का जीवन दूसरों के जीवन से अंतर्ग्रंथित रहता है। जीवन वस्तुतः एक संश्लिष्ट घटना है और इसमें दूसरे हमेशा मौजूद रहते हैं। इस हद तक हर व्यक्ति का जीवन सामाजिक जीवन होता है और सामाजिक जीवन में आलोचना-प्रत्यालोचना और टीका-टिप्पणी से बच पाना मुश्किल है। यह एक तरह से उस पर नैतिक सेंसर का काम करता है। फिर भी इसका दायरा सीमित होता है। यहाँ मीडिया की दखलअंदाजी के लिए कोई जगह नहीं है।

लेकिन कोई व्यक्ति भ्रष्टाचार के आरोप में पकड़ लिया जाता है और उस पर मुकदमा चलने लगता है, तो उसके जीवन के वे पक्ष भी सार्वजनिक चर्चा का विषय बन सकते हैं जिनकी ओर ध्यान देने की जरूरत आमतौर पर मीडिया की नहीं होती। उदाहरण के लिए, किसी अफसर के घर से करोड़ों रुपयों की बरामदगी होती है और वह इनके वैध स्रोत नहीं बता पाता, तो मीडिया को यह पता लगाने और छापने का

पूरा अधिकार है कि उसके निजी जीवन में काले धन की झाँकी कहाँ-कहाँ दिखाई देती है, उसके सम्बन्ध किन संदिग्ध व्यक्तियों से हैं तथा पारिवारिक आयोजनों में उसने किस तरह बढ़-चढ़ कर खर्च किया था। जिस तरह एक मछली सारे तलाब को गन्दा कर सकती है, उसी तरह कोई एक घटना किसी व्यक्ति के निजी जीवन के सभी पक्षों को संदिग्ध बना सकती है। तब उपर्युक्त अधिकारी द्वारा अपनी पत्नी की पिछली वर्षगाँठ पर उसे हीरे की अँगूठी भेंट करना निजी मामला न रह पा कर सार्वजनिक महत्त्व का मामला हो जाएगा। स्पष्ट है कि निजी जीवन जब निजी नहीं रह जाता–उसके साथ सार्वजनिक जीवन के मूल्य जुड़ जाते हैं, तो वह मीडिया की खोज-बीन के दायरे में आ जाता है।

यह बात मंत्रियों, राजनीतिक दलों के नेताओं और कार्यकर्ताओं, सांसदों और विधेयकों पर खासतौर से लागू होती है। यह दावा तो नहीं किया जा सकता कि सार्वजनिक जीवन में काम कर रहे व्यक्ति का निजी जीवन नहीं हो सकता। लेकिन बेहतर यही है कि सार्वजनिक जीवन में वे महानुभाव ही प्रवेश करें जो अपने जीवन को एक खुली किताब बनाने की जोखिम ले सकें। इस दृष्टि से महात्मा गांधी का जीवन एक आदर्श सार्वजनिक जीवन था, जिसमें निजता के लिए कोई जगह नहीं रह गई थी। यहाँ तक कि उनके यौन या ब्रह्मचर्य से सम्बन्धित–प्रयोगों की सार्वजनिक चर्चा की जा सकती थी और गांधी जी ने कभी इसका बुरा नहीं माना। बल्कि इन बहसों में वे अपना पक्ष रखते थे। लेकिन सभी का जीवन 'सत्य के प्रयोग' की श्रेणी में नहीं आ सकता और दूसरे नेताओं को अपना निजी जीवन निजी बनाये रखने की छूट होनी चाहिए। जाहिर है, यह स्वतंत्रता तभी तक कायम रह सकती है जब तक उस नेता के निजी जीवन और सार्वजनिक जीवन में कोई द्वन्द्व न उपस्थित हो जाये। उदाहरण के लिए कोई सांसद गाँव में अपनी पत्नी रखते हुए राजधानी में अपनी एक रखैल भी रखता है, तो यह उसके निजी जीवन का मामला नहीं रह जाता। उसके मतदाताओं और देश की जनता को यह जानने का पूरा अधिकार है कि वह कितनी गम्भीर नैतिक विच्युति का शिकार है। लेकिन मामला रखैल या उपपत्नी का नहीं, बल्कि महिला दोस्त का है, तो इस घटना के साथ मीडिया को संवेदनशीलता और जिम्मेदारी से पेश आना चाहिए। हर महिला दोस्त रखैल नहीं होती। स्त्री-पुरुष सम्बन्ध बहुत जटिल होते हैं और सबको एक ही लाठी से नहीं हाँका जा सकता।

लेकिन मीडिया को ऐसे किसी अवैध सम्बन्ध का पता चलता है और वह चुप रहता है तथा चुनाव जैसे किसी महत्त्वपूर्ण अवसर पर, जब उस नेता का राजनीतिक कैरियर दाँव पर लगा होता है, वह इस सूचना का उपयोग चुनाव परिणामों को प्रभावित करने के लिए करता है, तो यह मीडिया की बदनीयती है। मीडिया को सूचनाओं का चुनिंदा उपयोग करने की छूट नहीं है। यह तो हो सकता है कि संसद

का सत्र शुरू होनेवाला हो या कोई महत्त्वपूर्ण कार्यक्रम होनेवाला हो, उस वक्त तक के लिए किसी महत्त्वपूर्ण सूचना को बचा कर रखा जाये, क्योंकि यह सूचना के उद्घाटन की रणनीति में आता है जिसका अपना महत्त्व है। लेकिन यह छूट कुछ दिनों या कुछ हफ्तों के लिए दी जा सकती है—कुछ महीनों या कुछ वर्षों के लिए नहीं। मीडिया को तथ्यों के उद्घाटन में निष्पक्ष तथा किसी खास राजनीतिक दल के हिताहित से परे होना चाहिए। तभी वह अपनी साख बचाये रख सकता है। उसका कर्तव्य यह भी नहीं है कि वह एक दल के नेताओं के निजी जीवन की कहानियाँ जुटाता फिरे और दूसरे दल के नेताओं को छोड़ दे। यह भी एक प्रकार का पक्षपात है, जिससे पत्रकारिता बदनाम होती है और उसके द्वारा किये गये उद्घाटन कोई सार्वजनिक हित साध नहीं पाते।

पश्चिमी दुनिया में निजी जीवन में मीडिया की ताक-झाँक की समस्या ज्यादा प्रबल है। ताक-झाँक की पत्रकारिता वहाँ कुछ ज्यादा ही होती है, जिसके कारण प्रसिद्ध लोगों को निजी जीवन बिताने में दिक्कत होती है। ऐसा लगता है कि कोई-न-कोई रिपोर्टर या फोटोग्राफर हर उस प्रसिद्ध व्यक्ति का पीछा करता ही रहता है जिसके जीवन में कोई चटपटा समाचार होने की सम्भावना हो। यही कारण है कि डायना के बारे में हम उससे कहीं बहुत ज्यादा जानते हैं जितना जानना हमारे लिये आवश्यक या उपयोगी है। पश्चिम में निजी जीवन को कुछ ज्यादा ही महत्त्व दिया जाता है। वहाँ के लोग काफी 'रिजर्व' भी होते हैं। क्या यही कारण है कि दूसरों की निजी जिन्दगी के किस्से वे चटखारे लेकर पढ़ते हैं? निश्चय ही मीडिया इसमें एक अस्वस्थ भूमिका निभाता है। दुर्भाग्य से जिसे पीत पत्रकारिता कहा जाता है, वह अब कुछ खास पत्रों तक सीमित न रह कर सामान्य पत्रकारिता का अंग हो चुकी है। यह पत्रकारिता का छिछलापन है, जिससे हमें बचना चाहिए।

इसके साथ ही, यह स्पष्ट करना भी जरूरी है कि भारत जैसे देशों में महत्त्वपूर्ण लोगों के निजी जीवन की पर्याप्त जाँच नहीं की जाती। पश्चिम में जो चीज बीमारी की हद तक पहुँच चुकी है, वह भारत में स्वास्थ्य की हद तक भी नहीं है। अन्यथा हम अपने प्रधानमंत्रियों, मुख्यमंत्रियों और मंत्रियों के बारे में जानते होते कि उनका निजी जीवन कितना अपवित्र और उनके सार्वजनिक जीवन के भ्रष्टाचार के नतीजों से जुड़ा हुआ है। उदाहरण के लिए, महान राष्ट्रीय नेता चंद्रशेखर ने वर्षों तक विशाल सार्वजनिक भूखंड पर अवैध कब्जा जमाये रखा, यह बात काफी समय तक मीडिया द्वारा दबायी गई। कितने सांसद और विधायक दो-दो, तीन-तीन बीवियों के साथ रहते हैं, यह प्रमाण के साथ अखबारों के पन्नों पर प्रकाशित नहीं किया जाता। किसी पत्रकार ने यह पता लगाने की कोशिश नहीं की कि ज्योति बसु किसके खर्च पर हर साल गर्मी में लंदन जाते हैं। एम.जी. रामचंद्रन विवाहित थे, लेकिन जयललिता से उनका रिश्ता क्या था—इसकी खोजबीन की जरूरत नहीं समझी गई। न ही इसके

आगे प्रश्नचिह्न लगाया गया। भारतीय जनता यह तो अनुभव करती है कि उसके ज्यादातर नेता भ्रष्ट हैं। लेकिन यह भ्रष्ट होना उनकी जीवन शैली में किस तरह प्रतिफलित होता है—इसके ब्यौरे उसके सामने नहीं रखे जाते। इसीलिए लालू प्रसाद यादव ने एक बार कहा था, "जो पकड़ा गया, वह चोर है।" स्पष्टतः लालू प्रसाद पकड़े जाने की पीड़ा जानते हैं। लेकिन सभी भ्रष्ट लोग नहीं पकड़े जाते हैं, इसीलिए लालू प्रसाद के समर्थकों को इस बात की कोई परवाह नहीं है कि उनका नेता भ्रष्ट है। दरअसल, भ्रष्टाचार के साथ जब चुनिंदा व्यवहार होता है, तो एक मुद्दे के रूप में भ्रष्टाचार का महत्त्व खत्म हो जाता है। यही कारण है कि तमाम मुकदमों के बावजूद रावड़ी देवी अच्छे बहुमत से विधान सभा का चुनाव जीतने में सफल हुईं।

निजी जीवन की एक पवित्रता होती है, जिसका उल्लंघन मीडिया को नहीं करना चाहिए। लेकिन सार्वजनिक जीवन की भी एक पवित्रता होती है, जिसकी रक्षा करने का पूरा प्रयत्न मीडिया को करना चाहिए। स्पष्टतः सार्वजनिक व्यक्तियों के निजी जीवन और सार्वजनिक जीवन के बीच बहुत पतली-सी आड़ या थिक होती है। मीडिया का काम किसी के बेडरूम में ताक-झाँक करने का नहीं है। लेकिन ड्राइंग रूम के रहस्यों का पता लगाने में उसकी दिलचस्पी क्यों नहीं होनी चाहिए? इस मामले में सीधा-सा नियम यह है कि जनहित में मीडिया को कहीं भी जाने का अधिकार है, लेकिन सनसनी फैलाने या विकृत जिज्ञासाओं को संतुष्ट करने के लिए उसे कहीं भी जाने का अधिकार नहीं है।

53, एक्सप्रेस अपार्टमेंट्स
चिल्लम रेगुलेटर
दिल्ली-110096

साहित्य से रिश्ता

हिन्दी में ऐसे पत्रकारों की संख्या कम नहीं है, जो लेखकों को नफरत की निगाह से देखते हैं। जो नफरत नहीं करते, वे लेखकों से सुरक्षित दूरी बनाकर रखते हैं। इनमें से कुछ का मानना है कि लेखक-सम्पादकों ने ही हिन्दी पत्रकारिता की दुर्दशा की। अब जबकि लेखक-सम्पादक दूर-दूर तक दिखाई नहीं पड़ते, हिन्दी पत्रकारिता की दुर्दशा कौन कर रहा है? इस सवाल पर विचार करने से उन्हें घबराहट होती है, क्योंकि इससे उनकी पहली स्थापना खण्डित होती है। दूसरी ओर ऐसे लेखकों की संख्या कम नहीं है, जो पत्रकारिता को हीन कोटि का कर्म मानते हैं। यद्यपि पत्रकारिता से किसी भी प्रकार का लाभ लेने में वे पीछे नहीं रहते यानी जिस हद तक यह सम्भव है, पर पत्रकार को वे चलता-पुरजा आदमी समझते हैं और इसी के अनुरूप उनके प्रति अपना नजरिया बनाते हैं। बहुत कम लेखकों के बहुत कम पत्रकारों से निजी सम्बन्ध हैं—मानों ये दोनों अलग-अलग दुनियाएँ हों और उनके बीच किसी रचनात्मक अन्तर्सबन्ध की कोई गुन्जाइश नहीं है। पत्रकारिता में अच्छे साहित्य के लिए जगह नहीं रह गयी है। जगह की तो छोड़िये, उसकी समझ भी शायद नहीं है। यही कारण है कि हिन्दी के लोकप्रिय दैनिकों के साहित्य परिशिष्टों में जिसे कूड़ा कहते हैं, उसकी मात्रा लगातार बढ़ती जाती है। साहित्य और पत्रकारिता इस समय जिस तरह दो विरोधी ध्रुवों पर खड़े दिखाई पड़ रहे हैं, वह अभूतपूर्व तो है ही, इस दृष्टि से और भी चिन्ताजनक है कि इसके कारण दोनों का भारी नुकसान हो रहा है। पत्रकारिता संस्कार रहित होती जा रही है, तो साहित्य के पाठक की दूरी और ज्यादा बढ़ रही है। हिन्दी भाषी जनता के चित्त निर्माण की चुनौती को याद रखा जाये, तो इस विषम रिश्ते को सामाजिक अपराध से कम नहीं माना जा सकता।

क्या साहित्य और पत्रकारिता सचमुच दो अलग-अलग चीजें हैं? ऊपरी तौर पर ऐसा लग सकता है, क्योंकि पत्रकारिता एक व्यावसायिक फ्रेम में ही हो सकती है—होती है, जबकि साहित्य का स्वाभाविक रूप से व्यावसायिकता से विरोध है। वैसे सफल साहित्य भी सफल व्यवसाय बन जाता है। पश्चिम का प्रकाशन व्यवसाय इसका एक महत्त्वपूर्ण उदाहरण है, जहाँ लेखकों को रायल्टी में भारी-भारी रकमें

मिलती हैं। हिन्दी के कई लेखकों की रायल्टी भी साल में एक लाख रूपये से ज्यादा है। लेकिन इससे लेखक व्यवसायी नहीं हो जाता, वह रहता लेखक ही है और साहित्य सृजन के पीछे उसकी मूल भावना व्यावसायिक संस्कृति के विरोध की ही होती है। इसीलिए वह कई बार ऐसी कृतियाँ भी लिखता है, जो बाजार की दृष्टि से बेकार हैं। कविताएँ नहीं बिकतीं—फिर भी लिखी जाती हैं और दुनिया की हर भाषा में लिखी जाती हैं। इसके विपरीत पत्रकारिता का मूल संकल्प ही व्यवसाय है। अगर कोई अखबार व्यावसायिक दृष्टि से सफल नहीं है तो वह ज्यादा दिनों तक बच नहीं सकता। इसलिए पत्रकारिता का नेतृत्व करने वाले व्यक्ति अर्थात सम्पादक को प्रसार संख्या की लगातार चिन्ता करनी पड़ती है और इसके लिए तरह-तरह के समझौते करने पड़ते हैं। यह समझौतापरस्ती आज ज्यादा दिखाई पड़ती है, क्योंकि पत्रकारिता की दुनिया में व्यावसायिक मूल्यों की आँधी-सी चल रही है।

लेकिन साहित्य और पत्रकारिता में कुछ और भी मूलभूत फर्क है। दोनों का कच्चा माल जीवन ही है, लेकिन इस कच्चे माल को अलग-अलग तरह से पेश किया जाता है और उसका उपयोग भी अलग-अलग तरह से होता है। पत्रकारिता को "जल्दी में लिखा गया साहित्य" कहा गया है, क्योंकि वह तथ्यों और घटनाओं को ठीक उसी रूप में पेश करता है, जिस रूप में वे पाई जाती हैं या घटित होती हैं। पत्रकारिता रिपोर्ट करती है : वह बताती है कि क्या हुआ? जब वह ऐसा कर रही होती है, तो इसकी गहराई में नहीं जाती कि ऐसा क्यों हुआ या और क्या हो सकता था। लेकिन यह भी पत्रकारिता का ही काम है कि वह इस गहराई में जाये। यह काम अक्सर सम्पादकीय टिप्पणियों, समाचार विश्लेषणों तथा लेखों द्वारा किया ाता है। यह दुर्भाग्यपूर्ण है कि इन दोनों पक्षों के बीच अक्सर कोई रिश्ता—जीवन्त रिश्ते की तो बात ही छोड़िये—नहीं होता। जो रिपोर्ट करते हैं, वे टिप्पणी नहीं करते। जो टिप्पणी करते, वे घटनास्थल पर नहीं जाते। इसके परिणामस्वरूप पत्रकारिता की दुनिया में जो जाति प्रथा बनी है यानी रिपोर्ट करने वालों की दुनिया अलग और टिप्पणी करनेवालों की दुनिया अलग, उसने हिन्दू समाज की जाति प्रथा की तरह पत्रकारिता का भी भारी नुकसान किया है। श्रम विभाजन और विशेषीकरण का निश्चय ही महत्त्व है, लेकिन यह एक समग्र दृष्टि के निमार्ण में बाधक भी होता है। इसका नतीजा यह होता है कि रिपोर्ट करने वाले घटनाओं के मर्म को समझने की योग्यता खोते जाते हैं और टिप्पणी करने वाले प्रायः यथार्थ के संस्पर्श से वंचित रहते हैं तथा कई बार हवाई बातें करते हैं।

निश्चय ही साहित्य की रचना प्रक्रिया पत्रकारिता से भिन्न है। हालाँकि अब ऐसा काफी साहित्य लिखा जाने लगा है, जिसके पीछे पत्रकार या वैज्ञानिक की तरह भरपूर शोधकार्य होता है, फिर भी साहित्य का मूल आधार संवेदना है। वह जीत को अलग-अलग घटनाओं में बाँट कर नहीं देखता, बल्कि घटनाओं के समुच्चय से

जीवन तथा व्यवस्था के मर्म पकड़ने की कोशिश करता है। पत्रकार के लिए ज्यादा कल्पनाशीलता घातक सिद्ध हो सकती है, पर लेखक जितना अधिक कल्पनाशील होगा, वह जीवन के विविध पक्षों को उतनी ही गहराई से देख सकेगा और उतनी ही दिलचस्पी से पेश कर सकेगा। इस मायने में हिन्दी का आज का लेखक हिन्दी के आज के पत्रकार के बहुत निकट होता जा रहा है, जो बहुत ही दुर्भाग्पूर्ण है। इसके कारण साहित्य नीरस और उबाऊ हुआ है। दूसरी ओर कल्पनाशीलता की अतिरिक्त कमी के कारण रिपोर्टिंग और टिप्पणी लेखन का दायरा संकुचित होता जा रहा है। इसी का नतीजा है कि ज्यादातर अखबार एक जैसे होते जा रहे हैं, जैसे हिन्दी का ज्यादातर साहित्यिक लेखन एक-सा होता जा रहा है। दोनों अपने साथ और अपने समाज के साथ आवश्यक वफादारी का परिचय देने में असमर्थ हो चुके हैं।

हमें भूलना नहीं चाहिए कि पत्रकारिता की शुरुआत लोकतांत्रिक मूल्यों के लिए संघर्ष की प्रक्रिया में हुई थी। पत्रकारिता की जन्मभूमि यूरोप है और वहाँ इसकी आवश्यकता इसलिए पड़ी, ताकि सामंतवाद से संघर्ष करते हुये और लोकतन्त्र के आदिम रूपों से संघर्ष करते हुये मनुष्य की लोकतांत्रिक आजादियों का दायरा बढ़ाया जा सके। उस उदय तथा उत्कर्ष काल की पत्रकारिता का शायद ही कोई नायक हो जो जेल जाने से बचा हो या राज कोप से बच पाया हो। बाद में जैसे-जैसे पूँजीवादी, लोकतन्त्र स्थापित होता गया और समृद्धि बढ़ी, पत्रकारिता भी एक व्यवसाय या उद्योग हो गई। अतः आज उसका चरित्र एक विभाजित चरित्र है। आज भी वह अपने समाज के लोकतांत्रिक मूल्यों की रक्षा करती है, पर उस व्यावसायिक संस्कृति का प्रचार भी करती है, जिसके कारण इन लोकतांत्रिक मूल्यों का पूरा परिणाम कभी सम्भव नहीं होता। क्या यही कहानी भारतीय पत्रकारिता के भी उदय और विकास की नहीं है? भारतीय भाषाओं की पत्रकारिता का जन्म संघर्ष काल में हुआ था। यह संघर्ष सिर्फ विदेशसत्ता से संघर्ष नहीं था : भारतीय समाज के आन्तरिक ढ़ाँचे में मौजूद विकृतियों से भी संघर्ष था। इस तरह हिन्दी के आदि पत्रकारों की भूमिका एक दोहरी भूमिका थी। ज्यादातर मामलों में यह भूमिका तिहरी भी थी, क्योंकि लेखक और पत्रकार प्रायः एक ही व्यक्ति होता था। यह परम्परा भारतेन्दु हरिश्चन्द्र से शुरू हो कर निराला और प्रेमचन्द से होते हुये माखनलाल चतुर्वेदी तक चली आती है। लेकिन यह कुछ-कुछ ऐसी स्थिति थी, जैसे सभी समाजों में साहित्य की सभी विधाएँ शुरू में कविता में समाहित होती हैं। फिर धीरे-धीरे अन्य विधाओं का विकास होता है। हिन्दी में भी पत्रकारिता को एक स्वतंत्र विधा के रूप में विकसित होना ही था। वह हुई, लेकिन दुर्भाग्य से यह उस काल में हुआ, जिस काल में भारतीय समाज अपने आलोचनात्मक विवेक को स्थगित कर चुका था। स्पष्टतः इशारा नेहरू युग की ओर है। यही कारण है कि बड़े और तेजस्वी सम्पादकों की परम्परा अचानक नेहरू युग में आकर स्थगित हो जाती है। हिन्दी पत्रकारिता फैलती तो है, पर इसमें

कोई गुणात्मक उत्कर्ष दिखाई नहीं पड़ता—बल्कि जो उत्कर्ष पहले दिखाई देता था, वह भी मलिन होने लगता है।

इस संक्षिप्त विश्लेषण से जो निष्कर्ष निकलता है, वह यही है कि साहित्य और पत्रकारिता दोनों की मूल चेतना भूमि एक ही है। अपने अच्छे रूप में दोनों मनुष्य की संवेदना और आलोचनात्मक विवेक का विकास करते हैं। इस तरह कहा जा सकता है कि मनुष्य को स्वाधीन और लोकतांत्रिक बनाने में दोनों की भूमिका पूरक की है। निश्चय ही दोनों के उपकरण अलग-अलग हैं। कार्य-क्षेत्र भी भिन्न-भिन्न है। लेकिन दोनों एक ही काम को अलग-अलग ढ़ंग से करते हैं। जैसे अनाज से हमें पौष्टिकता मिलती है, वैसे ही फल से। फिर इनके बीच पारस्परिक विरोध क्या हो सकता है? अतः एक अच्छा लेखक और एक अच्छा पत्रकार, दोनों समान रूप से सम्मान और धन्यवाद के पात्र हैं। वे एक-दूसरे को मजबूत करते हैं और दोनों मिल कर मनुष्य के व्यक्तिव और सामाजिकता को मजबूत करते हैं। दोनों के बीच किसी प्रकार की प्रतिद्वंद्विता हो सकती है, तो वह ज्यादा से ज्यादा रचनात्मक होने की ही प्रतिद्वंद्विता है। बाकी सब प्रतिद्वंद्विताएँ अहंकार और लिप्सा की प्रतिद्वंद्विताएँ हैं और जो इसका शिकार होते हैं, वे अपने को और अपने रचनात्मक कर्म को घटिया बनाते हैं।

लेकिन पत्रकारिता के साथ एक बुनियादी दिक्कत है। यह दिक्कत यह है कि उसका खेल प्रायः व्यावसायिकता के घेरे में ही चलता है। यह जरूरी नहीं है कि व्यावसायिकता के मूल्य स्वस्थ और ऊँचे न हों। एक स्वस्थ समाज में व्यवसायी भी उतना ही स्वस्थ, जागरूक और सामाजिक हो सकता है, जितना कोई शिक्षक, कलाकर या चिकित्सक। वस्तुतः उस पर इस तरह का दबाव लगातार डालते रहना चाहिए। लेकिन मार्क्सवाद जैसी विचारधाराओं के व्यापक प्रभाव से ऐसा मान लिया जाता है कि व्यवसायी का काम कम से कम कीमत पर बेहतर से बेहतर वस्तुयें और सेवाएँ मुहैया कराना नहीं, बल्कि किसी भी कीमत पर ज्यादा से ज्यादा मुनाफा कमाना है। उसे धन की उपासना के लिए स्वतंत्र छोड़ दिया गया है। जब पत्रकारिता व्यावसायिक होती है, तो वह इस उपासना से जुड़ जाती है। चूँकि धन बाजार में है, बाजार के निर्माण में है, बाजार की रुचियों के अनुसार उत्पादन करने में है, इसलिए पत्रकारिता के भीतर एक अन्तर्निहित बाजारूपन का प्रवेश होता है। तब उसका उद्‌देश्य अपने पाठक समुदाय की रुचियों का परिमार्जन करना नहीं रह जाता, बल्कि उन रुचियों से समझौता करना—बल्कि इससे भी आगे बढ़ कर उन रुचियों को विकृत कर ज्यादा से ज्यादा बिक्री करना तथा मुनाफा कमाना हो जाता है। इसी दिक्कत का दूसरा आयाम है राजसत्ता में हिस्सेदारी करने या उसके साथ मिल कर तरह-तरह के लाभ उठाने की इच्छा। यह भी मूलतः व्यावसायिकता की ही एक शाखा है। ऐसी स्थिति में पत्रकारिता का व्यक्तित्व भीतर से विभाजित होता है। उसका

एक हिस्सा राजनीतिक सत्ता और आर्थिक सत्ता के खेल में लग जाता है और दूसरा हिस्सा सच्चे लोकतांत्रिक मूल्यों के लिए संघर्ष करता है। हिन्दी में यह समय पत्रकारिता के इसी तनाव का समय है। इसीलिए साहित्य से उसका रिश्ता तनावपूर्ण दिखाई देता है। जब पत्रकारिता भी स्वाभाविक मित्र-शत्रु नहीं हो सकते।

इसका मतलब यह नहीं है कि हिन्दी पत्रों में लेखकों को भर दिया जाये तो स्थिति में चमत्कारिक सुधार आ जायेगा। ऐसा भूल कर भी नहीं किया जाना चाहिए न इसकी माँग की जानी चाहिए। सच्चाई यह भी है कि हिन्दी के लेखकों ने पत्रकारिता के साथ कम अन्याय नहीं किया है। वे सम्भवतः पत्रिकाएँ बेहतर निकाल सकते हैं, लेकिन इस क्षेत्र में भी एकमात्र उजला नाम धर्मवीर भारती का ही है, हालांकि उन्होंने साहित्य की राजनीति कम नहीं की, अपने दफ्तर में वे किसी तानाशाह से कम नहीं थे और बाद में तो उनकी पत्रकारिता जड़ता का शिकार भी हो गई। सच्चिदानन्द वात्स्यायन की भूमिका दिनमान में नवभारत टाइम्स की तुलना में बेहतर थी। रघुवीर सहाय की पत्रकारिता अनोखी और अद्वितीय थी, किन्तु उसकी भाषा ऐसी नहीं थी जो जनता से सहज और सीधा संवाद कर सके। विद्यानिवास मिश्र के सम्पादन में नवभारत टाइम्स ने अपनी प्रतिष्ठा को क्षीण होते हुये देखा। हमें यह बात हरगिज नहीं भूलनी चाहिए कि लेखन और पत्रकारिता दो स्वतंत्र कलाएँ हैं और जरूरी नहीं कि एक अच्छा लेखक अच्छा पत्रकार भी हो। अगर ऐसा होता है, तो यह एक अद्‌भुत संयोग है। विकास के क्रम में हर कार्य एक विशेषीकृत कार्य हो जाता है, भले ही तब भी कुछ लोग ऐसे बचे रहें, जिनकी रुचियाँ और क्षमताएँ बहुमुखी हों। लेकिन यह जरूर है कि पत्रकारिता अपना स्वाभाविक काम अपनी पूरी ईमानदारी, निष्ठा और क्षमता के साथ करेगी, तो वह न केवल साहित्य जैसा गम्भीर और सम्मान-जनक काम हो जायेगी, बल्कि उसके भीतर साहित्य की उतनी गुंजाइश अपने साथ पैदा हो जायेगी जिसका वह हकदार है। तब लेखकों और पत्रकारों के बीच वैसे ही रिश्ते बनेंगे, जैसे दो वैज्ञानिकों के बीच होते हैं, हालांकि तब भी साहित्य, साहित्य ही रहेगा और पत्रकारिता, पत्रकारिता ही रहेगी। इनके बीच मित्रता होनी चाहिए, पर जो लोग विलय की माँग या आशा करते हैं, वे न साहित्य को समझते हैं और न पत्रकारिता को। पत्रकारिता भले ही जल्दी में लिखा गया साहित्य हो, पर साहित्य देर से की गयी पत्रकारिता नहीं है।

विचार के लिए जगह

हिन्दी पत्रकारिता को राजेन्द्र माथुर का मौलिक और विशिष्ट योगदान क्या है? समाचारों के बढ़ते हुये आतंक से त्रस्त दुनिया में विचारों के लिए सम्मानित जगह पैदा करना। इस मायने में वे अपनी तरह से बालमुकुन्द गुप्त, विष्णु राव पराड़कर और गणेश शंकर विद्यार्थी के सच्चे उत्तराधिकारी थे। यह सच है कि माथुर जी की विचार-शैली उस गौरवशाली, परम्परा से कई मामलों में भिन्न और कुछ में तो विपरीत भी थी, जो हिन्दी के वरेण्य पत्रकारों ने विकसित की थी। लेकिन इससे क्या। विचारों के लोकतन्त्र की खूबसूरती ही यही है कि यहाँ सभी को अपनी रचनात्मकता के उन्मेष की आजादी हासिल रहती है। राजेन्द्र माथुर की विशेषता यह थी कि हिन्दी अखबारों की दुनिया में जब यह लोकतन्त्र मुरझा चला था, उन्होंने इसे न केवल पुनर्जीवित किया, बल्कि स्वयं उसका रचनात्मक उपयोग किया और दूसरों को भी इसके लिए आमंत्रित किया। इसके लिए हिन्दी जगत को सदैव उनका ऋणी रहना चाहिए।

यह हिन्दी पत्रकारिता का दुर्भाग्य है कि जब उसके पास विचार था तब समाचार नहीं था और जब समाचार आया, तो विचार नदारद हो गया। संकेत आजादी के पहले की पत्रकारिता और आजादी के बाद 20-25 वर्षों तक की पत्रकारिता की तरफ है। आजादी की लड़ाई के दौरान हिन्दी पत्रकारिता ने विचारों के तुणीर से उस द्वितीय संघर्ष में हिस्सेदारी की थी। वह सामान्य समय की पत्रकारिता नहीं थी। न उसका कोई मजबूत व्यावसायिक आधार ही था। अतः हिन्दी के दैनिक भौतिक दृष्टि से दरिद्र थे। उनमें आवश्यक समाचार भी नहीं होते थे। उसकी जरूरत से ज्यादा क्षतिपूर्ति विचारों से की गई। स्वतंत्र भारत में हिन्दी के समाचार पत्रों की व्यावसायिक जमीन मजबूत होने लगी। आर्थिक दृष्टि से वे घाटे का सौदा नहीं रह गये। लेकिन इसके साथ ही विचार और विश्लेषण के मोर्चे पर मानों साँप सूँघ गया। वैसे यह सन्नाटा देश के लगभग पूरे बौद्धिक परिवेश में था और अंग्रेजी की पत्रकारिता भी इससे बरी नहीं थी। इसका कारण नेहरू के वटव्यक्तित्व से राष्ट्रीय मोहावेश था। लेकिन हिन्दी पत्रकारिता कुछ ज्यादा ही चुप थी। शायद उसमें मुखर होने की बौद्धिक क्षमता भी नहीं बची थी। सन्नाटे की इस सख्त बर्फ को जो आदमी

बड़ी संजीदगी से, बड़ी खूबसूरती से और बड़ी व्यवस्था के साथ तोड़ने में लगा रहा, उसका नाम था राजेन्द्र माथुर। यह अकारण या आकस्मिक नहीं है कि उन्होंने किशोर वय में हिन्दी पत्रकारिता में हस्तक्षेप का जो माध्यम चुना, वह सम्पादकीय लेखन था। दरअसल, एक पत्रकार के रूप में वह विचारों की दुनिया में पैदा हुये और वहीं उन्होंने अन्तिम साँस ली।

ऐसा लगता है कि तथ्यों को तानाशाह के दौर में विचारों की सत्ता स्थापित करने के लिए ही राजेन्द्र माथुर का जन्म हुआ था। उनके बारे में सोचने पर यही बिम्ब सामने आता है कि प्लेटो अपना अखबार निकालते तो वह कैसा होता। शंकराचार्य किसी पत्र के सम्पादक होते तो वे क्या लिखते। रामानन्द ने पत्रकारिता की होती, तो वह कैसी होती। राजेन्द्र माथुर पत्रकारिता की समकालीन दुनिया के प्लेटो भी थे, शंकराचार्य भी और रामानन्द भी। ऐसे समय में, जब अधिकांश पत्रकार खबरों के पीछे भाग रहे थे, उन्होंने खबरों का अर्थ समझने में अपने को होम किया। खबर निश्चय ही महत्त्वपूर्ण है, लेकिन उसका अर्थ और भी महत्त्वपूर्ण है। इससे भी ज्यादा महत्त्वपूर्ण है वह अर्थ जो विभिन्न खण्ड-अर्थों को एक साथ रखने पर पैदा होता है। राजेन्द्र माथुर को यह दोनों काम करने में आनन्द आता था। इस अर्थ में वह पत्रकारों के पत्रकार थे। अब यह उनके उत्तराधिकारियों का दायित्व है कि तथ्यों का सजग, सरस और उत्तेजक विश्लेषण करने की जो श्रेष्ठ विरासत उन्होंने छोड़ी है, उसका बिरवा मुरझाने न पाये। माथुर जी के प्रति यही सटीक श्रद्धाँजलि होगी।

यह विचित्र है कि जब नेहरू युग का आकर्षण कमजोर पड़ रहा था, उन्हीं दिनों उसका सबसे बड़ा पत्रकार-दार्शनिक युवा हो रहा था और सधी हुई भाषा में तथा एक अत्यन्त आकर्षक तेवर के साथ उसे अक्षरों की दुनिया में प्रतिष्ठापित कर रहा था। राजेन्द्र माथुर पर जवाहरलाल नेहरू की जबरदस्त छाया थी। फर्क यह था कि नेहरू रोमोटिक थे, जब कि माथुर जी यथार्थवादी। इसलिए वे नेहरू के मूल आदर्शों से दग्ध होते हुये भी उनसे आगे निकल जाने की क्षमता रखते थे। नेहरू की तरह ही उनकी अपनी एक विश्व दृष्टि थी और वे किसी भी घटना को उसके पूरे ऐतिहासिक संदर्भ में देख सकते थे। लेकिन यहाँ भी हवाई लक्ष्यों के बजाय देश और दुनिया में चल रही वास्तविक प्रक्रियाओं का अर्थ समझने और इन अर्थ छायाओं के आधार पर एक व्यावहारिक पैटर्न बनाने का प्रयास वे करते थे। इस मामले में माथुर जो घोर मिट्टी के आदमी थे। वे गहरे अर्थों में बौद्धिक थे, लेकिन एक ऐसा बौद्धिक जो अपनी क्षमताओं का इस्तेमाल यथार्थ के ज्यादा से ज्यादा करीब जाने में करता था। वे न सिर्फ पत्रकार थे, न सिर्फ विचारक। वे पत्रकार-विचारक या विचारक-पत्रकार थे। और, इस नाते सम्भव तथा व्यावहारिक की लक्ष्मण रेखा न लाँघना उनका एक मूल संकल्प था।

इसका मतलब यह नहीं कि राजेन्द्र माथुर पर आदर्शों का कोई दबाव नहीं था।

उनके लेखन में इस तरह की भ्रान्ति पैदा करने की गुन्जाइश बहुत ज्यादा है। अनेक लोग उन्हें यथास्थितिवादी मान कर आत्मगर्व करते हैं। वास्तविकता इसके बिल्कुल विपरीत है। राजेन्द्र माथुर की प्राथमिकताएँ दूसरी थीं। बालमुकुन्द गुप्त, पराड़कर, माखनलाल चतुर्वेदी आदि भारतीय राष्ट्र के जन्म-संघर्ष के पत्रकार थे तो राजेन्द्र माथुर भारतीय राष्ट्र की निर्माण प्रक्रिया के पत्रकार थे। वे शायद देश के एकमात्र सम्पादक थे, जिन्हें इस बात का गहरा एहसास था कि भारत को हजार-डेढ़ हजार साल बाद पहली बार एक व्यवस्थित राज्य मिला है और यह एक ऐसी नियामत है, जिस पर एक ओर तो गर्व किये बिना नहीं रहा जा सकता और दूसरी ओर प्रतिक्षण सतर्क रहना पड़ेगा कि यह नियामत हमारे हाथ से कहीं फिसल न जाये। राजेन्द्र माथुर राजभक्त नहीं थे न नेहरू वंश के चारण थे। लेकिन भारतीय राज्य व्यवस्था का बिखरना वे किसी भी तरह बर्दाश्त नहीं कर सकते थे। वे जानते थे कि भारतीय राज्य बिखर जायेगा, तो यहाँ न लोकतन्त्र बचेगा, न समाजवाद, न नागरिक अधिकार, न न्यायपालिका, न अभिव्यक्ति की आजादी और न सभ्य समाज। उसकी रक्षा राजेन्द्र माथुर के लेखन की एकमात्र मूल प्रतिज्ञा थी। उनके सारे संकल्प-विकल्प इसी से जन्म लेते थे। वस्तुतः इस स्तर पर वे नेहरू युग की विरासत को ही रचनात्मक स्तर पर आगे बढ़ा रहे थे।

राजेन्द्र माथुर को न तो नागरिक अधिकार अप्रिय थे, न सामाजिक न्याय और न आर्थिक समानता। लेकिन राष्ट्र निर्माण उनके लिए एक ऐसी प्रतिबद्धता थी, जिसके लिए वे किसी भी चीज की अपेक्षा कर सकते थे और कोई भी आदर्श कुर्बान कर सकते थे। कोई भी चीज कितनी ही अच्छी क्यों न हो, उसे वे तभी स्वीकार कर सकते थे जब वह राष्ट्र को तोड़कर या कमजोर बना कर प्राप्त न हो। यह दिलचस्प है कि आनन्दपुर साहब प्रस्ताव पर वे वर्षों कटु से कटु प्रहार करते रहे, लेकिन अपने के आखिरी वर्ष में संघवाद के प्रखर कायल हो गये थे। उनका मानना था कि न केवल संविधान की समवर्ती सूची के सारे विषय राज्यों के अधीन कर देने चाहिए, बल्कि केन्द्र के भी अनेक विषय राज्यों को भी सौंप देने चाहिए। उन्हें लगता था कि अधिकारों के हस्तांतरण की यह प्रक्रिया राज्यों से आगे भी जारी रहनी चाहिए और नगरपालिकाओं तथा ग्राम पंचायतों तक पहुँचनी चाहिए। उनके विचारों में यह क्रान्तिकारी बदलाव इसीलिए आ रहा था, क्योंकि वे यह देख पा रहे थे कि एक संघीय विकेंद्रित भारत ही अखण्ड भारत के रूप में बचा रह सकता है।

अखण्ड भारत के उनके गहरे-स्वप्न की एक मार्मिक वस्तुपरक प्रतिज्ञा-भूमि थी, वैचारिक सर्वसहमति। यह उनकी लोकतांत्रिक निष्ठा का एक अद्वितीय रचनात्मक उन्मेष था। लोकतन्त्र में आप अकेले नहीं चल सकते, न दूसरों को धता बता कर कुछ चरितार्थ कर सकते हैं। माथुर जी का मानना था कि जो भी होना चाहिए, वह कमोबेश सबकी सहमति से होना चाहिए। लोकतांत्रिक सहमति से अगर समाजवादी

भी आ जाता, तो वे पलक-पाँवड़े बिछा कर उसका स्वागत करते। वे यह भी मानते थे कि लोकतन्त्र में प्रत्येक को यह अधिकार होता है कि वह अपने ढंग का समाज बनाने की कोशिश करे। यह हक वे हिन्दूवादियों को भी देते थे और वामपंथियों को भी, लेकिन उन्हें यह स्वीकार नहीं था कि कोई पंथ बहुमत को राजी किये बिना अपना कुरूक्षेत्र शुरू कर दे या राज्य शक्ति का दुरुपयोग करे। साथ ही वे ऐसे कार्यक्रमों को भी निरुत्साहित करते थे, जो राष्ट्र-निर्माण की प्रक्रिया को कठिन कर दे। एक ओर राष्ट्र निर्माण में सहायक वंशवाद भी उन्हें मन्जूर था (यह राष्ट्र निर्माण में बाधक बनने लगा, तो उन्होंने इसका भी तिरस्कार करना शुरू कर दिया था) तो दूसरी ओर वे तथाकथित सामाजिक न्याय की उस कर्कश हुँकार के भी आलोचक थे, जो उत्तर भारत के हिन्दू समाज में खतरनाक आलोड़न पैदा करने लगा था। उनकी समझ में यह बात नहीं आती थी कि सत्ता में पिछड़ी जातियों की हिस्सेदारी का जो काम शान्ति और सौहार्द के साथ दक्षिण भारत में सम्पन्न हो गया, उसी के लिए उत्तर भारत में इतना तूफानी आलोड़न क्यों आवश्यक हो गया। इसीलिए तभी तो वे अपने को आरक्षण के पक्ष में पाते थे और कभी उससे किंचित स्पष्ट।

यह राजेन्द्र माथुर की गहरी बौद्धिकता का ही प्रमाण है कि वे चीजों के किसी एक पहलू पर मुग्ध नहीं हो पाया करते थे—उनकी नजर सभी पहलुओं तक जाती थी। वे मिस्त्री नहीं थे, न रफूगर। वे विचारों के शिल्पी थे, कलाकार थे, इंजीनियर थे। लेकिन अगर वे सिर्फ इतना ही होते, तो न तो उनकी इतनी ख्याति होती और न उनके प्रति इतना व्यापक लगाव दिखाई पड़ता। इस ख्याति और इस लगाव का कारण है : जो वे मानते थे, उसके प्रति उद्दाम आसक्ति और असीम ईमानदारी यह कोई मामूली बात नहीं है। सतही और व्यावसायिक लगावों की क्षुद्र, समकालीन दुनिया में यह एक दुर्लभ गुण होता जाता रहा है। अपने विचारों में माथुर जी को निष्ठा इतनी गहरी थी कि कुछ भी उन्हें विचलित नहीं कर सकता था—सिवाय आत्मसंशोधन और आत्मपरिष्कार के। उनकी इसी निष्ठा के चलते भौतिक प्रलोभन और आकर्षण उन्हें दूर से ही नमस्कार करते थे। इसी कारण उनके शब्दों में ऊर्जा का संचार होता था। कहा गया है, इच्छाएँ अगर घोड़ा होतीं तो हर आदमी सवारी कर रहा होता। इसी तरह सिर्फ विचारों से ही उजाला हो जाता, तो दुनिया में इतना अन्धेरा नहीं दिखाई पड़ता। इच्छाएँ तभी फलवती होती हैं, जब उनके साथ पुरूषार्थ आ जुड़ता है। इसी तरह विचार भी तभी असरदार होते हैं, जब उनके साथ आवेग जुड़ा हो। राजेन्द्र माथुर का व्यक्तित्व राग-दीप्त व्यक्तित्व था। उनके व्यक्तित्व में जो उष्मा थी, वह उनके लेखन में भी अभिव्यक्त होती थी। इस उष्मा के कारण ही असहमति के बावजूद उनके विचारों का सम्मान होता था। आज भी देश में विचार करने वाले लोग कम नहीं हैं। लेकिन वह राग, वह उष्मा, वह आवेग, वह सम्मोहन कहाँ है, जिसका नाम था राजेन्द्र माथुर?

लोकतन्त्र की पत्रकारिता

रघुवीर सहाय कवियों के कवि तो नहीं थे, लेकिन पत्रकारों के पत्रकार जरूर थे। उनकी बहुत-सी कविताएँ साधारण पाठकों की जबान पर चढ़ी हुई हैं, लेकिन यही बात उनकी पत्रकारिता के बारे में नहीं कही जा सकती। पत्र-पत्रिकाओं के बहुत-से पाठकों को शायद इल्म भी न हो कि रघुवीर सहाय बहुत-से नामीगिरामी पत्रकारों से बेहतर पत्रकार थे। लेकिन यह विफलता रघुवीर सहाय के विचारों की विफलता नहीं है। यह उस भाषा की विफलता है, जिसमें वे व्यक्त होते थे। यह बात गौरतलब है कि रघुवीर सहाय ने कविता को सहज किया। प्रेषणीयता की तलाश में छन्द का भी सहारा लिया। लेकिन पत्रकारिता की भाषा को उन्होंने कुछ जटिल बनाया। क्या इसका कुछ रिश्ता उनकी इस धारणा से है कि साहित्य और पत्रकारिता वस्तुतः एक ही काम अलग-अलग ढंग से करते हैं? क्या इस कारण के वशीभूत हो कर वे साहित्य को पत्रकारिता के और पत्रकारिता को साहित्य के करीब लाने का यत्न कर रहे थे? और, क्या इसीलिए वे पत्रकारिता की आम (और आमफहम) भाषा को रचना विरोधी मान कर अपने लिए एक नई भाषा का सर्जन कर रहे थे? इससे यह सवाल पैदा होता है कि जैसे कवि यर्थाथ को जिस ढंग से देखता है, उसी ढंग से व्यक्त करने से कम पर राजी नहीं होता, क्या उसी तरह पत्रकार भी संवाद की अपनी शैली का जिद कर सकता है?

रघुवीर सहाय ने यह जिद की, इससे कम-से-कम यह तो सिद्ध होता ही है कि वे व्यावसायिकता से किसी भी स्तर पर समझौता नहीं करना चाहते थे। व्यावसायिकता का पहला काम भाषा को बाजारू बना देना है। बाजारू भाषा बाजारू मूल्यों का ही वहन कर सकती है। जिस तरह बाजार में जीवन की मूल्यवान आवश्यकताएँ पूरी करने वाली वस्तुयें भी माल बन जाती हैं, उसी तरह बाजारू भाषा के लिए जीवन का निर्माण और संवर्धन करने वाले विचार भी स्टॉक हो जाते हैं। पत्रकार उन्हें लिख कर वितरित करता है और पाठक पढ़ कर उनका उपभोग। दोनों के बीच कोई रचनात्मक रिश्ता नहीं बन पाता। इसी तरह उन लोगों के साथ भी उनका कोई रचनात्मक रिश्ता नहीं बन पाता, जो इस लिखने और पढ़ने के विषय हैं। वस्तुतः इस तरह का कोई रिश्ता होता ही नहीं, इसीलिए बाजारी भाषा अपना स्थान बना

पाती है। रचनात्मकता की क्षति अन्ततः स्वतन्त्रता की ही क्षति है। ध्यान देने की बात है कि "स्वतन्त्रता" और "रचनात्मकता" ही दो शब्द रघुवीर सहाय के समग्र कर्म के केन्द्र में बने रहे। अपने अन्तिम कविता संग्रह 'कुछ पते कुछ चिट्ठयाँ' (1989) के 'निवेदन' में वे लिखते हैं : "जिस तरह रचनात्मकता और आजादी एक ही मानवीय आकांक्षा के पर्याय हैं, उसी 'तरह समता की लड़ाई और कविता भी एक ही मानवीय उत्कर्ष के पर्याय हैं।" इन्हीं कसौटियों पर वह हर चीज और हर घटना को कसते थे। उनका मानना था कि वही चीज हमें गुलाम बनाती है, जो हमारी रचनात्मकता को कुंद करती है। व्यावसायिकता उपयोग के बजाय उपभोग को प्रोत्साहित करती है, अतः वह अन्ततः 'उम्दा जीवन दास विचार' (सहाय के शब्द) की ओर ले जाती है। इसे लेकर वे इतने सजग थे कि उस पत्रकारिता को भी संदेह की निगाह से देखते थे, जो थी तो जनपक्षीय, लेकिन लोकप्रिय भी थी, क्योंकि वह हमेशा पाठक को वैसा मान कर नहीं चलती थी जैसी उसे होना चाहिए। उसे उस रूप में भी स्वीकार करती थी जैसा वह है, जबकि रघुवीर सहाय की यह स्पष्ट घोषणा थी कि यथार्थ यथास्थिति नहीं है।

शायद इसीलिए पत्रकारिता की व्यावसायिक दुनिया में रघुवीर सहाय के पैर ज्यादा दिन तक टिक नहीं सके। "आविष्कार की संस्कृति" को तज कर "अनुकरण की संस्कृति" (आमुख, ऊबे हुये सुखी, 1983) के साथ उन्होंने थोड़ा भी समझौता किया होता, तो यह उनके लिए मुश्किल न था। लेकिन वे अपनी शर्तों पर पत्रकारिता करना चाहते थे। यही कारण है कि उन्होंने असंख्य पत्रकारों को प्रेरणा दी, अनेक श्रेष्ठ पत्रकार बनाये, लेकिन स्वयं पत्रकारिता की दुनिया में हाशिये की तरफ बढ़ते गये। एक तरफ बढ़ पत्रकार के रूप में उनकी प्रतिष्ठा बढ़ती गई, दूसरी तरफ पत्र-पत्रिकाओं में उनकी अभिव्यक्ति के लिए गुंजाइश कम होती गई। लेकिन क्या यही बात उनके साहित्यिक कर्म के साथ भी कुछ हद तक लागू नहीं होती? जिस तरह पत्रकारिता वे अपनी शर्तों पर करना चाहते थे, उसी तरह साहित्य की भी उनकी अपनी एक खास समझ थी। चीजों को देखने और समझने की अपनी स्वतन्त्रता के साथ वे यहाँ भी कोई समझौता नहीं करना चाहते थे। इसीलिए उनकी कविता का अपना खास मिजाज था, जो किसी भी चालू धारा के अनुकूल नहीं पड़ता था। उनकी कहानियाँ भी अपनी समसामयिक कहानी चेतना से एक सर्वथा भिन्न खोज थी। उनकी कहानियाँ भी अपनी समसामयिक कहानी चेतना से एक सर्वथा भिन्न खोज थीं। यही कारण है कि साहित्य की दुनिया में भी वे कई स्तरों पर अजनबी-से रहे। पत्रकारिता के साथ जो काम व्यावसायिकता ने किया है, कविता के साथ वही काम कुछ चालू धराओं ने किया है। लेकिन रघुवीर सहाय कुछ हद तक ही साहित्यिक प्रतिष्ठानों की उपेक्षा के शिकार हो पाये, क्योंकि उनकी कविता इतनी महत्त्वपूर्ण थी कि उसकी उपेक्षा नहीं की जा सकती थी।

यह रचनात्मक की जोखिम थी, जो उन्होंने उठायी और भरपूर उठाई। इसीलिए कई बार उनके लिए सपाट हाँ और ना में जवाब देना मुश्किल हो जाता था। आरक्षण पर बहस में वे उन असंख्य लोगों की तरह अलग-अलग पड़ गये थे, जो न इसका समर्थन कर पा रहे थे, न विरोध। इसलिए कि आरक्षण को वे एक स्वतंत्र घटना के रूप में देखने के लिए तैयार नहीं थे। उन्हें स्वतन्त्रता और समानता के लिए संघर्ष की परम्परा की एक कड़ी के रूप में आरक्षण स्वीकार्य था। लेकिन वे आरक्षण विरोध की वास्तविकताओं को भी देख रहे थे, इसलिए उस विरोध को एकाग्र भर्त्सना करने की आकुलता भी उनमें नहीं थी। आरक्षण के संदर्भ में वे शायद अकेले व्यक्ति थे, जिसने यह सवाल उठाया कि जिस नौकरशाही में आप पिछड़ों को हिस्सेदारी देने जा रहे हैं, उसकी शक्ल के बारे में आपका क्या ख्याल है? यानी वे क्षण को शाश्वत से जोड़ कर और कण को संसार की कसौटी पर कस कर देखना चाहते थे। उनकी अखण्ड रचनात्मक दृष्टि का यह विस्तार विस्मय पैदा करना है।

व्यावसायिकता भाषा को अन्दर से घायल करती है, तो तानाशाही बाहर से। रघुवीर सहाय के लिए वह हर चीज तानाशाही थी, जो मनुष्य को लोकतन्त्र से दूर करती है। लोकतन्त्र उनके लिए सिर्फ राज-काज का एक तरीका नहीं था। अनुभव बतलाता है और रोज बतलाता है, कि राज-काज में लोकतन्त्र बचे रहने के बावजूद मनुष्यों के आपसी रिश्ते अलोकतांत्रिक हो सकते हैं, लेकिन यह एक भारी-भरकम शब्द है–अलोकतांत्रिक। रघुवीर सहाय इसके सीधे-सादे पर्याय "दासता" का इस्तेमाल करते थे। आज लोगों को तरह-तरह से बताया जा रहा है कि दासता को स्वीकार करो, क्योंकि सुरक्षा उसी में है। यह व्यक्ति को अपने किले में घेर कर मारना है। जो इस आत्महत्या के लिए तैयार नहीं है वह अपने को बार-बार अकेला पाता है। रघुवीर सहाय इस 'आत्महत्या के विरूद्ध' थे। "लोकतन्त्र का अन्तिम क्षण है" वाली उनकी मशहूर कविता का परिपाक इस पंक्ति से होता है–"सहसा मुझे अकेला पाकर फिर से आप हँसे।" आज व्यक्ति तमाम तरह के संस्थानों के बरक्स अपने को अकेला पा रहा है। यहाँ तक कि "संघर्ष की रणनीतियाँ उन्हीं के आदर्शों की पूर्ति करती दिखाई दे रही हैं जिनके विरूद्ध संघर्ष है, क्योंकि संघर्ष का आधार एक मानवीय रिश्तों की खोज नहीं रह गया।" (निवेदन, लोग भूल गये हैं, 1982) नये रिश्तों की खोज, क्योंकि मौजूदा रिश्ते गलत हैं। वे कुछ को मालिक और बाकी को दास बनाते हैं। लेकिन यह कोई सीधा वर्ग विभाजन नहीं है, क्योंकि मालिकों में भी दास हैं और दासों में भी मालिक। रघुवीर सहाय सबसे ज्यादा इसी चीज से विचलित रहते थे। यह विचलन ही उनका मुख्य रचनात्मक उत्तेजन था।

आज दुख का बहुत-सा ऐसा साहित्य रचा जा रहा है, जो पढ़ने पर सुख पैदा करता है। पीड़ा और अत्याचार की ऐसी बहुत-सी सांवादिकता की जा रही है, जो मजा देती है। रघुवीर सहाय इसके बिल्कुल खिलाफ थे। चुहल या विनोद की प्रवृत्ति

उनमें खूब थी—शुरू में तो बहुत ही ज्यादा। लेकिन वह जैसे गहरी उदासी के समुद्र में डूब न जाने की एक मौलिक टेकनीक थी। सुन्दर चेहरे पर लगे काजल के भोंड़े टीके के ठीक उलटी कोई चीज। रघुवीर सहाय उन विरले लेखकों में हैं, जो आनन्द या मजा नहीं पैदा करते। वे दुख को सजा कर नहीं रखते न संघर्ष को पेस्ट्री बनाते थे। उनके अन्तिम संग्रह की एक कविता की पंक्तियाँ हैं : "सन्नाटा छा जाये मैं जब कविता सुना कर उठूँ। वाह-वाह वाले निराश हो घर जाएँ।" रघुवीर सहाय का साहित्य हो या पत्रकारिता, वह वस्तुतः चिन्ता का लेखन है। वह सिर्फ पतन के चित्र नहीं उकेरता। न झूठी उम्मीद पैदा करता है। वह बताता है कि इस पतन में हम भी शामिल हैं और हमें इसके बारे में कुछ करना चाहिए। ऐसे संकेत गुदगुदी नहीं पैदा कर सकते। संघर्ष और रचना का स्फुरण दे सकते हैं, अगर स्फुरण की हमारी क्षमता बची रह गयी है।

रघुवीर सहाय देख पा रहे थे कि स्फुरण की यह क्षमता लगातार कम हो रही है। नहीं, वे निराशावादी नहीं थे। "लोग भूल गये हैं" (1982) के निवेदन में उन्होंने लिखा था : "जहाँ तक हृदय का सवाल है, कम-से-कम मुझे दृढ़ विश्वास है कि लोग न्याय और बराबरी के जन्मजात आदर्श को नहीं भूलते। इतिहास के किसी दौर में कुछ लोग अवश्य इन्हें भूल जाते हैं, पर उन्हें याद कराने के लिए उनसे कहीं बड़ी संख्या में मनुष्य जीवित रहते हैं।" लेकिन रघुवीर सहाय हताश जरूर थे। अपनी इसी हताशा के रौ में ही वे उस जनता से सच्ची नफरत कर सकते थे, जिसका गौरवगान आधुनिक प्रगतिशीलता का कर्मकाण्ड बना दिया गया है। सच्ची नफरत सच्चे प्यार से ही उपज सकती है। लोगों से रघुवीर सहाय का प्यार सच्चा और निष्कपट था। इसीलिए लोकतन्त्र उनकी रचनात्मकता के केन्द्र में था। वे क्रान्ति नहीं, लोकतन्त्र के कवि थे। वस्तुतः सच्चा लोकतान्त्रिक विकास अपने आप में किसी भी क्रान्ति से कम नहीं है। इसलिए लोकतन्त्र पर होने वाला हर नया हमला उन्हें आहत करता था। उनका लेखन हर ऐसे हमले का मानों एफ. आइ. आर. है और जिस आदमी को लगातार एफ. आइ. आर. ही लिखना पड़े—हर बार पहले से ज्यादा संगीन, तो उसके पास किसी को देने के लिए फूलों के गुच्छे नहीं हो सकते। रघुवीर सहाय के पास भी ऐसा कोई गुच्छा नहीं था। बस, उस पीड़ा पर विश्वास था, जो मनुष्य को मुक्त नहीं करती, एक-दूसरे से जोड़ती है।

यही कारण है कि रघुवीर सहाय की पत्रकारिता को यदि कोई संज्ञा दी जा सकती है, तो वह है लोकतान्त्रिक पत्रकारिता। पत्रकारिता के माध्यम से वे भारतीय मनुष्य के साथ एक लोकतांत्रिक रिश्ता बनाना चाहते थे। बल्कि कहना चाहिए, भारतीय मनुष्य के साथ उनका जो लोकतांत्रिक रिश्ता था, उसे वे पत्रकारिता के माध्यम से सिद्ध और विस्तारित करना चाहते थे। रघुवीर सहाय की पत्रकारिता अन्य लोगों से भिन्न जान पड़ती है, क्योंकि यह लोकतांत्रिक रिश्ता हमारी पत्रकारिता में

क्षीणतर होता जा रहा है। पाठक और पत्रकार दोनों पर बाजारू रिश्ते हावी हो रहे हैं, जिसके लिए पत्रकार को ही कुछ ज्यादा जिम्मेदार मानना चाहिए, क्योंकि वह पत्रकारिता के तन्त्र का संचालन करता है। यह बहाना नाकाफी होगा कि यह तन्त्र उसका अपना नहीं है—उस पर आरोपित है। रघुवीर सहाय को इस आरोपण का पूरा एहसास था। उन्होंने अपना काफी समय व्यावसायिक पत्रकारिता में ही और उसके दबावों के रू-ब-रू गुजारा, लेकिन अपने रचनात्मक संघर्ष को स्थगित करके नहीं। पत्रकारिता उनके लिए न तो सिर्फ आजीविका थी और न वैध या अवैध सत्ता हासिल करने का औजार। इसीलिए वे अपने सम्पादकीय सहकर्मियों के साथ लोकतांत्रिक रिश्ता बना सके। जो पाठक से मानवीय रिशता बनाना चाहता है, वही अपने संपादकीय साथियों से मानवीय रिश्ता कायम करना चाहेगा ही नहीं, बल्कि करेगा। वस्तुतः यह भी सत्ता का विलयन है, जिस तरह एक सच्चे लोकतांत्रिक समाज में सत्ता का कोई केन्द्र नहीं रह जाता—उसका अधिकतम सम्भव विलयन हो जाता है।

रघुवीर सहाय की पत्रकारिता को मुख्यतः "दिनमान" के माध्यम से जाना जाता है—यह भी हमारे समाज के आत्म-विस्मरण का ही एक नमूना है, क्योंकि सहाय ने आकाशवाणी में भी काम किया था और दैनिक पत्रकारिता भी की थी। उस काम की कोई पहचान या स्मृति हमारे बीच नहीं है, क्योंकि हम अपने बीच के रचनात्मक उद्यम को सहेज कर रखना भूल चुके हैं। रघुवीर सहाय ने अपने को हिन्दी पत्रकारिता के उन श्रोतों से जोड़ा था जो जनोन्मुख और जनाधारित थे, किन्तु लम्बे अन्तराल से सूखे पड़े थे। यह अकारण नहीं कि आज उस पत्रकारिता को सिर्फ स्वतन्त्रता संघर्ष की पत्रकारिता या मिशन की पत्रकारिता के नाम से याद किया जाता है और उसके सहज तथा गहन सामाजिक सरोकारों को भुला दिया जाता है। यह भूलना हिन्दी पत्रकारिता के मौजूदा माहौल की वजह से भी है, जिसके रघुवीर सहाय एक स्वाभिमानी अपवाद थे। उनकी पत्रकारिता भी मिशन की पत्रकारिता नहीं थी : वह सहज या स्वाभाविक पत्रकारिता थी यानी पत्रकारिता को जैसा होना चाहिए। "मिशन" नहीं कह कर हम उस पर व्यर्थ का एक शब्दाडम्बर ओढ़ाते हैं, क्योंकि पत्रकारिता "मिशन" नहीं है : वह जीवन का एक सहज व्यापार ही है। उसी तरह जैसे कविता या कहानी या उपन्यास। दोनों का कच्चा माल अलग-अलग है, लेकिन लक्ष्य एक जैसे हैं—मनुष्य की संवेदना का विस्तार। दोनों ही सच्ची पीड़ा से पैदा होते हैं और सच्चे आनन्द का संधान करते हैं। यही मनुष्य और मनुष्य के बीच सच्चा लोकतांत्रिक रिशता है और यही रघुवीर सहाय का अभीष्ट था।

सच्ची पीड़ा ही वह करुणा पैदा कर सकती है, जिसे रघुवीर सहाय के लेखन के संदर्भ में अक्सर रेखांकित किया गया है। रघुवीर सहाय करूणा के कलाकार थे। उनकी करूणा मध्यकालीन करूणा नहीं थी, न किसी विचारधारा के मधुकोष से टपकी हुई करूणा। वह एक स्वतंत्र और आधुनिक करूणा थी और इसलिये, संवेदना

के चौतरफा क्षय के दौर में एक नई वस्तु थी। जहाँ सब कुछ करूणा विरोधी हो या करूणा को भी उद्योग की शक्ल दी जा रही हो, वहाँ इस करूणा को न केवल बचाये रखना, बल्कि और गहरा तथा व्यापक बनाते जाना—यह रघुवीर सहाय की अद्वितीय उपलब्धि थी। इस सतेज, विवेकों और स्वाभिमान—केंद्रित करूणा के कारण ही रघुवीर सहाय के सम्पूर्ण लेखन में एक ख़ास तरह का तनाव मिलता है, जो लिजलिजेपन या उपदेशात्मकता का विरोधी है। यह एक तनी हुई करूणा है, जो अपने भावक को भी तनने का प्रशिक्षण देती है। यह कुल मिला कर आत्म-समर्पण के विरूद्ध होना है। जहाँ मनुष्य से लगातार आत्म-रहित होने या आत्म-समर्पण करने की माँग की जा रही हो, वहाँ रघुवीर सहाय की दो टूक सलाह थी :

यदि तुम रंगों का यह हमला रोक सको
तो रोको वरना
मत आँकों तस्वीरें
कम-से-कम
विरोध में (लोग भूल गये हैं, पृष्ठ 21)

रघुवीर सहाय की पत्रकारिता में यह करूणा किस प्रकार व्यक्त होती है? इसका एक उदाहरण है सबल लोगों के अत्याचार की घटनाओं के प्रति उनका दृष्टिकोण। इन घटनाओं की सूचना ज्यादातर पत्रकारिता में इस तरह दी जाती है जिससे कमजोर और कमजोर जान पड़े तथा सबल को और शक्ति मिले। बलात्कारी की शक्ति को बढ़ा-चढ़ा कर पेश करना उसकी एक खास जुगत है। रघुवीर सहाय ने इसका बार-बार विरोध किया। उन्होंने उस रंगीनी को भी नफरत से देखने की सलाह दी, जो अक्सर ऐसे किस्सों के साथ जुड़ी रहती है। भ्रष्टाचार के उद्घाटनों में उनकी गम्भीर रुचि थी, क्योंकि लोकतांत्रिक सत्ता का यह गम्भीर दुरूपयोग है, लेकिन वे इसे भी रेखांकित करने से नहीं थकते थे कि इसके विरूद्ध जनसंचार माध्यमों का ज्यादातर संघर्ष शासक वर्ग के कलह की अभिव्यक्ति है। किसी भी प्रकार के संघर्ष में वे जानना चाहते थे कि इसमें लोग कहाँ हैं? "ट्राइबल-ट्राइबल" खेलना उनकी संवेदना के खिलाफ था। हिन्दी-पूजा के खिलाफ उनका बार-बार खड़ा होना अभिजनोन्मुखता के विरूद्ध उनके संघर्ष का ही जरूरी अंग था।

सवाल उठता है कि रघुवीर सहाय ने पत्रकारिता की जिस धारा की याद ताजा की और उसे उत्कर्ष दिया, वह आज कहाँ है? वह धारा आज सैकड़ों छोटी-छोटी तरंगों में विभाजित नजर आती है। मुख्यधारा पत्रकारिता को उसने बहुत गहराई से प्रभावित नहीं किया है। क्या यह उस धारा की कमजोरी है? क्या वैकल्पिक मीडिया की मार्फत ही अब उस धारा को आगे बढ़ाया जा सकता है? एक रास्ता यह निश्चय ही है, लेकिन मुख्य संघर्ष तो उन जन प्रसार माध्मों में ही होगा, जो आज जन विरोधी शक्तियों के कब्जे में हैं। यह आदर्श स्थिति नहीं होगी कि इस व्यापक मैदान को

छोड़ दिया जाये और अपनी धुन कहीं और रमाई जाये। रघुवीर सहाय आत्म-समर्पण के खिलाफ थे तो आत्म-निर्वासन के भी। निश्चय ही जनसंचार माध्यमों का चरित्र तभी बदलेगा जब जन के साथ राजनीतिक और आर्थिक सत्ता का रिशता बदलेगा। लेकिन यह एक सिरा है। दूसरा सिरा जन संचार माध्यमों में कार्यरत असंख्य लोगों का आत्मसंघर्ष है। यह आत्मसंघर्ष भी इस रिश्ते को गम्भीर रूप से प्रभावित कर सकता है। रघुवीर सहाय यथास्थिति को दोनों ओर से छेड़ने के पक्ष में थे और दोनों लड़ाइयों में शामिल लोग अपने को उनका उत्तराधिकारी मान सकते हैं।

रघुवीर सहाय आधुनिक समय के उन विरल पत्रकारों में थे, जिनके प्रति स्वाभाविक रूप से श्रद्धा होती है, हालाँकि आजकल श्रद्धा एक पुरातात्विक शब्द माना जाता है। रघुवीर सहाय के गुजर जाने के बाद भी उनके काम की स्मृति हममें से बहुतों को इस कदर आविष्ट करती है और अपना रास्ता बनाने में मदद करती है, यह उनकी सतत प्रासंगिकता का असंदिग्ध प्रमाण है। अपने अन्तिम दिनों में रघुवीर सहाय हिन्दू सांप्रदायिकता के ताजा उभार से बहुत विचलित थे। पत्रकारिता की ऐसी समझ अभी हाल तक हमारे समाज में बची हुई थी, यह बताता है कि सब कुछ नष्ट नहीं हुआ है। सब कुछ शायद कभी नष्ट नहीं होता। सम्भावनाएँ हमेशा बची रहती हैं। रघुवीर सहाय का स्मरण करना इन सम्भावनाओं के प्रति अपने को प्रतिबद्ध करना है। जैसा समाज बनाया जा रहा है, उसमें यह प्रतिबद्धता लगातार कठिनतर होती जायेगी। तब रघुवीर सहाय का लिखा हुआ पढ़ कर शायद एहसास पैदा हो कि उन्होंने भी कम कठिन दौर नहीं झेला था। यह याद करना भी उपयोगी रहेगा कि सिर्फ साहित्य या पत्रकारिता के माध्यम से वे अपने समय को नहीं झेल रहे थे—उन राजनीतिक और सामाजिक धाराओं से जुड़ना भी अपरिहार्य मानते थे, जो अन्याय और दासता के खिलाफ थीं। हमलावर अब और ज्यादा संगठित होंगे, अतः इसकी जरूरत भी बढ़ती जायेगी।

ढहते कंगूरों का समय

1996 को हिन्दी पत्रकारिता के इतिहास में किस बात के लिए याद किया जायेगा? ढहते कंगूरों के लिये। दैनिक पत्रों में जनसत्ता और नवभारत टाइम्स का नाम आदर के साथ लिया जाता रहा है। साप्ताहिकों में धर्मयुग की इज्जत थी, लेकिन वह पहले ही पाक्षिक और फिर मासिक बना दिया गया था। 1996 में यह हिन्दी पत्रकारिता के ''ब्लैक होल'' में खींच लिया गया। जिन्होंने यह शीर्षक खरीदा है, उनका दावा है कि वे धर्मयुग की परम्परा को जीवित ही नहीं रखेंगे, बल्कि उसे मजबूत भी करेंगे। क्या उनका इतिहास ऐसा है कि इस दावे पर यकीन किया जा सके? इस सौदे के दौरान धर्मयुग के सम्पादकीय विभाग के कर्मचारियों के साथ जो छल किया गया है यानी बिना उनकी सहमति लिए मवेशी की तरह उन्हें बेच दिया गया और खरीद लिया गया, वह कम से कम इस सौदे के औद्योगिक पहलुओं की ईमानदारी के बारे में गहरे शक पैदा करता है। धर्मयुग के जिस नये रूप की शुरूआत ही इतनी अनैतिक हो, वह सम्भवतः उन अनैतिकताओं को ही आगे बढ़ायेगा, जो पुराने धर्मयुग में थीं—उसकी विशेषताओं को नहीं। अतः हमें यही मान कर चलना चाहिए कि मैगजीन पत्रकारिता का यह कंगूरा भी अन्तिम रूप से ध्वस्त हो चुका है—उसकी जगह कुछ बौनी नस्लें ही खड़ी हो सकती हैं। जहाँ तक नवभारत टाइम्स और जनसत्ता का सवाल है, वे सम्भवतः धर्मयुग के ही पीछे-पीछे चल रहे हैं।

नवभारत टाइम्स को वह प्रतिष्ठा कभी हासिल नहीं हुई जो एक जमाने में ''आज'' को और बाद में ''नई दुनिया'' को मिली। नवभारत टाइम्स निश्चय ही एक बड़ा अखबार था, लेकिन इसलिए कि वह देश के सबसे बड़े प्रकाशन गृह से निकलता था और उसकी प्रसार संख्या काफी थी। यह कुछ-कुछ कांग्रेस पार्टी जैसी हालत थी और शायद इसीलिए हमें आश्चर्य नहीं करना चाहिए कि नवभारत टाइम्स आम तौर पर कांग्रेस का ही समर्थक रहा है—अपने उन सर्वश्रेष्ठ दिनों में भी, जब राजेन्द्र माथुर उसके प्रधान सम्पादक थे। वस्तुतः इस दौर में नवभारत टाइम्स की प्रतिष्ठा राजेन्द्र माथुर की ही प्रतिष्ठा का पर्याय थी। यह इस तथ्य से भी प्रमाणित होता है कि राजेन्द्र माथुर के निधन के बाद नवभारत टाइम्स लुढ़कता ही चला गया। साथ ही यह भी सच है कि श्री माथुर नवभारत टाइम्स के कुछ पहलुओं को ही सुधार

पाये। समाचार की दृष्टि से वह अब भी एक बासी और अनुत्सुक अखबार बना रहा। सम्पादकीय पृष्ठ के अलावा उसके दूसरे पृष्ठों में कोई रचनात्मकता या जीवन्तता नहीं दिखाई पड़ती थी। इसके बावजूद नवभारत टाइम्स की साख थी, तो इसीलिए कि वह वस्तुनिष्ठा और निष्पक्षता के मूल्यों का सम्मान करता था। विद्यानिवास मिश्र को सम्भवतः उसके आखिरी सम्पादक के रूप में याद किया जाना चाहिए। विद्यानिवास जी के समय में नवभारत टाइम्स ने कुछ मामलों में एक नया मोड़ लिया। यह मोड़ बुद्धिजीवी वर्ग के एक बड़े हिस्से को पसन्द नहीं आया। बेशक उसकी बहुत-सी आपत्तियाँ विचारणीय थीं। लेकिन श्री मिश्र के सम्मान में इतना तो कहना ही पड़ेगा कि आज लब सम्पादक नाम की संस्था ही कमजोर और खत्म होती जा रही है, जिसके लिए सिर्फ समाचारपत्र मालिक ही नहीं, पत्रकार भी दोषी हैं, वे सचमुच के सम्पादक थे और उन्होंने सम्पादकीय नीति के मामले में किसी से भी समझौता करने से इन्कार कर दिया। यह एक गम्भीर बात है कि इस तरह की दृढ़ता पुराने, परम्परावादी लोगों में तो दिखाई देती है, किन्तु आधुनिक लोगों में नहीं, जिससे यह शक मजबूत होता है कि हमारे देश में आधुनिकता एक बहुत ही कमजोर और पोली चीज है। विद्यानिवास मिश्र के बाद जिनके सम्पादकीय नेतृत्व में नवभारत टाइम्स निकला, उन्होंने इस ढ़हते हुये अखबार में न केवल अपनी विकृतियाँ आरोपित कीं, बल्कि प्रबन्धन द्वारा सुझाई गयी विकृतियों के लिए भी जगह निकाली। उनका भाजपा मोह प्रसिद्ध है, अतः यह सवाल भी उठे बिना नहीं रहता कि भाजपा संस्कृति की बात सबसे ज्यादा करती है, लेकिन क्या कारण है कि भाजपाई पत्रकार कोई अच्छा अखबार नहीं निकाल सकते? दूसरी ओर आज का नवभारत टाइम्स चीख-चीख कर यह सवाल भी पूछ रहा है कि क्या पत्रकारिता को बचाने का यही एक मात्र रास्ता बचा है कि अखबार को सस्ता और घटिया बनाया जाये तथा उसे नंगी तस्वीरों से भर दिया जाये? ब्राण्ड मैनेजर से सम्पादक का काम लेना बैनेट कोलमैन एण्ड कम्पनी का एक नया कौशल है, जो बताता है कि हिन्दी के पत्रकारों पर देश के सबसे सम्पन्न अखबार मालिकों का कितना भरोसा रह गया है, हालाँकि यह उस सामान्य प्रक्रिया का ही अंग है, जिसमें मैनेजर पत्रकारों से ज्यादा आदरणीय हैं।

जनसत्ता के क्रमिक क्षय पर विचार करना एक दर्द भरा काम है। इसमें संदेह नहीं कि 13 वर्ष पूर्व जब प्रभाष जोशी के सम्पादन में जनसत्ता का प्रकाशन शुरू हुआ था, यह हर दृष्टि से हिन्दी पत्रकारिता की दुनिया में एक ताज़ा झोंका था। कह सकते हैं कि यह हिन्दी में पहला आधुनिक अखबार था, हालाँकि जनसत्ता की सम्पादकीय नीति अक्सर आधुनिकता से लड़ती-झगड़ती रही है। लगभग एक दशक तक जनसत्ता की जीवन्तता बनी रही, लेकिन उसके बाद वह क्रमशः ठहराव का शिकार होता गया। राजनीति की तरह पत्रकारिता भी अगर लगातार अपना

नवीनीकरण नहीं करती, तो वह अप्रासंगिक होती जाती है। किन परिस्थितियों में श्री जोशी को जनसत्ता का प्रधान सम्पादक पद छोड़ कर सम्पादकीय सलाहकार होने के लिए सहमत होना पड़ा—इसके बारे में सिर्फ अनुमान ही लगाये जा सकते हैं। लेकिन दो चीजें बहुत साफ दिखाई पड़ती हैं। एक, 6 दिसम्बर 1992 के बाद प्रभाष जोशी ने हिन्दू सांप्रदायिकता के खिलाफ अपनी कलम से जोरदार अभियान चलाया, वह एक्सप्रेस समूह के नये मालिकों और उनके सलाहकारों को मन्जूर नहीं था। दो, वे जनसत्ता को सम्भवतः एक चालू और गम्भीर अखबार बनाना चाहते हैं, क्योंकि उन्हें लगता है कि हिन्दी का अखबार शायद इसी रूप में जीवित रह सकता है। जाहिर है, यह वही रास्ता है जो आगे जा कर नवभारत टाइम्स के रास्ते से मिल जाता है और इससे जो प्रशस्त जनपथ या राजपथ बनता है, उस पर चलते हुये हिन्दी पत्रकारिता कुछ ज्यादा चकमक, लेकिन और ज्यादा दीनहीन ही दिखाई पड़ेगी। उम्मीद करनी चाहिए कि जनसत्ता की नई टीम वास्तविक चुनौतियों को समझेगी।

जहाँ तक विस्तार का सवाल है, हिन्दुस्तान टाइम्स समूह के पुराने हिन्दी दैनिक हिन्दुस्तान का लखनऊ संस्करण शुरू होना इस वर्ष की एक उल्लेखनीय घटना है। यह घटना उस समय हुई है, जब राजधानी के हिन्दी प्रेस की क्षेत्रीय शाखाएँ सूख रही हैं। नवभारत टाइम्स ने पिछले कुछ वर्षों में अपने लखनऊ, पटना और जयपुर संस्करण बन्द कर दिये। दिलचस्प है कि यह वही दौर था, जब जनसत्ता ने मुंबइ, चण्डीगढ़ और कलकत्ता में अपने नये संस्करण शुरू किये। हिन्दुस्तान ने पटना में पैर जमाया और वह इस वक्त बिहार का सबसे लोकप्रिय पत्र है। राष्ट्रीय सहारा को अगर दिल्ली का पत्र मानें, तो उसने भी लखनऊ से अपना संस्करण शुरू किया और वह अच्छा ही चल रहा है। इसलिए यह सीधा-सादा समीकरण बहुत सीधा-सादा नहीं है कि राजधानी के दैनिकों के क्षेत्रीय संस्करण सफल नहीं हो सकते। हिन्दुस्तान का लखनऊ संस्करण सम्भवतः इस मान्यता का एक और खण्डन करे। लेकिन यह भी सच है कि जनसत्ता के क्षेत्रीय संस्करणों के भविष्य के आगे गम्भीर प्रश्न चिन्ह हैं, ऐसा माननेवलों की संख्या कम नहीं है। इससे जो असंदिग्ध निष्कर्ष निकलता है, वह यही है कि राजधानी के दैनिकों के क्षेत्रीय संस्करण किस आधार पर निकाले जाएँ जिससे दोनों को मजबूती मिले, इस बारे में कोई टिकाऊ समझ विकसित नहीं हो पाई है।

सच पूछा जाये तो वास्तविक विस्तार उस प्रेस का ही हो रहा है, जिसे क्षेत्रीय प्रेस कहा जाता है। अब समय आ गया है कि ''क्षेत्रीय प्रेस'' के लिए कोई उपयुक्त तथा सम्मानजनक शब्द खोजा जाये। ऐसा लगता है कि हिन्दी का अपना प्रेस क्षेत्रीय भाषा ही है—बेशक यह क्षेत्र अन्य सभी भारतीय भाषाओं से विशाल है। देश में कभी यह इच्छा पैदा हुई थी कि हिन्दी को राष्ट्रभाषा बनाया जाये, लेकिन भारतीय संविधान में राष्ट्रभाषा नाम का कोई प्रत्यय ही नहीं है। इसके स्थान पर राजभाषा है, जिसका

सम्बन्ध केन्द्रिय सरकार के प्रशासन से है। जब कोई राष्ट्रभाषा नहीं है, तो फिर राष्ट्रीय पत्रकारिता भी कैसे हो सकती है? फिर भी राजधानी से की जानेवाली पत्रकारिता को राष्ट्रीय पत्रकारिता माना जाता रहा, तो इसीलिए कि उसके सरोकार राष्ट्रीय या राष्ट्रव्यापी थे। यह काफी हद तक अब भी बना हुआ है, लेकिन हिन्दी के दिल्ली प्रेस की एक महत्त्वपूर्ण सीमा यह रही कि उसका विकास (और पराभव) अंग्रेजी प्रेस की छाया में ही हुआ। अतः कुछ सम्मानजनक कोशिशों को छोड़ कर उसका अपना भाषाई और वैचारिक चरित्र नहीं बन पाया, जो हिन्दी क्षेत्र की अस्मिता से सीधे जुड़ता हो। आज भी राजधानी का हिन्दी प्रेस अपने अंग्रेजी संस्थानों में अवांक्षित हो गये सौतेले बेटे की तरह पल-पुस रहा है और अपनी उपेक्षा से दुखी तथा कुण्ठित रहता है। इस मायने में हिन्दी का अपना स्वाभाविक प्रेस उसका क्षेत्रीय प्रेस ही है और इस क्षेत्रीय प्रेस की शक्तियों और कमजोरियों से ही हिन्दी पत्रकारिता की वास्तविक शक्ति और दुर्बलता को समझा जा सकता है।

1996 में हिन्दी को आंचलिक प्रेस और मजबूत हुआ। कई दैनिकों के नये संस्करण निकले और कुछ का काया-कल्प हुआ। लेकिन इसी अनुपात में उनकी प्रतिष्ठा भी बढ़ी हो, यह नहीं कहा जा सकता। राजस्थान की राजस्थान पत्रिका और इन्दौर की नई दुनिया अपनी-अपनी जगहों पर कायम हैं। नई दुनिया के सम्पादकीय सलाहकार राहुल बारपुते का निधन इसी वर्ष हुआ। लेकिन राहुल जी के रहते हुये भी नई दुनिया से राजेन्द्र माथुर या उनके आसपास के कद का कोई पत्रकार विकसित क्यों नहीं हो सका, यह एक विचारणीय प्रश्न है। राजस्थान पत्रिका ने पत्रकारिता के कुछ विलक्षण प्रयोग किये हैं, किन्तु कुल मिला कर यह एक आत्म-तृप्त पत्र है। क्या उत्कृष्टता की खोज एक सीमा पर जा कर ठहर जाती है? या, एक खास तरह की प्रतिष्ठा अर्जित कर लेने के बाद कोई संस्थान आत्म-अवरोध का शिकार हो जाता है? बहरहाल, राजस्थान तथा उत्तर प्रदेश के कुछ दैनिकों में अपने आप से असंतोष के लक्षण दिखाई पड़ने लगे हैं और वे कम से कम अपने सम्पादकीय एवं फीचर पृष्ठों को बेहतर बनाने की कोशिश में लगे हैं। इस दृष्टि से "अमर उजाला" का रिकार्ड उल्लेखनीय है। दूसरी ओर "जागरण" के सम्पादक भाजपा के समर्थन से राज्य सभा में पहुँच गये हैं, जो हिन्दी दैनिकों के बढ़ते हुये राजनीतिकीकरण का द्योतक तो है ही, यह भी प्रकट करता है कि राजनीतिक और सामाजिक ताकत अब दिल्ली से क्षेत्रीय केन्द्रों की ओर कूच कर रही है।

हिन्दी के क्षेत्रीय प्रेस में—और दिल्ली प्रेस में भी—1996 को सबसे महत्त्वपूर्ण घटना वित्तीय कम्पनियों का—जिन्हें पहले उनके चिट फण्डों से जाना जाता था—हिन्दी अखबार उद्योग में बड़े पैमाने पर प्रवेश करना है। इस समय कम से कम चार दैनिक वित्तीय कम्पनियों द्वारा प्रकाशित किये जा रहे हैं, जिनमें से तीन तो दिल्ली से ही निकल रहे हैं। इनमें से कुछ के बारे में यह टिप्पणी उचित होगी कि

जो लोग पहले चिट से फण्ड बनाते थे, वे अब फण्ड से चिट निकाल रहे हैं। इस प्रवृत्ति के सूत्रपात का श्रेय—या दायित्व—राष्ट्रीय सहारा को है, जिसका साप्ताहिक परिशिष्ट "हस्तक्षेप" लगातार अच्छा बना हुआ है। दिलचस्प यह है कि इनमें से कोई भी अखबार घाटा रेखा को पार नहीं कर पाया है और न निकट भविष्य में इसकी कोई सम्भावना दिखाई देती है। तो क्या यह मान कर चला जाये कि ये अखबार पत्रकारीय उद्देश्यों से नहीं निकल रहे हैं, बल्कि इनका लक्ष्य मूल वित्तीय कम्पनी को शक्ति प्रदान करना है? यदि ऐसा है, तो यह चिन्ता की बात है, हालाँकि कथित जूट प्रेस के बारे में भी यही माना जाता था कि उसका उद्‌देश्य तत्कालीन सरकार को प्रसन्न कर प्रेस मालिकों के अन्य उद्योगों के लिए सहूलियतें हासिल करना था। लेकिन हिन्दी अखबार उद्योग के इस नये वित्तीय आधार से जो मूलभूत सवाल पैदा होता है, वह यह है कि हिन्दी क्षेत्र के धनी-मानी लोगों का पूँजी स्तर क्या है तथा उनकी सांस्कृतिक अभिरुचियाँ किस प्रकार की हैं।

स्पष्ट है कि व्यावसायिक प्रेस के लिए काफी पूँजी की जरूरत होती है। जो काम पहले लाखों से होता था, वह अब करोड़ों से होता है। यहीं हिन्दी क्षेत्र की भौतिक दरिद्रता आड़े आती है। हिन्दी क्षेत्र में अखबारों में इतनी पूँजी लगाने वाले लोग कम हैं। जो हैं, वे हिन्दी क्षेत्र की करूण स्थिति से इतने उद्वेलित नहीं हैं कि हर दृष्टि से बेहतर अखबार निकल सकें। यही कारण है कि क्षेत्रीय प्रेस में सम्पादक नाम की संस्था का विकास ही नहीं हो सका। कोई मालिक भी सम्पादक हो सकता है—बल्कि आदर्श स्थिति शायद यही होगी कि समाचारपत्र का पत्रकार परिवार और मालिक परिवार एक ही हो। पत्रकार को किसी और का नौकर क्यों होना चाहिए? वह तो जनता का नौकर ही हो सकता है। लेकिन अक्सर देखा यही गया है कि मालिक—सम्पादक मालिकानें में जितनी रुचि रखते हैं, उतनी सम्पादन में नहीं। यहाँ पत्रकारिता में भी नहीं। अन्यथा कोई कारण नहीं कि हमारे अधिकांश क्षेत्रीय अखबार सम्पन्न होते जाएँ और इनमें काम करने वाले लोग गरीबी रेखा से ज्यादा ऊपर नहीं उठ पाते। साथ ही अंग्रेजी के प्रसिद्ध पत्रकारों—अच्छे नहीं, प्रसिद्ध—द्वारा भेजी जाने वाली प्रचुर अनूदित सामग्री का उपयोग करते रहने के कारण हिन्दी में भी मौलिक विचार-विमर्श की स्थितियाँ बनें, इसका ख्याल रखना सम्भव नहीं हुआ है। स्पष्टतः क्षेत्रीय हिन्दी प्रेस की महत्त्वाकांक्षा पत्रकारीय उत्कृष्टता के क्षेत्र में कम, व्यावसायिक, राजनीतिक तथा सामाजिक शक्ति संग्रह में ज्यादा दिखाई देती है। यह कहना कि हिन्दी पत्रकारिता के ढ़हते हुये कंगूरों पर इस समय ज्यादातर चीलें ही मँडरा रही हैं, हृदयहीनता का परिचायक लग सकता है, लेकिन वस्तुतः यह हृदयहीनता नहीं, निर्ममता है, जिसका भरपूर इस्तेमाल किये बगैर हम हिन्दी के लोग अपनी वास्तविक चुनौतियों का साक्षात्कार कर ही नहीं सकते। यह सच है कि हिन्दी की भौतिक ही नहीं, सांस्कृतिक स्थिति भी इस वक्त अत्यन्त करूण और शोकाकुल

करने वाली है, लेकिन यह और भी बड़ा कारण है कि हिन्दी क्षेत्र का सांस्कृतिक नेतृत्व सचमुच तेजस्वी, बुद्धिमान तथा मानवीय हो। और, पत्रकारिता सांस्कृतिक नेतृत्व देने का ही हिस्सा नहीं है, तब भी क्या वह करने योग्य है? यह खेद की बात है कि जिस समय हिन्दी को अच्छे पत्रकारों की सबसे ज्यादा जरूरत है, ठीक उसी समय वह ऐसे लोगों के नियन्त्रण में ज्यादा से ज्यादा आती जा रही है, जिनकी अच्छी और बुरी पत्रकारिता में तमीज करने की शक्ति भी संदिग्ध दिखाई पड़ती है और जिनमें यह तमीज है, वे इसका इस्तेमाल करना अपने भविष्य के लिए खतरनाक मानते हैं। हिन्दी को हिन्दी से इतना डर कभी नहीं रहा।

सब कुछ के बावजूद

लगभग 15 वर्ष पहले की बात है। उन दिनों मैं एक जैन साप्ताहिक में नौकरी करता था। साप्ताहिक में महावीर के उपदेश अक्सर छपा करते थे। साधु-साध्वियों द्वारा लिखे गये लेखों और कविताओं में महावीर द्वारा लाई गयी वैचारिक क्रान्ति का बहुत ही गौरव और विस्तार के साथ जिक्र किया जाता था। उन्हीं दिनों जैन दर्शन का मुझे थोड़ा-बहुत ज्ञान हुआ और उसके प्रति आकर्षण भी बढ़ा। लेकिन जब मैं महावीर की शिक्षाओं का मिलान वर्तमान साधु-साध्वियों और उनके सेठ अनुयायियों के जीवन से करता था, तो मेरे क्षोभ की सीमा नहीं रहती थी। मुझे लगता था, यह "ओछा जीवन, उच्च विचार" का उत्कृष्ट उदाहरण है। स्वाभाविक रूप में मेरे युवा मन में यह सवाल पैदा होता था कि जब इन लोगों को यही जीवन जीना है, तो फिर धार्मिक शिक्षा, धार्मिक परम्परा और धार्मिक संस्थानों की उपयोगिता ही क्या है? क्या यह सब पाखण्ड नहीं है? इससे तो बेहतर है कि मनुष्य वही माने भी, जो वह कर रहा है। इससे कम-से-कम वह एक प्रकार की नैतिक बेईमानी से तो बच जायेगा। उसके जीवन में पवित्रता रहे या नहीं, दो-मुँहापन तो नहीं रहेगा। एक दिन गपशप के दौरान मैंने अपना यह विचार उस जैन पत्रिका के सम्पादक के सामने रख दिया। उनका उत्तर बहुत ही मार्मिक था और जब कभी याद आता है तो लगने लगता है कि हम आवेश में अक्सर चीजों को एक ही पहलू से देखने लगते हैं। सम्पादक का कहना था कि जब इतनी धर्म-कर्म की चर्चा होती है, तब तो यह हाल है, सोचिये, अगर धर्म की चर्चा बिल्कुल बन्द हो जाये, तो दुनिया की स्थिति क्या इससे भी बदतर नहीं हो जायेगी? उनकी बात बेशक विचारणीय थी। पत्रकारिता के पहलुओं पर विचार करते हुये मैं भी उसकी तारीफ में अपने सम्पादक की यही टिप्पणी दुहराना चाहता हूँ।

इस पुस्तक के कुछ लेखों में पत्रकारिता का जो विश्लेषण किया गया है, उससे लग सकता है कि दुनिया में इससे जघन्य काम कुछ और हो ही नहीं सकता। लेकिन यह सच नहीं है। कुछ पेशे ऐसे होते हैं जो प्रकृति से भी भ्रष्ट होने के बावजूद अपने अन्दर अच्छाई के बीज भी छिपाये हुये होते हैं। इसका एक छोटा-सा उदाहरण पुलिस वाला है। पुलिस से हममें से हर आदमी घृणा करता है। उसकी छवि ही कुछ ऐसी

बन गयी है। वह घूस लेती है, निरपराध लोगों को तंग करती है, अपराधियों को संरक्षण देती है और अब तो औरतों के साथ मुँह भी काला करने लगी है। यह सब वह करती है उसी ताकत का इस्तेमाल करते हुये, जो उसे जनसेवक के रूप में मिली है। फिर भी जरा कल्पना कीजिये, देश-भर से पुलिस हटा ली जाये, तो हमारी-आपकी क्या हालत हो जायेगी? डाकू अभी छिप कर, रात के अन्धेरे में आते हैं—उसके बाद वे जीप में सड़कों पर घूमने लगेंगे। जाहिर है, जुन्ज-पुन्ज और विकृत हो जाने के बावजूद पुलिस व्यवस्था ने कानून का थोड़ा-बहुत राज बना ही रखा है। दस निरपराध मारे जाते हैं, तो पच्चीस अपराधी जेल भी काटते हैं। कानून का कुछ भय तो बचा हुआ है। आप कह सकते हैं कि यह भय गरीबों को ज्यादा है, अमीरों को कम। फिर भी बिल्कुल जंगल का राज नहीं है, इससे आप इन्कार नहीं कर सकते। आधुनिक व्यवस्था में पत्रकारिता भी कुछ-कुछ यही कर रही है। पहले का आदमी पाप करते हुये डरता था, क्योंकि उसे लगता था कि ईश्वर हर कहीं है और हमारे प्रत्येक काम को देख रहा है। आज का आदमी ईश्वर से नहीं, प्रेस से डरता है। प्रेस समाज की तीसरी आँख है।

पत्रकारिता के उपयोगों पर वैसे तो काफी कुछ लिखा जा चुका है, जिसका दुहराव यहाँ निरर्थक है, लेकिन मूलभूत बातों की ओर इशारा करना आवश्यक लगता है। पत्रकारिता आधुनिक औद्योगिक समाज के साथ ही पैदा हुई है और उसी के साथ इसे जीना-मरना है। औद्योगिक समाज ऐसा भ्रम पैदा करता है कि देश और काल की सीमाएँ सिकुड़ गयी हैं—पूरी धरती एक मुहल्ला बन गयी है। इसका एक कारण तो यह है कि आधुनिक अर्थव्यवस्था एकायामी और एकरूपता को प्रोत्साहित करने वाली है। चूँकि अधिकांश उत्पादन बाजार के लिए किया जाता है, इसलिए उत्पादन-तन्त्र की भलाई इसी में दिखाई पड़ती है कि बाजार का दायरा लगातार बढ़ाया जाये। लेकिन कोई भी आदर्श असीम नहीं होता—उसके अपने अन्तर्विरोध होते हैं। जिस तरह स्वतन्त्रता का नियमन सामाजिक विधिनिषेधों से किया जाता है, उसी तरह बाजार की अन्तर्राष्ट्रीयता को भी आंचलिक और राष्ट्रीय हितों से संतुलित करने की चेष्टा की जाती है। इसके बावजूद उत्पादन की विश्वजनीनता—या साफ-साफ कहा ज़ाये तो पश्चिम-केन्द्रिकता—बढ़ती चली जा रही है। इसी के समानान्तर जीवन की दूसरी गतिविधियों का भी क्षैतिज विस्तार हो रहा है। उदाहरण के लिए प्रसिद्ध चित्रकार हुसेन दिल्ली में रहते हैं। सम्भव है, दिल्ली से लगे हुये शहर गाजियाबाद के लोग ही उन्हें न जानते हों, लेकिन पेरिस, लन्दन और न्यूयॉर्क में हुसेन को जानने वाले मिल जायेंगे। इस अन्तर्विरोध का रहस्य क्या है? इसका रहस्य यही है कि अब हम एक नहीं, कई समाजों में रहते हैं। जैसे-जैसे हमारी दुनिया चौड़ी होती जाती है, एकदम नजदीक के परिवेश से हमारा रिश्ता क्षीण होता जाता है। ''विकास'' का सबसे उन्नत चरण वह होता है, जिसमें अपने मुहल्ले से हम पूरी

तरह कट जाते हैं, लेकिन बड़ी-बड़ी रजधानियों से हमारा नियमित सम्पर्क रहता है। यह एक ऐसी दुनिया है, जिसमें यथार्थ ठोस न रह कर छायाओं का समूह हो जाता है। बहुत-सी चीजों पर हमारा नियन्त्रण रहता है, लेकिन वस्तुतः किसी भी चीज पर नहीं रहता। इस छाया-लोक में पत्रकारिता ही विभिन्न समूहों और व्यक्तियों के बीच सेतु का काम करती है। वह हमारी तथाकथित विस्तृत हो गयी संवेदना को खुराक प्रदान करती है और जीवित रखती है।

लेकिन पत्रकारिता का काम सिर्फ सूचना देना नहीं है। वस्तुतः मनुष्य की संवेदना का दायरा बहुत सीमित है। हम चाहे जितना विश्ववादी बनें, हमारे सरोकार स्थानीय ही रहते हैं। जिनके सुख-दुख से हमारा सीधा सम्बन्ध है, उनके समाचारों से हम एक तरह से प्रभावित होते हैं, जो हमसे दूर हैं, उनके समाचारों से दूसरी ओर से। इस कारण अपनी दुनिया में हमेशा हमारी एक सीमित दिलचस्पी होती है। अगर ऐसा नहीं होता, तो हम बहुत कुछ जानने को उत्सुक होते, जबकि असलियत यह है कि हम कुछ खास-खास चीजों को ही जानना चाहते हैं। इसीलिए जहाँ तक सूचना देने का सवाल है, पत्रकारिता की एक सीमित भूमिका होती है। वह सिर्फ खबर नहीं देती, बल्कि खोजबीन भी करती रहती है कि कहाँ क्या गड़बड़ी है। पत्रकारिता मूलतः समकालीन संसार का आईना नहीं है। वह खुफिया जासूस है, जिसकी रुचि ईमानदार गृहस्थों में नहीं, बल्कि व्यभिचारी स्त्री-पुरूषों में होती है। यही कारण है कि डॉक्टर और पुलिस की तरह उसका साबका बीमार और अपराधी लोगों से ही ज्यादा पड़ता है।

पत्रकारिता का यह उपयोग काफी महत्त्वपूर्ण है। कारण, वह वहाँ पैर रखती है, जहाँ जाने से वे लोग कतराते हैं, जिन्हें वहाँ होना चाहिए। यानी हमारी सामाजिक व्यवस्था अगर जिम्मेदार ढंग से काम करती होती, तो पत्रकारिता के लिए ज्यादा कुछ करने को बचता ही नहीं। एक छोटा-सा उदाहरण लें। पुलिस का काम है कि वह मन्त्री के भ्रष्टाचार पर निगाह रखे। लेकिन पुलिस अपना यह काम करती नहीं है। यह एक असामान्य स्थिति है। स्थिति सामान्य तब होती, जब व्यवस्था की विकृतियों का उद्घाटन स्वयं व्यवस्था की मशीनरी द्वारा ही होता। हर व्यवस्था ऐसा इन्तजाम रखती है। आधुनिक लोकतांत्रिक समाज में हर चीज के लिए कानून है और कानून का पालन हो रहा है या नहीं, यह देखने के लिए भी इन्तजाम किया गया है। चूँकि यह इन्तजाम फलीभूत नहीं होता, इसीलिए एक ऐसे माध्यम की जरूरत पड़ती है, जो यह काम कर सके। पत्रकारिता यही करती है। वह व्यवस्था की अपूर्णताओं और विकृतियों को सामने लाती है। इसी में उसकी ताकत है। यही उसकी लोकप्रियता का रहस्य है और यही कारण है कि सभी सरकारें प्रेस पर तरह-तरह के अंकुश लगाने की कोशिश करती हैं।

लेकिन पत्रकारिता के इस उपयोग की एक अन्तर्निहित सीमा है। चूँकि

आधुनिक शासन व्यवस्था में सरकार को ही सामाजिक तौर पर जिम्मेदार माना जाता है और व्यक्तियों की कोई सामाजिक जिम्मेदारी नहीं मानी जाती, इसलिए व्यवस्था की विकृतियों को सामने लाने का यह अभियान अक्सर सरकार के ही खिलाफ चलता है—निजी क्षेत्र के खिलाफ नहीं। सरकार अपने किसी अधिकार को गलत ढंग से निलंबित कर दे, तो उसकी खबर बन जाती है। लेकिन कितने ही गैरसरकारी नियोक्ता अपने कर्मचारियों के साथ दुर्व्यवहार करते रहते हैं, गलत नियुक्तियाँ और गलत बरखास्तगियाँ करते रहते हैं—इनकी ओर ध्यान नहीं दिया जाता। सरकार की दस ग्राम गलती गैर सरकारी नियोक्ता या उद्योगपति की एक किलो गलती के बराबर है। ये लोग खबर में तब आते हैं, जब कोई बड़ा घोटाला करते हैं और वह घोटाला सामने आ जाता है। जाहिर है, पत्रकारिता पुलिस का काम तो कर सकती है, लेकिन वह पुलिस का विकल्प नहीं बन सकती। सरकार चूँकि सर्वशक्तिशाली है और उसकी गतिविधियों का दायरा बढ़ता ही चला जा रहा है, इसलिए यह सीमित भूमिका भी मामूली नहीं। लेकिन इसके समानान्तर निजी क्षेत्र का दायरा भी बढ़ता जा रहा है। मौजूदा साधनों से लगता है कि वही निकट भविष्य में हमारी अर्थव्यवस्था का धड़-ड़ाता हुआ केन्द्र बिन्दु बनने जा रहा हैं। जब भी क्या पत्रकारिता सामाजिक गुप्तचरी की अपनी यही भूमिका निभायेगी? या, वह पूँजीपतियों के गृह युद्ध को और ज्यादा प्रतिबिम्बित करेगी? वैसे इन प्रतिबिम्बों से भी समाज का कुछ हाल सामने आयेगा—हालाँकि इसके पीछे काम कर रही दृष्टि विकृत होगी।

पत्रकारिता सिर्फ सूचनाएँ ही नहीं फैलाती, बल्कि विचार भी फैलाती है। वैसे तो हर सूचना के साथ कुछ न कुछ विचार भी लिपटा रहता है। जैसे, कोई पत्र यह बताता है कि अमुक मन्त्री अपने नौकर के साथ दुर्व्यवहार करता है, तो वह समाज में यह विचार भी फैलाता है कि नौकर के साथ किस तरह का व्यवहार करना चाहिए। लेकिन इससे इतर पत्रकारिता वैचारिक धाराओं को भी समाज के सामने रखने का काम करती है। लेकिन विचारधारा के साथ दिक्कत यही है कि वह जनसंचार माध्यमों में तभी स्वीकृति पाती है, जब उसका कोई सत्ता-आधार बन चुका हो। कोई भी विचार अपने आप में महत्त्वपूर्ण नहीं होता—वह महत्त्वपूर्ण तब बनता है जब ताकत अर्जित कर लेता है। इस संदर्भ में राममनोहर लोहिया की याद आती है। लोहिया जब जीवित थे, तब उन्हें विक्षिप्त मानने वालों की कमी न थी। उनके विचारों को कहीं जगह नहीं मिलती थी। लेकिन 1977 और 1989 में जब लोहिया के बहुत से शिष्य सत्ता में आ गये, तो लोहिया अचानक प्रासंगिक हो गये। उनके जन्म और मृत्यु दिवसों पर पत्र-पत्रिकाओं में लेख छपने लगे। इसका अर्थ यह हुआ कि पत्रकारिता उसी विचार को समाज में फैलाती है, जिसके पीछे कुछ राजनैतिक-सामाजिक ताकत होती है। इससे यह निष्कर्ष भी निकलता है कि पत्रकारिता का अपना कोई विवेक नहीं होता—वह समाज में मौजूद और ताकतवर

वर्ग या वर्गों द्वारा स्वीकृत विवेक को ही अपनी कसौटी मानती है। इसमें यह आशा भी छिपी हुई है कि अगर कोई विचारधारा राजनैतिक ताकत हासिल कर लेती है, तो पत्रकारिता उसका संदेश फैलाने का काम जरूर करेगी।

दरअसल, पत्रकारिता की मुसीबत ही यह है कि अपनी तमाम गड़बड़ियों ओर अन्तर्विरोधों के बावजूद वह कहीं-न-कहीं मूल्यनिष्ठता से जुड़ी हुई है। यह कारोबार ही अच्छाई का है। अगर आप अच्छे नहीं हैं तब भी आपको स्वाँग तो अच्छा होने का ही करना पड़ेगा। अच्छाई की ताकत इतनी ज्यादा है कि बुराई भी उसी के वेश में काम करने को बाध्य होती है। इसी अन्तर्विरोध के कारण पत्रकारिता एक सीमा तक ही वास्तविक सामाजिक हितों के विरूद्ध जा पाती है और इसीलिए हम उम्मीद कर सकते हैं कि जब समाज में बदलाव की ताकतें मजबूत होंगी, तो पत्रकारिता भी अपने मोर्चे पर पीछे नहीं रहेगी। तब तक हमें जो कुछ है, उसी से संतोष या असंतोष करना चाहिए।

❑❑❑